ADOLPHE ADERER

HOMMES ET CHOSES

DE

THEATRE

AVEC UNE PRÉFACE DE

VICTORIEN SARDOU

DE L'ACADÉMIE FRANÇAISE

PARIS
CALMANN-LÉVY, ÉDITEURS
3, RUE AUBER, 3

1905

PRÉFACE

Aderer me rappelle que c'est moi qui lui ai, jadis, conseillé ce livre, en prenant l'engagement de le présenter au public. J'ai plaisir à tenir ma promesse, encore que cette petite formalité me paraisse inutile. Il se recommande de lui-même et il suffit de l'ouvrir au hasard pour constater son intérêt.

Qu'on ne s'attende pas à trouver un recueil de critiques théâtrales, ni les souvenirs dramatiques de l'auteur. Il n'y a rien ici de rétrospectif, et l'on n'a pas à craindre que les faits y soient déformés par l'infidélité de la mémoire. L'exactitude de ces notes écrites et publiées au jour le jour est attestée par ce fait qu'elles sont contemporaines des écrivains et des œuvres mis en cause, qu'elles ont été soumises au contrôle des intéressés, écrites souvent sous leur dictée et que dans les cas très rares où elles ont donné lieu à quelque rectification de détail, celle-ci a été reproduite sans retard.

Bref, c'est une série de Chroniques théâtrales *des vingt dernières années, digne de toute confiance, d'un caractère uniquement littéraire, évitant avec soin les racontars, médisances, menus faits scandaleux des coulisses ; tout ce qui pique la curiosité parisienne dans certains pamphlets qu'elle méprise d'ailleurs. L'auteur s'en tient aux révélations qui sont dignes du public sur la création et l'exécution des œuvres soumises à son jugement. Chaque chronique consacrée à une nouveauté ou à une reprise dramatique pourrait s'intituler : « Autour de la pièce ». Aderer nous initie à tout ce qui la concerne, depuis la lecture aux artistes, jusqu'à la première représentation et aux suivantes, s'il y a lieu. Il en connaît la genèse. Il sait, quand l'œuvre est historique à quels documents l'auteur a eu recours et il les discute au besoin. Il a été admis à voir l'œuvre dans son ensemble, avant les favorisés du premier soir. Personne pour tout cela n'est mieux placé que lui. Ses relations familières dans les théâtres lui ouvrent toutes les portes, celles des coulisses, des bureaux directoriaux, des loges d'artistes, et lui assurent chez les auteurs, ses confrères, l'accueil le* plus amical. Ses renseignements sont donc tout personnels. Il ne les a jamais de seconde main, et, par là, ils ont acquis un renom d'authenticité qui leur vaut d'être reproduits avec plus d'empressement que de bonne foi par des journalistes trop enclins à ne pas révéler la source de leurs emprunts.

Ces notes journalières, toutes chaudes des impressions du moment, relatives à la création ou à la production des œuvres nouvelles comme aux incidents, polémiques, interdictions, procès, etc., qu'elles ont provoqués, ont le même attrait pour le lecteur d'aujourd'hui, à qui elles les apprennent, que pour le spectateur d'autrefois, à qui elles les rappellent. Mais ce souvenir, pour ceux de mon âge, ne va pas sans quelque mélancolie. Il nous reporte à nos jeunes années, à des soirées bruyantes, joyeuses, triomphales, dont les bravos et les rires sont depuis longtemps éteints; dont il ne reste plus, comme dit Ruy Blas, que

> Du spectacle d'hier l'affiche déchirée.

Que de morts! Que de confrères et amis disparus! Quelle touchante et triste évocation d'ombres tragiques et souriantes, d'acteurs vaillants et superbes, de délicieuses interprètes : célébrités bien vite oubliées, *quand l'admiration des contemporains n'est pas assez grande pour l'imposer par tradition aux générations nouvelles. A tout instant, il m'arrive de dire étourdiment à quelque amateur de spectacle : « Vous rappelez-vous une telle? dans tel rôle? Etait-elle assez charmante? » L'amateur surpris se tait. Je le regarde. Je constate qu'il a trente ans pour le moins et qu'au temps dont je parle, il n'était pas encore de ce monde! Ce nom ne lui dit rien... Qui le connaît aujourd'hui? Il y a beau jour que celle qui le portait a disparu. Est-elle morte? c'est probable. Sinon, où vit-elle? A Paris? en province? mariée? veuve? riche? pauvre?... qui le sait? De celle qui fut jadis applaudie et fêtée, rien ne subsiste plus que ce nom très obscur sur quelque brochure de théâtre.*

C'est encore le mérite d'un livre tel que celui-ci, en nous rappelant les œuvres du passé, d'associer à leur souvenir celui des interprètes qui ont contribué à leur succès. Je lui sais gré de faire revivre un instant à nos yeux ceux et celles surtout qui nous ont charmés autrefois. Et si mes contemporains ne sont pas des ingrats, ils lui en seront reconnaissants avec moi.

VICTORIEN SARDOU.

SHAKESPEARE & SCRIBE

(SHAKESPEARE, né et mort à Strafford, 1564-1616)

(SCRIBE, né et mort à Paris, 1791-1861)

HAMLET EN PANTOMIME

Dans une nomenclature publiée par M. Jules Huret sur les pièces consacrées au personnage d'Hamlet, cette mention me laissa rêveur : « *Hamlet*, vaudeville en un acte de Scribe ».

Je feuilletai mon Scribe, ce qui n'est pas une médiocre besogne ; je ne trouvai rien qui ressemblât à un Hamlet. Et, cependant, comme Jules Huret, Larousse indiquait parmi les pièces de Scribe, *Hamlet*, mais lui, il le faisait sous la forme suivante : *Hamlet, de M. Public*, avec Delestre-Poirson, pantomime tragique (vaudeville).

Hamlet en pantomime ! Voilà, certes, une chose peu ordinaire. De recherches en recherches, j'ai fini par retrouver les traces de la dite « pantomime ».

Le 29 février 1816, dans l'année même où le vieux Ducis, celui qui avait introduit Shakespeare sur la scène française, mourait à Versailles, le théâtre de la Porte-Saint-Martin donnait la première représentation de *Hamlet*, pantomime tragique en trois actes.

Le rédacteur théâtral du *Journal de Paris* en faisait, le lendemain, le compte rendu suivant :

« Ce n'est pas sans raison que l'administration du théâtre de la Porte-Saint-Martin a attendu le mercredi des Cendres pour nous offrir une pantomime où l'on ne saurait trouver le plus petit mot pour rire. L'Oreste anglais, le sombre, le ténébreux Hamlet, avait déjà été transporté avec succès sur la scène française ; il ne lui manquait plus que d'être mis en opéra ou en pantomime.

« Je crois qu'il est superflu de donner au lecteur l'analyse de la pantomime d'*Hamlet*, qui est à peu près calquée sur la tragédie du Nestor de notre littérature; il suffit de dire que l'auteur a adapté à la pantomime et de la manière la plus adroite un sujet avec lequel elle paraissait incompatible. L'ouvrage est rempli du plus touchant intérêt. Je n'aurais jamais cru que la pitié et la terreur pussent aller aussi loin avec d'aussi faibles ressources que celles du langage muet. »

Notre confrère de 1816 fait l'éloge de la direction, qui a fait beaucoup de frais, et de la musique qui est de M. Calember. Il ajoute, en parlant de l'interprète principal, qui s'appelait Henry : « Henry-Hamlet, dans un pas de trois, a montré la vigueur et la grâce qui distinguaient son genre de danse à l'Opéra, genre qui avait été créé, sous le nom de *danse noble*, par ce même Vestris, qui était assez modeste pour ne voir dans l'Europe que trois grands hommes, Voltaire, lui et Frédéric. »

C'était certainement un spectacle curieux, de voir Hamlet danser un pas de trois !

Et Scribe ? Patience. Le voici. Dans les premiers jours d'avril, le Vaudeville donnait une parodie de la pantomime jouée en février à la Porte-St-Martin et avec ce titre : *Hamlet de M. Public.*

Il n'en reste comme souvenir que le compte rendu également publié dans le *Journal de Paris* :

« M. Public descend dans un hôtel garni tenu par Courtois. Ce monsieur n'a pas d'enfants parce que son goût pour la nouveauté l'a empêché de se marier, mais il a avec lui sa fille d'adoption, Betty. Betty rappelle le joli rôle créé par Mlle Mars dans la *Jeunesse de Henri IV*.

« M. Public rentre chez lui très maussade et à moitié endormi : c'est tout naturel. Il revient de la *Fête du village voisin*. Pour se dédommager de l'ennui qu'il a éprouvé, il voulait aller voir *Hamlet* aux Français : mais une nouvelle sociétaire donne un bal et la pièce est remise ; M. Public se fâche et veut s'amuser à quelque prix que ce soit. Il lui faut absolument de l'*Hamlet*. Courtois et Betty conçoivent l'idée de lui faire voir le ballet d'*Hamlet*. Arlequin-Hamlet, Colombine-Gertrude et Gilles-Claudius jouent la pantomime, dont les gestes sont expliqués par M. Programme. Ici commence une imitation servile de la pantomime d'*Hamlet* : chaque scène est soigneusement parodiée et cette parodie prolongée n'a pas beaucoup amusé le parterre. Tel est le canevas d'une bluette où les personnalités ne sont pas épargnées.

« On pourrait croire que les deux moitiés de cet ouvrage ne sont pas des mêmes auteurs. On trouve, dans le commencement de la gaîté et des traits piquants ; la seconde moitié se traîne péniblement : elle est presque aussi longue et beaucoup plus ennuyeuse que la pantomime de la Porte-Saint-Martin. Quelques voix ont demandé les noms des auteurs ; quelques sifflets se sont fait entendre. Arlequin-Hamlet, après les trois saluts d'usage, a nommé comme au boulevard le costumier, le décorateur, le musicien, puis il a déclaré que les auteurs des paroles voulaient garder l'anonyme.

« Laporte et Joly ont été fort plaisants, l'un dans

le rôle d'Hamlet et l'autre dans le personnage d'un confident automate, qu'il a représenté avec les gestes d'une marionnette. »

Voilà tout ce qu'il est possible de retrouver sur l'*Hamlet* de Scribe qui, joué le 4 avril, quitta l'affiche dès le 26.

Et cependant la Porte-Saint-Martin ne voulut pas rester sous le coup de ces quolibets. Elle répondit par un acte, *la Pantomime et le Vaudeville*, acte qui fut sifflé, lui aussi. De cet acte, on ne retrouve que quelques vers, cités, qui le croirait? par la *Gazette de France*. Elle les trouve excellents ; on va voir pourquoi :

> De hâter la marche du temps
> A la fin Bellone se lasse :
> L'ambition, les conquérants,
> Par bonheur, tout ça passe.
> Bannissant la crainte et l'effroi
> Qu'entraînait un destin funeste,
> La France, la paix et le roi.
> Par bonheur, tout ça reste.

N'est-ce pas que ce dernier vers surtout est exquis?

(*Temps*, 25 mai 1899.)

BALZAC

(Né à Tours, le 10 mai 1799; mort à Paris, le 18 août 1850)

MERCADET

La Comédie-Française, pour célébrer la mémoire de Balzac, remet à la scène la principale œuvre dramatique du grand écrivain, *Mercadet le Faiseur*.

Cette pièce, créée au théâtre du Gymnase le 23 août 1851, n'a été reprise qu'une fois à la Comédie-Française le 22 octobre 1868, il y a trente ans.

Les archives du Théâtre-Français renferment, à son sujet, quelques documents curieux.

Ceci d'abord, qui est une délibération du comité en date du 28 octobre 1846 : « La Comédie donnant parfois des entrées à de hautes célébrités, le comité fait inscrire sur le registre des entrées le nom de Balzac, le fécond romancier. » Le 13 novembre, Balzac remercie. Il annonce qu'il destine à la Comédie-Française une comédie en cinq actes, sous ce titre : *l'Education des Princes*. Qu'est devenue cette œuvre qui ne figure pas dans le théâtre de Balzac ? A-t-elle été écrite ? Balzac y a-t-il renoncé ?... Je l'ignore ; à la Comédie-Française, on n'en sait pas davantage.

Le 17 août 1848, le comité présidé par M. Bazennerye, entend la lecture d'une comédie en cinq actes, en prose intitulée *le Faiseur*, par M. H. de Balzac. Cela est fort bien. Mais les registres disent que les 14 et 15 décembre (pourquoi deux jours?) de la même année 1848, le comité présidé par M. Bazennerye entend la lecture d'une comédie en cinq actes, en prose, intitulée le Faiseur, par M. H. de Balzac, et que la pièce est *reçue à corrections*. Voilà quelque chose de bien anormal. Une pièce reçue en août est relue en décembre, pendant *deux jours* et, cette fois, elle n'est reçue qu'à *corrections* ou pour mieux dire, refusée. M. Jules Claretie nous disait à ce propos : « Je me souviens que M. Got m'a raconté que, le jour de la lecture de sa pièce, Balzac ne l'avait pas terminée. Il y manquait... le dernier acte. L'auteur ne se troubla pas. Il improvisa, séance tenante, l'acte qui faisait défaut, les cheveux ébouriffés, le col ouvert, suant, soufflant, et jamais il ne fit rien de plus beau. »

Que pense de ces choses, M. Lovenjoul, le savant érudit, le mieux averti sur tout ce qui concerne Balzac ?

Quoi qu'il en soit, après la mort de Balzac, survenue le 20 août 1850, ses héritiers s'entendirent avec M. d'Ennery, lui confièrent le manuscrit en question et un an après, presque jour pour jour, *Mercadet le Faiseur* réduit de cinq à trois actes, était représenté sur la scène du Gymnase. Les affiches du même soir portent aux Français les *Jeux de l'amour et du hasard*, à l'Opéra-Comique *Raymond*, aux Variétés, le *Chapeau de paille d'Italie*, de récente apparition, à la Porte-Saint-Martin, *Salvator Rosa*, etc. Quelques jours après, *Mercadet* était accompagné d'un acte, intitulé la *Marraine*, et, à l'Opéra, on donnait le ballet la *Vivandière* : titres revus depuis.

La critique fut assez divisée sur l'œuvre nouvelle.

Le critique du *Moniteur universel* se montre sévère: « Cette comédie, dit-il, composée vers 1835, à l'époque où la fureur des actions s'emparait de toute la France, avait été jugée par l'auteur lui-même inadmissible à la scène. (D'où le critique tire-t-il ce renseignement ?...) Ses héritiers ont eu tort de penser autrement. » Il ajoute que *Mercadet* n'est qu' « une contrefaçon de *Robert Macaire* », et, à propos des arrangements du collaborateur, « qui ont rendu la pièce à peu près supportable », il dit : « Balzac voyait et peignait la *vérité vraie ;* l'arrangement a montré la vérité du théâtre, la vérité de convention, la vérité qui plaît au public. »

Par contre, Jules Janin, dans le *Journal des Débats* (où je trouve aussi le compte rendu d'un conseil de guerre jugeant le complot de Lyon, une pétition de libéraux demandant la revision de la Constitution, un article où il est dit que « la France est calme, mais qu'elle n'a pas le cœur content ni l'esprit tranquille », une entrevue du roi de Prusse et de François-Joseph d'Autriche), Jules Janin est, pour *Mercadet* dithyrambique. « Je commence par reconnaître, dit-il, le vif esprit, l'insolence, la crânerie ingénieuse de cette comédie ornée d'un si grand nom. Elle a réussi d'un bout à l'autre. Elle a été fort applaudie et trop applaudie. Elle a fait rire : elle a fait peur. On ira en foule à ce spectacle étrange, d'un rire inattendu, d'une verve inespérée ; il y a là dedans du Balzac et du vrai Balzac ; il y en a beaucoup. »

Je ne suis pas Jules Janin dans la longue étude qu'il fait et de *Mercadet* et de Balzac. J'en tire une curieuse anecdote. Parlant de la puissance de l'argent, Janin écrit : « Un mot de la première duchesse de Maillé à sa fille, qui donnait un jour de sa main non gantée un écu à un pauvre : « Ma fille, disait la duchesse, mettez vos gants ; même aux plus nobles mains, l'argent sent mauvais. »

Jules Janin fait l'éloge des interprètes : Geoffroy, excellent dans Mercadet, Lesueur, Landrol, Mornal, Anna Chéri.

Théophile Gautier, dans son feuilleton, raconte que Balzac lui avait lu, dix ans auparavant, *Mercadet*, et cela aux Jardies, que le romancier habitait alors. « Aucune représentation, dit Gautier, n'égalera cette lecture. A la voix de l'auteur, des silhouettes bizarres naissaient en foule : costume, geste, attitude, grimaces, on devinait tout. » Après un examen attentif de la pièce, Gautier ajoute : « La pièce a été ébarbée et ajustée aux dimensions de la scène par la main discrète et habile de M. d'Ennery, passé maître aux rouenes du théâtre. »

Le jeudi 22 octobre 1868, la Comédie-Française faisait entrer à son répertoire l'œuvre de Balzac.

M. Francisque Sarcey écrivit, dans le *Temps*, dans son feuilleton du lundi :

« C'est un véritable événement pour notre petit monde dramatique que cette reprise du chef-d'œuvre de Balzac. Je trouve excellent, pour ma part, le remaniement de l'œuvre primitive fait par d'Ennery.

« Je sais bon gré au directeur de n'être pas remonté, comme le lui conseillaient quelques hommes de lettres, au texte primitif du grand romancier. La curiosité de la soirée était presque tout entière dans la tentative de Got, qui jouait Mercadet. »

M. Francisque Sarcey examine la façon dont M. Got interprétait le rôle de Mercadet et cela l'amène à étudier le personnage créé par Balzac. Il nous dit ensuite la valeur des autres interprètes qui s'appelaient MM. Febvre, Masset, Kime, Seveste, Mmes Guyon, Marie Royer, Granger, et Mlle Dewinter, qui nous arrive, écrit M. Sarcey, de l'Opéra, où elle figurait dans le corps de ballet.

Le même soir, dans les théâtres, on donnait à l'Opéra-Comique le *Premier jour de bonheur;* aux Italiens, *Don Pasquale ;* aux Variétés, la *Périchole*. dans les jours précédents, le Gymnase avait offert la première représentation de *Suzanne et les deux vieillards*, un acte de M. Henri Meilhac, et, le lendemain, on donnait aux Folies-Dramatiques, pour la première fois, *Chilpéric,* de Hervé.

Dans les journaux, on s'occupait presque exclusivement, aux articles politiques, soit des élections générales de l'année suivante, soit des événements d'Espagne, qui devaient avoir, deux ans après, le dénouement que l'on sait.

(26 janvier 1899.)

LES LECTURES DE MERCADET

Il y a quelques jours nous demandions comment il était possible que *Mercadet* eût été reçu, puis refusé par le comité de la Comédie-Française et nous faisions appel à la mémoire de M. de Lovenjoul, le savant érudit. M. de Lovenjoul, nous adresse la lettre suivante :

Bruxelles, 28 janvier.

A M. Adolphe Aderer,

Voici, je crois, la vérité relative aux lectures successives du *Faiseur* devant le comité de la Comédie-Française.

Le 17 août 1848, Balzac lut certainement lui-même sa pièce en présence de cet aréopage, présidé par M. Lockroy. C'est sans doute lors de cette première lecture, que le dernier acte de l'ouvrage fut seulement « mimé » par le grand écrivain, circonstance qui, malgré l'acceptation de l'œuvre, dut rendre nécessaire une seconde lecture du *Faiseur*, complété et terminé.

Mais cette seconde lecture ne fut à coup sûr pas faite par Balzac, car dès la fin du mois de septembre il était reparti pour Wierszhownia, après avoir adressé à M. Lockroy le billet inédit suivant, dont nous devons la communication à M. Alfred Régis, l'auteur des intéressants travaux que l'on sait sur la Révolution française :

Mon cher Directeur,

Je pars lundi. Voulez-vous m'envoyer Régnier dimanche matin ? Et venez me voir, en me prévenant de l'heure. Je vous remettrai un exemplaire de la pièce avec mes instructions, et nous conviendrons de nos faits.

Mille compliments.

DE BALZAC.

Quelles qu'aient été les conséquences de cette dernière entrevue — a-t-elle eu lieu d'ailleurs ? — Balzac quitta Paris sans qu'une solution définitive se fût produite. Il chargea donc son ami Laurent Jan de régler en son absence tous les détails de la représentation du *Faiseur* et lui remit à cet effet la procuration générale suivante, dont l'autographe est en ce moment sous nos yeux :

Procuration de Balzac

Je déclare avoir investi M. Laurent Jan de tous mes pouvoirs en tout ce qui concerne la littérature. Il usera de mes droits pour la distribution des rôles, présentera ou retirera mes pièces. Il pourra faire les coupures ou les ajoutés, enfin, tous les changements nécessaires. Il assistera aux répétitions, distribuera les billets des premières représentations et donnera les bons à tirer aux imprimeurs. Enfin, il me représentera entièrement.

DE BALZAC.

Paris, ce 19 septembre 1848.

On le voit, c'est évidemment par l'intermédiaire de Laurent Jan que les deux séances consacrées à la lecture du *Faiseur*, corrigé et complet cette fois, eurent lieu les 14 et 15 décembre suivants. On n'a pas oublié que Balzac ne reparut en France qu'en mai 1850, quatre mois avant sa mort.

Que se passa-t-il lors de cette seconde lecture ? Le maître n'étant pas là pour faire pénétrer dans tous les esprits, grâce à sa puissante force de conviction, l'imperturbable confiance que lui inspiraient invariablement toutes ses œuvres, le *Faiseur* fut vraisemblablement discuté et, grâce à son cinquième acte « lu pour la première fois », puis sans doute reçu seulement « à correction »; cette décision dut déterminer Laurent Jan à retirer la pièce tout entière. On peut lire du reste dans la *Correspondance* de Balzac, les lettres adressées à ce moment par lui à sa sœur, à Laurent Jan et Michel Levy. Elles précisent les alternatives par lesquelles passa l'ouvrage, depuis son retrait de la Comédie-Française jusqu'à la mort du grand écrivain.

Seul, M. Got pourrait faire connaître aujourd'hui les curieux détails de ces lectures successives du *Faiseur*. Rappelons à ce sujet qu'à la Comédie-Française Balzac avait absolument tenu à confier le personnage de Mercadet à M. Régnier, lequel avec une grande modestie se défendit pendant longtemps d'accepter ce rôle, le prétendant au-dessus de ses forces. D'autre part, une lettre adressée par Augustine Brohan à l'auteur, lettre que nous avons entre les mains, lui exprime le regret de ne pouvoir assister à la lecture de l'œuvre.

Les épreuves du *Faiseur*, provenant de l'imprimerie Lacrampe où la *Marâtre* venait d'être composée, furent corrigées par Balzac, très peu de jours avant son départ pour la Russie. Ainsi s'explique la phrase principale de son billet à M. Lockroy.

Mais le retrait de l'ouvrage ayant naturellement empêché sa mise en vente, la composition en fut distribuée avant tout tirage. C'est néanmoins cette première impression du *Faiseur* qui constitue sa véritable édition originale. Les exemplaires sont des plus rarissismes. Voici, à titre de curiosité, l'intitulé de l'ouvrage, puis la distribution des rôles telle que la Comédie-Française l'avait arrêtée:

LE FAISEUR

Comédie en cinq actes et en prose

par M. DE BALZAC

Représentée pour la première fois à Paris, sur le théâtre de la République, le 10 octobre 1848.

DISTRIBUTION DE LA PIÈCE

Personnages	Acteurs
Auguste Mercadet, spéculateur	MM. RÉGNIER.
Adolphe Minard, teneur de livres	DELAUNAY.
Michonnin de la Brive, jeune homme élégant	BRINDEAU.
De Méricourt, autre jeune	LEROUX.
Brédif, propriétaire	MIRECOURT.
Berchut, courtier marron	RICHÉ.
Verdelin, ami de Mercadet	PROVOST.
Gaulard, homme d'affaires, créancier de Mercadet	JOANNIS.
Pierquin, usurier, créancier de Mercadet	GEFFROY.
Violette, courtier d'affaires, créancier de Mercadet	SAMSON.
Justin, valet de chambre	E. GOT.
Madame Mercadet	Mmes MÉLINGUE.
Julie Mercadet	WORMS.
Thérèse, femme de chambre	ANAÏS.
Virginie, cuisinière	BROHAN.

L'action se passe en 1839. La scène représente pendant

toute la pièce le salon principal de l'appartement de Mercadet.

Se souvient-on, enfin, que *Mercadet*, lors de son apparition sur la scène du Gymnase, le samedi 23 août 1851 — et non le dimanche 24, ainsi que l'indique inexactement la brochure — faillit être interdit ? La deuxième représentation en fut reculée, et ce ne fut pas sans peine que l'orage put être conjuré. J'ai parlé de ces incidents pages 152 et suivantes du volume intitulé *Un Roman d'amour*. A la suite de ces faits, Mme de Balzac conçut une violente irritation contre les auteurs de certaines appréciations peu favorables à *Mercadet*, telles entre autres que celles de M. Mathorel de Fiennes dans le *Siècle* et d'Amédée Achard parue sans doute dans l'*Assemblée nationale*, où il signait ses *Lettres parisiennes* hebdomadaires du nom d'Alceste. Aussi, dans ses lettres inédites à M. Dutacq, écrites en août et septembre 1851, Mme de Balzac exprime-t-elle son mécontentement contre eux avec une grande vivacité de plume.

Outre le *Faiseur*, Balzac avait encore préparé plusieurs ouvrages scéniques, les uns tout à fait achevés, les autres ébauchés seulement. Une heure viendra sans doute où toutes ces épaves inédites seront mises au jour et permettront de juger enfin en toute connaissance de cause quelles étaient réellement les aptitudes dramatiques de l'illustre romancier.

Vicomte de Spoelberch de Lovenjoul.

(31 janvier 1899.)

VICTOR HUGO

(Né à Besançon, le 26 février 1802; mort à Paris, le 22 mai 1885)

LES BURGRAVES

LA PREMIÈRE REPRÉSENTATION

C'est le 7 mars 1843 que *Les Burgraves* furent donnés au Théâtre-Français, pour la première fois, il y a presque cinquante-neuf ans. Et, depuis, ils n'ont jamais reparu sur l'affiche. La légende s'est établie que la première représentation fut désastreuse. Cette légende est-elle exacte ?

Consultons, d'abord, le « témoin » qui a raconté la vie du poète. Il nous raconte que les *Burgraves* furent écrits en 1842 et lus au comité de la Comédie-Française le 20 novembre. L'auteur, « cette fois », n'eut qu'à se louer du théâtre : les acteurs, le directeur, M. Buloz, le secrétaire, M. Verteuil, tout le monde lui prêta un appui moral. Mais le poète rencontra une grande hostilité dans une portion du public, et cela pour des raisons politiques.

La forme de gouvernement, écrit le témoin, semblait à M. Victor Hugo la question secondaire. Il allait au fond des choses ; il était « socialiste » avant que le mot fût inventé. Or, les partis tenaient beaucoup plus aux questions politiques qu'aux questions sociales. Ils n'acceptaient pas non plus cette neutralité bienveillante qui était avec tous et avec personne; quiconque n'était pas leur serviteur était leur ennemi. Les républicains surtout, peu nombreux alors, avaient cette intolérance et cette violence nécessaires, du reste, aux minorités opprimées. Dans la poussière de la lutte, ils ne voyaient pas que M. Victor Hugo, « socialiste » depuis 1828, était plus avant qu'eux-mêmes dans la démocratie et qu'ils tiraient sur un des leurs. Le *National* en était resté au programme de M. Armand Carrel : progrès en politique, recul en littérature. Il haïssait le drame et n'admirait que la tragédie du « grand règne ».

C'était le moment, d'ailleurs, où « une actrice d'un grand talent », Mlle Rachel, ramenait la foule à Corneille et à Racine.

Or, pendant qu'on répétait les *Burgraves*, un jeune homme arriva de province avec une tragédie, « qui avait le double à-propos d'être une tragédie et une tragédie républicaine ».

Le sujet était l'expulsion des Tarquins et l'établissement de la république à Rome. On s'empara de la pièce et de l'auteur ; *Lucrèce* fut lue publiquement dans les salons; la joie fut au comble. « On avait déjà Mlle Rachel, on allait voir M. Ponsard. La tragédie était restaurée ; Louis XIV était ressuscité; tout cela au nom de la république. »

Tout fut donc contre Victor Hugo et pour Ponsard. Les acteurs même du drame passèrent à la tragédie : Mme Dorval et M. Bocage jouèrent les principaux rôles de *Lucrèce*. Pendant ce temps, Beauvallet, Geffroy et Ligier représentaient à la Comédie-Française Job, Otbert et Barberousse avec tout leur talent ; mais la stature des personnages était « écrasante ». Mlle Rachel, qui avait assisté à la lecture au comité (le comité se composait alors de tous les sociétaires, hommes ou femmes) et qui avait manifesté une grande admiration pour la pièce, n'avait pas demandé le rôle de Guanhumara, et Victor Hugo ne le lui avait pas offert. Victor Hugo avait essayé de faire engager Mlle Georges, qui l'en suppliait, et qui eût été la Guanhumara véritable ; mais il avait trouvé dans les sociétaires une résistance invincible. Il avait alors demandé Mme Dorval, laquelle, se souvenant des tracasseries qu'elle avait subies au Théâtre-Français, avait voulu y être chez elle et entrer comme sociétaire ; le théâtre avait refusé le sociétariat à Mme Dorval. Le rôle échut alors à Mme Mélingue, qui mérita, d'ailleurs, les félicitations de Victor Hugo.

La première représentation fut donnée dans ces conditions. Le témoin nous dit « qu'elle réussit froidement ».

Si je me reporte, d'autre part, au feuilleton de Théophile Gautier, j'y découvre le passage suivant sur l'impression produite le premier soir.

Le public s'est montré digne cette fois de la grande œuvre qu'on représentait devant lui. Il a écouté avec le respect qui convient au peuple de l'Athènes moderne l'œuvre de son premier poète, applaudissant les beaux endroits, n'inquiétant pas l'action pour un détail hasardeux ou d'une bizarrerie relative. Aussi, il faut dire que jamais assemblée pareille ne s'était réunie pour écouter une œuvre humaine. Tout ce que Paris, le cerveau du monde, renferme de savant, d'intelligent, de passionné, de célèbre et d'illustre à un titre quelconque se trouvait à l'appel : la littérature, les arts, le théâtre, la politique, la banque, l'élégance, la beauté, toutes les aristocraties. Chaque loge renfermait au moins une renommée. Il n'y a, dans ce temps, que M. Victor Hugo qui préoccupe à ce point la curiosité et l'attention publiques. Qu'on lui soit favorable ou hostile, tout le monde s'occupe de ses œuvres. Un drame de lui est toujours un événement, un sujet de discussion ; lui seul peut substituer les querelles littéraires aux querelles politiques.

En regard de ces attestations, je puis ajouter à cette enquête rétrospective un document inédit, qu'a bien voulu me communiquer M. Paul Meurice, qui consacre si pieusement sa verte vieillesse au culte du grand poète disparu.

C'est une lettre d'un spectateur de la première représentation. Elle est signée de M. Léon Chevreau, parent de l'ancien préfet de la Seine et ministre de l'empire. La voici :

Monsieur,

Je ne sais vraiment pas pourquoi on s'obstine à accréditer le bruit de la chute des *Burgraves* à la première représentation.

J'étais à cette fameuse représentation, en 1843, et je peux affirmer que jamais les bravos n'ont été plus nourris au Théâtre-Français ou ailleurs. Je vois encore Balzac, debout aux stalles de balcon, applaudissant à tout rompre. L'enthousiasme était général.

C'est à la troisième représentation que l'*école du bon sens*, comme elle s'intitulait fort arbitrairement elle-même, a organisé une véritable cabale et a réussi à enrayer le succès.

Veuillez, etc.

Léon CHEVREAU.

Le renseignement donné par M. Chevreau concorde à peu près avec ceux qu'apporte le « témoin ». Celui-ci nous dit que l'opposition se manifesta dès la seconde. Les ricanements et les sifflets, sans jamais atteindre les tumultes d'*Hernani*, troublèrent la pièce tous les soirs. Il y eut des disputes et des collisions. Les acteurs et le théâtre soutinrent bravement et honnêtement la pièce jusqu'au dernier soir. Elle fut jouée, malgré l'opposition de la cabale, trente et quelques fois : ce qui équivaudrait, à peu près, avec le progrès du temps, à une soixantaine de représentations, de nos jours.

La majorité des journaux fut contraire aux *Burgraves*. M. Edouard Thierry les défendit chaleureusement. Théophile Gautier fit, dans la *Presse*, deux feuilletons enthousiastes.

Le public lui, se laissa faire. Depuis vingt-cinq ans il entendait toujours le même nom ; il en était fatigué ; il n'était pas fâché d'entendre un nom nouveau. Edouard Thierry explique, dans un article intitulé *Aristide*, cet ostracisme dont Paris, comme Athènes, punit les renommées qui durent trop. Un ami de Victor Hugo, constatant le médiocre empressement des étudiants à soutenir la nouvelle pièce, lui disait, navré : « Hélas ! monsieur Hugo, il n'y a plus de jeunes gens ! »

Victor Hugo, après *les Burgraves*, s'éloigna du théâtre, bien qu'il eût un drame presque achevé depuis 1838, *les Jumeaux*. « Il ne lui convint plus, écrit fièrement le témoin, de livrer sa pensée à ces insultes faciles et à ces sifflets anonymes que quinze ans n'avaient pas désarmés. Il avait d'ailleurs moins besoin du théâtre ; il allait avoir la tribune. »

Un mois après, *Lucrèce* triomphait à l'Odéon. Alphonse Karr, ami de Victor Hugo, écrivait dans ses *Guêpes* : « Le succès de M. Ponsard et de sa *Lucrèce* a été beaucoup moins fait pour lui que contre MM. Hugo, Dumas, etc. »

Le chroniqueur, parlant en même temps du succès remporté par les tragédies du dix-septième siècle, faisait cette remarque : « L'admiration exclamée pour les morts n'est qu'un déguisement ordinaire de la haine des vivants. » Il ajoutait encore : « Un procédé qu'emploie quelquefois l'envie consiste à prendre un inconnu et à l'élever contre ceux dont l'éclat l'offusque et l'irrite. » Ce sont des choses qu'on vit encore... après 1843.

(22 février 1902.)

Les « Barbus Graves »

Duvert et Lauzanne avaient parodié *Hernani* dans *Arnali* ou la *Contrainte par cor*. Cette fantaisie est restée célèbre. Les *Burgraves* furent parodiés également sous ce titre : *les Barbus graves*. Auteur, M. Paul Zéro, pseudonyme d'un jeune poète mort à l'âge de vingt ans, dont le nom est tout à fait oublié. La brochure, vendue en 1843 aux bureaux de la *Revue de la province*, est devenue presque introuvable.

Un exemplaire est tombé dans nos mains. Nous allons le feuilleter rapidement :

Dans une préface, qui vise à l'humour, l'auteur pose ces prémisses : « Il y a pour le moment trois générations littéraires vivant de front : 1° les vieux qui ont écrit autrefois, chacun selon son génie et à propos de qui leurs imitateurs ont commencé la lutte ; 2° les imitateurs encore vaillants, mais déjà moins sincères, car ils n'ont pas eu tout à créer ; 3° les écoliers qui n'ont eu qu'à récolter et qui sont pour cela sans foi et sans force. Puis enfin, — car il y a toujours une aurore en train partout, — la nouvelle génération qui se fraye, et que la lutte avec les jeunes aujourd'hui fixés obligera à se faire originale et à recommencer le cercle. »

Cela dit, voici le sujet que le parodiste se propose : « saisir dans une tranche du présent le nœud où se rencontrent juxtaposées les trois générations littéraires ; les transporter dans un drame avec leur vie parallèle et conséquente à l'âge de chacun ; montrer vivants et confrontés veilles et lendemains, élans et chutes ; personnifier en l'aïeul l'usurpation, qui a dû être violente, mais qui pour cela est restée sincère ; en son fils, la transition d'une génération à l'autre déjà un peu gâtée par sa position plus héritée que conquise ; en ses petits-fils, enfin, la complète démoralisation des gens *arrivés*, leur palinodie envers les doctrines qui les ont assis, leur mépris de la jeunesse accueillie autrefois avec transport par ceux qui installaient le principe, l'indifférence aux systèmes qui étaient la foi de l'aïeul ; la répression même et l'expulsion des jeunes aventuriers qui voudraient marcher sur leurs traces et monter l'échelle après eux. En un mot, les *barbus* devenus *graves* ».

Voilà le sujet, que la liste des personnages éclaircit :

PERSONNAGES
MM.

Job...............	Vieux..	Victor Hugo.
Magnus..........		Alexandre Dumas.
Un jeune homme...		Ponsard.
Hatto............		P. Foucher.
Gorlois..........		Vacquerie.
Gerhard de Thuringe		Th. Gautier.
Gilissa..........	Jeunes	George Sand.
Platon...........		Sainte-Beuve.
Giannilaro.......	Burgraves	Jules Janin.
Lupus............		Méry.
Cadwalla........		Thomas Corneille.
Darius...........		Flourens.
Otbert...........		Luc.
Régina..........		Virginie, tragédie en 5 actes
Guanhumara.....		Mlle Maxime.

Esclaves mécontents.

Le premier acte se passe au n° 6 de la place Royale. Les barbus festoient, pendant que les imberbes « marronnent » et que le père et l'aïeul

Contemplent, seuls et loin des rires triomphants,
Leurs écrits, moins hideux encore que leurs enfants.

Les imberbes prétendent que Racine va ressusciter. Barbus et imberbes s'éloignent. Luc, jeune poète, s'entretient tendrement avec Virginie, tragédie en cinq actes : tel, dans les *Burgraves*, Otbert avec Régina. La terrible Mlle Maxime, l'actrice au fameux procès, intervient, comme la farouche Guanhumara : elle promet la vie à Virginie. Les jeunes barbus apparaissent. Méry chante :

> Racine est froid, ma barbe est forte.
> Tous les lecteurs sont des goujons
>   Çà, qu'on apporte
>   Du veau, mangeons !

Tout à coup, la porte s'ouvre. « On voit, sur les degrés d'un escalier, apparaître deux vieillards, l'un âgé d'un peu plus de trente-six ans, cheveux crépus, face de mulâtre, vêtu d'un paletot de peau d'ours et appuyé sur un énorme bâton de pèlerin ; l'autre, beaucoup plus vieux, presque tout à fait chauve, en habit à la française brodé de vert. On porte sur des coussins leurs plumes qui sont grandes comme des plumes de paon ou d'autruche. »

Ces deux vieillards ne sont autres que Victor Hugo et Alexandre Dumas, qui gourmandent les jeunes barbus.

FOUCHER *(bas à Gautier)*

L'âge leur a troublé l'esprit.

VACQUERIE *(bas à Méry et lui montrant Foucher)*

> Un jour mon père
> Sera comme eux et je serai comme lui.

On annonce un jeune homme. Les jeunes barbus veulent le chasser. Victor Hugo ordonne à Vacquerie d'aller quérir l'écolier qui est bientôt amené.

Hugo

Soyez le bienvenu, maître. C'est moi qu'on nomme Victor Hugo.

(Montrant Dumas.)

Voici mon fils à mes genoux.

(Montrant Foucher, Vacquerie et les autres.)

Et les fils de mon fils, tous plus bêtes que nous.

Le jeune homme remercie les « vieux » de leur accueil : il ne se fait point connnaître.

Au deuxième acte, le jeune homme, qui n'est autre que Ponsard, médite un grand coup.

Oui, je veux dans leur style implanter jusqu'au cou
Ma tragédie, ainsi qu'en leurs murs ma personne.
Viens bondir en plein drame, ô classique amazone ;
Assez et trop longtemps le Victor nous traqua :
Il a même à Racine osé dire : Raca !

Tandis qu'il songe à sa machination, quelques scènes se déroulent entre Luc, Virginie, Mlle Maxime et Victor Hugo. Le jeune homme réapparaît au milieu des jeunes barbus, qui le questionnent. Ils croient reconnaître en lui Racine ; c'est Racine en effet, qui ressuscite selon la prophétie dévoilée par les imberbes et qui les invective tous : tel Barberousse dans le burg.

Il leur dit :

Ah ! vous n'osez parler des pères ! Mais les vôtres,
Les vôtres, s'ils n'étaient pas des cygnes en arts,
Etaient aigles au moins ; vous êtes des canards.

Les jeunes barbus se révoltent. Victor Hugo les calme. « Les tragiques, leur dit-il à peu près, reviennent. Il est temps de dormir. Dormons ! » Tout le monde s'endort : le jeune homme avoue à Hugo qu'il n'est point Racine, mais seulement... Fonsard.

Le troisième et dernier acte se passe dans une cave. Victor Hugo seul, se montre inquiet. Racine et Ponsard l'ont troublé. Mlle Maxime vient retrouver Victor Hugo. Elle le menace de faire siffler et éreinter Virginie, la pièce en cinq actes de son petit-fils bien aimé, le poète Luc. Elle le laisse ensuite avec ce même Luc. Hugo supplie le jeune homme de le noyer... dans son encrier. Au moment où Luc va commettre ce crime, Racine (ou Ponsard) se montre de nouveau. Hugo tombe à ses pieds.

HUGO

Je suis à tes genoux !
Punis-moi ! Venge-toi !

RACINE

Mon frère, embrassons-nous !
Qu'a-t-on de mieux à faire aux portes de la tombe ?

Voilà la parodie, toute littéraire, peu gaie, en somme, et qui ne vaut guère que par les noms des personnages qu'elle met en scène.

Cependant, de-ci de-là, quelques vers bien frappés se remarquent. Tel le récit imité de celui qui ouvre les *Burgraves* et que vous vous rappelez :

Un lieu lugubre, Hermann, un endroit redouté...
Etc...

Le récit de la parodie, fait par un imberbe, nous dit l'aventure de Joseph Delorme (Sainte-Beuve) dans l'Académie française :

Un lieu lugubre, amis ! un lieu de morts peuplé.
Un essaim de Barbus, tragique, échevelé,
Tourne éternellement autour du vieux Parnasse.
Leurs bâillements affreux, quand l'ennui les menace,
Font fuir jusqu'au zénith l'air tremblant d'être bu !
De l'eau claire, du bec d'un lion non barbu

Qui devant ce palais éternellement pose,
Tombait comme un discours d'académique prose.
Un dôme à nos dormeurs servait de couvre-chef.
C'est là que sans frémir s'aventura Joseph
Delorme. Il marchait donc, parmi ces morts célèbres,
Tandis qu'un jour funèbre éclairait les ténèbres.
Soudain sur une estrade, au fond de ce dortoir,
Il vit dans l'ombre, assis dans un grand fauteuil noir,
Laissant traîner — perdu dans des rêves honnêtes,
Son Montyon à droite, à gauche ses lunettes,
Un vieillard imposant, d'habit vert accoutré
Ceint du glaive, vêtu de perruque et poudré.
Sur un bureau que lave et creuse sa roupie
Ce vieux s'accoudait...

Joseph Delorme, qui pâlit devant le vieillard, reconnaît bientôt en lui l'académicien de Jouy.

Il portait gravement la main à sa perruque.
Le rêve qui troublait cette boule caduque,
Dieu le sait.

UN IMBERBE
Est-ce tout ?

UN IMBERBE
Non ; écoutez encor.
Aux pas du preux Joseph dans ce séjour de mort,
Le vieux s'est réveillé ; sa bouche blanche et hâve
S'est dressée, et fixant sur Delorme un œil cave,
Il a dit, en toussant à coups réitérés
— Ecolier, les Barbus se sont-ils retirés? —
Le preux Joseph Delorme a répondu : « Non, maî-
[tre ».
A ce mot, le vieillard a, sans autre hexamètre,
Repenché son front, et Joseph, grattant le sien,
A vu se rendormir l'Académicien.

Ce morceau est le mieux venu, peut-être, de la parodie. Il est plaisant de le comparer au récit original des *Burgraves*. On y retrouve comme un écho — bien affaibli — des batailles des classiques, des romantiques et de l'école du bon sens.

(23 février 1902.)

Un Prologue inédit des « Burgraves »

Victor Hugo avait écrit pour les *Burgraves* un prologue. De même qu'il donnait aux trois parties de son drame les sous-titres suivants : *l'Aïeul, le Mendiant, le Caveau perdu*, il avait intitulé son prologue : *l'Embuscade*.

Il y montrait en effet des marchands, des étudiants, toute une troupe de voyageurs égarés en forêt et tombant dans l'embuscade dressée par les burgraves de Heppenheff. Ce sont les mêmes que nous retrouvons, captifs, à la seconde scène du drame tel qu'il a été représenté.

Le prologue, en effet, n'a jamais été ni joué ni publié.

Grâce à l'obligeance bienveillante de M. Paul Meurice, il est aujourd'hui entre nos mains. Je veux en donner quelques extraits inédits. On remarquera que quelques vers de ce prologue ont été transportés par le poète dans les actes suivants de son œuvre définitive.

Dès la première scène, les voyageurs voient Guanhumara et s'entretiennent avec elle.

ROLLON

Je ne sais pas son nom, je ne sais pas son âge.
Elle vient de très loin, si j'en crois son visage
Brûlé par le soleil et creusé par le temps ;
Je ne sais pas pourquoi j'en ai peur.

KUNZ

                        Je l'entends
Marcher toujours la nuit.

ROLLON

                    Son œil sombre et morose
Sans cesse à l'horizon va cherchant quelque chose.

HERMANN

Sa science pourtant te fut bonne, Rollon,
Le jour où ce serpent te mordit au talon.

ROLLON

Oui, je lui dois la vie. Eh bien, elle m'effraie,
Son silence, son air, sa tristesse d'orfraie,
Son regard profond, clair et terrible parfois,
Sa science sans fond à laquelle je crois,
Tout cela m'inquiète.

KUNZ

                    Elle sait plus de choses
Que l'on n'en doit savoir.

HERMANN

                    Parle-lui, si tu l'oses,
Car la voici qui vient.

KUNZ

                    Eh bien, demande-lui
Si nous ne courons pas de dangers aujourd'hui,
Et si ce campement est sûr.

ROLLON

                    Hé ! la sorcière !
Où sommes-nous ?

GUANHUMARA

                    Je vois la brume et la bruyère,
Et ne sais rien de plus.

ROLLON

    Crois-tu qu'en ce vallon
Nous faisons sagement de camper ?

GUANHUMARA

    C'est selon.

ROLLON

Que regardes-tu là ?

GUANHUMARA

  Un oiseau qui s'envole.

ROLLON

Que nous présage-t-il ?

GUANHUMARA

  Rien de bon.

ROLLON

    Elle est folle !

GUANHUMARA

Le burgrave est le loup ; l'agneau c'est le marchand.

ROLLON

Que nous conseilles-tu ?

GUANHUMARA

  De partir sur-le-champ.

Les voyageurs se préparent à mettre à profit les conseils de Guanhumara. Ils aperçoivent un château perdu dans le brouillard. Ils ne le reconnaissent pas tout d'abord. Mais l'un d'eux, Kunz, parle du fameux burg d'Heppenheff, encore debout : la description faite par Kunz, Victor Hugo l'a reprise dans les *Burgraves* définitifs, pour la mettre dans la bouche de Job s'adressant au mendiant.

Kunz raconte ce qu'il sait des habitants de burg :

Si j'en crois ce qu'un juif me disait à Francfort,
Après avoir été chez Job dix ans esclave,
Ce cœur, dont la colère était comme une lave,
S'est glacé. Job commence à pencher maintenant.
Il est triste et rêveur. Son fils, son lieutenant,
L'a remplacé d'abord, puis Hatto, le franc-comte,
L'aîné des petits-fils a détrôné sans honte
Son père et son aïeul, et gouverne à présent.
La famille à Hatto cède en le jalousant.
Parmi tous ces maudits, de leurs débats froissée,
Tremble une pauvre fille à l'aîné fiancée,
Pupille du vieux Job et comtesse du Rhin.
Job n'est plus chevalier, père, ni suzerain ;
Il semble avoir brisé son orgueil et sa lance.
. . . .
. . . . Le Hatto
Et ses frères font rage en cet affreux château,
Palais mystérieux qu'assiègent les tempêtes.
Aux margraves, aux ducs, Hatto donne des fêtes
Et fait servir, courbant leurs têtes sous ses pieds,
Par des princes captifs les princes conviés.
L'effroi plus que jamais entoure ce repaire.
Les fils du comte Job sont pires que leur père.
Mais ce burg est au moins à vingt milles d'ici..
Ne craignez rien, amis.

Guanhumara s'écrie :

Silence, le voici !

Alors elle montre aux voyageurs épouvantés le drapeau noir qui flotte sur le burg. Ils veulent fuir. Il est trop tard.

Un homme paraît : c'est un archer. Un espion, sans doute ? On le tuera. L'homme dit :

> Tuez-moi. Rien ne change entre nous.
> Je serai dès ce soir ce que vous serez tous.
> Demain : mort.

Et alors il ajoute :

Une triple embuscade est cachée en tous temps
Dans ces bois. Moi, je suis la vedette. J'attends.
Vous êtes au milieu du piège. A la nuit close
C'est moi qui suis chargé d'avertir, et la chose
Est facile. Je n'ai qu'à pencher un moment
Ma gourde sur ce feu que je vois là dormant;
Je vais faire soudain jaillir des flammes bleues
Qu'à travers le brouillard on distingue à dix lieues.
Vous verrez sur le burg s'allumer un fanal;
Puis, quand j'aurai trois fois répété le signal,
Vous sentirez sur vous, quel que soit votre nombre,
La grande main de Job se refermer dans l'ombre;
Tout sera dit; demain jeune et vieux, sage et fou,
Vous serez tous là-haut avec la chaîne au cou.
Si je pousse un seul cri, vous êtes morts.

Cependant les voyageurs demandent à l'homme de les sauver. Ils lui offrent 1.000 ducats et sa liberté. Il accepte ;

Sauve-nous. Et demain à Caub, la bonne ville,
Le comte palatin, dont je suis l'argentier,
Te fera hautement devant le monde entier,
Puisqu'un reste d'honneur dans ton âme encor vibre,
De paysan bourgeois et d'esclave homme libre.

L'HOMME

Mille ducats, c'est bien; la liberté, c'est mieux.

Tentative inutile; on sait que les voyageurs apparaissent au premier acte comme captifs. Ils sont tombés dans « l'embuscade ».

Indépendamment des morceaux que nous avons cités, le prologue contenait encore un superbe récit sur les guerres des burgraves et de Frédéric Barberousse.

On se rappelle que, quand Frédéric Barberousse se fait reconnaître au deuxième acte par les vieux burgraves, il dit à Magnus :

Le trèfle qu'un de vous m'imprima sur la main,
Vois.

Le récit inédit qu'on va lire nous dit comment le père de Magnus, Job, imprima le trèfle sur la main de Frédéric :

C'étaient des guerres de géants !
Les burgraves entre eux se prêtaient tous main forte,
Il fallait emporter chaque mur, chaque porte,
Lutter avec le fer, lutter avec les dents.
Le combat du dehors recommençait dedans.
Dieu ! quels assauts ! Souvent dans l'ombre et la fumée
Le château pris enfin s'écroulait sur l'armée !
Certes, je m'en souviens ! — Je puis même à mon tour
Vous conter qu'en son fort nous assiégions un jour
Un seigneur, un bandit levant haut sa bannière,
Comte chez l'empereur, lion dans sa tanière.
On fit brèche. On donna l'assaut. Tout le premier,
Masqué, mais reconnu de tous à son cimier,
Frédéric s'élança sur l'échelle ébranlée ;
On le suivit ; ce fut une affreuse mêlée.
Malgré l'huile et le plomb qui pleuvaient à l'entour,
Barberousse parvint au sommet de la tour ;
Tout fuyait. Frédéric sur cette plateforme
Ne trouva qu'un guerrier d'une stature énorme,
Seul et tenant en main, comme on tient un épieu,
Un grand sceptre dont l'aigle était rougie au feu,
Il en frappait nos rangs comme un homme qui fauche.
L'empereur, arrachant le gant de sa main gauche
Allait le lui jeter, quand ce baron d'enfer
Flétrit sa main sacrée avec l'aigle de fer.
L'empereur frémissant poussa deux cris horribles.
Il saisit le géant entre ses poings terribles

3.

Et l'étreignit si fort sur son corset d'airain
Que son talon fit choir deux créneaux dans le Rhin.
Ce spectacle un moment suspendit la bataille.
Le burgrave étouffé, vaincu malgré sa taille,
Tomba, de sa hauteur sans haleine et sans voix.
Frédéric — je l'ai vu tout comme je vous vois —
Avant de le frapper lui leva sa visière.
Tout à coup l'empereur fit un pas en arrière,
De surprise et de haine il parut ébloui,
Laissa tomber sa hache et s'écria : C'est lui !
Puis il dit : — Lève-toi ! va ! Suis ta destinée !
Je t'attends, misérable, à ta centième année ! —
L'autre alors éclata de rire, et répondit :
— César ! tu deviens fou ! Je te hais ! Sois maudit !
Et nous restâmes là, tous, croyant voir un rêve,
Comme si saint Michel, debout, tenant le glaive,
Terrible, l'œil en flamme et le pied sur Satan,
Soudain jetait l'épée et lui disait : « Va-t'en ! »

Ces pages disparues — et que M. Meurice nous a fait retrouver — sont dignes de celles qui étaient déjà connues.

(25 février 1902.)

HERNANI

On a dit que les comédiens du Théâtre-Français avaient été défavorables à *Hernani*. Plusieurs journaux ont même donné comme étant le rapport du Comité de lecture de la Comédie sur *Hernani*, un rapport de *censure* de MM. Briffaut, etc., concluant à la représentation de la pièce « parce que le public en ferait justice ».

Le registre du Comité de lecture de la Comédie porte :

« Le 5 octobre 1829, M. Victor Hugo. *Hernani*, tragédie en 5 actes, reçue à l'unanimité. Présents : MM. Armand, Michelot, Monrose, Firmin, Granville, Menjaud, St-Aulaire, Samson, Joanny ; Mmes Mars, Leverd, Dupuis, Demerson. »

Tragédie, on remarquera le titre. *Hernani* a donc été discuté par la censure royale, mais non par les comédiens.

(27 février 1896.)

ANGELO

Mme Sarah Bernhardt reprend sur son théâtre *Angelo, tyran de Padoue*. Le célèbre drame de Victor Hugo n'a plus été joué, en France, depuis l'année 1850.

Mme Victor Hugo, le plus autorisé des « témoins », nous fait l'histoire des représentations d'*Angelo* en 1835 :

« Le *Roi s'amuse* tombé n'avait pas empêché le Théâtre-Français de redemander à V. Hugo une pièce, depuis la réussite éclatante de *Lucrèce Borgia*. M. Jouslin de Lasalle étant revenu en février 1835, M. Victor Hugo lui répondit qu'il achevait dans ce moment un drame qui exigeait deux actrices de premier ordre. Le Théâtre-Français avait Mlle Mars et pouvait engager Mme Dorval, qui était libre, mais il s'agissait de savoir si Mlle Mars consentirait à jouer avec Mme Dorval. Quant à celle-ci, elle jouerait avec qui l'on voudrait.

« L'auteur lut *Angelo* à Mlle Mars. L'actrice habitait rue de la Tour-des-Dames, dans un hôtel où l'on arrivait par une avenue et des escaliers en amphithéâtre. L'auteur introduit dans un salon meublé selon le goût Empire. Un goût plus récent y était représenté par un tableau-pendule figurant une église de village dont le clocher à cadran carillonnait les heures. Ce carillon se mêla à la lecture d'*Angelo*.

« Mlle Mars fut très aimable et loua même le drame en des termes auxquels elle n'avait pas accoutumé l'auteur d'*Hernani*.

« — Certainement, je jouerai, dit-elle, avec votre Mme Dorval ! Les deux rôles sont très beaux. Voyons vite, quel est le mien ?

« — Celui que vous choisirez.

« Catarina mariée, chaste, convenait à merveille au talent honnête et décent de Mlle Mars; mais la Tisbe (prononcez Tisbé) fille des rues, violente, déréglée, semblait faite pour le talent bohème et libre de Mme Dorval. Mlle Mars préféra donc la Tisbé. »

Les répétitions furent curieuses par la rencontre des deux actrices célèbres et il faut en lire les péripéties dans le livre de Mme Victor Hugo. On y trouvera toutes les taquineries que Mlle Mars fit à sa rivale et à l'auteur.

Quand il fut question des costumes, Mlle Mars arriva en scène coiffée du béret qu'elle avait arboré dans *Hernani*, à la surprise de tous. Le béret de doña Sol reparaissait sur la tête de la Tisbé avec des enjolivements qui faisaient hésiter l'œil entre un turban et une roue de cabriolet.

— Ah ! dit l'auteur consterné, vous allez remettre encore cela ?

— Oui, cette coiffure me va très bien. Vous avez vu mon portrait de Gérard, en Moscovite ? C'est cette coiffure-là.

Victor Hugo hasarda que la Tisbé n'était pas précisément une Moscovite, mais une Italienne ; mais il n'insista pas, ne voulant pas recommencer les querelles pour un détail d'habillement. Par compensation, sans doute, Mlle Mars, pour pénétrer dans la chambre de Catarina, prit en main une lampe tragique et mythologique, retrouvée évidemment à Herculanum. Hugo hasarda une observation — « Bah ! dit Mlle Mars, est-ce que le public fait attention à ces choses-là. » Sans doute, elle avait raison, puisque le public, quand l'Italienne Tisbé entra chez Catarina avec une lampe antique et un bonnet russe n'eut pas l'air de s'en apercevoir.

Angelo réussit. Ce fut même la première pièce de Victor Hugo dont la première représentation put être constamment applaudie sans protestation et sans tumulte. Les fidèles, un peu déconcertés, s'étonnaient de vaincre ainsi sans combattre. Le registre de la Comédie-Française porte : « Grand succès. Mmes Mars et Dorval rappelées. »

Cependant, malgré le succès de la première représentation, *Angelo* fut aussi mal traité par les feuilletons que *Marie Tudor*. C'était décidément la guerre ouverte. Le *Constitutionnel*, le *National*, le *Courrier français*, la *Gazette de France*, la *Revue des Deux Mondes* firent rage : Mélodrame ! mélodrame ! dit-on de toutes parts. Théophile Gautier et Louis Maynard défendent énergiquement l'auteur.

En dépit d'une presse hostile, *Angelo*, joué pendant les chaleurs de l'été, en mai, juin et juillet, n'en eut pas moins, en 1835, trente-six représentations de suite avec une moyenne de 2,254 francs, chiffre des plus honorables à une époque où la Comédie-Française n'avait pas 1.500 francs de frais journaliers. Heureux temps ! dirait notre ami M. Jules Claretie, qui sait avoir près de 4,000 fr. de frais quotidiens.

Aussi le drame fut-il repris l'année suivante. Mais cette fois Mlle Mars abandonna la Tisbé à sa rivale et Catarina fut jouée par Mme Volnys. La pièce resta au répertoire en 1837 et en 1838 et eut en tout 62 représentations. Les rôles d'Angelo, Rodolfo et Homodéi étaient tenus par Beauvallet, Geffroy et Provost.

Angelo ne fut repris au Théâtre-Français qu'en 1850. Et ce fut alors une autre grande actrice qui, à son tour, jeta un vif éclat sur les représentations du drame ; Rachel y joua la Tisbé. Dans la nouvelle édition des œuvres de Victor Hugo qu'il prépare, M. Paul Meurice écrit ceci à propos de l'apparition de Rachel dans le rôle de la Tisbé : « C'était la première fois que Rachel passait de la tragédie classique au drame romantique, de Racine à Victor Hugo, et sûrement c'était là un véritable événement littéraire. Il fut malheureusement entravé par de graves événements politiques. Dans la même semaine où la Comédie-Française donnait cette reprise d'*Angelo*, l'Assemblée nationale agitait la question de vie ou de mort du suffrage universel. Le gouvernement de Louis Bonaparte voulait rayer des listes un grand tiers des électeurs. Le 18 mai, Victor Hugo assistait à la reprise d'*Angelo* ; le 20, il montait à la tribune pour défendre le droit des citoyens.

Le poète et l'artiste furent acclamés. A côté de Rachel, sa jeune sœur fut très touchante dans le rôle de Catarina : elle promettait un avenir que sa mort prématurée a tristement interrompu. Après une série de vingt représentations. Rachel maintint *Angelo* à son répertoire jusqu'en 1851. Après quoi, commencèrent pour *Angelo*, comme pour tout le théâtre de Victor Hugo, les dix-huit ans d'exil du second Empire.

Après 1870, Emile Perrin, nous disait M. Paul Meurice, songea à reprendre *Angelo* : les rôles auraient été distribués à Mmes Croizette (la Tisbé) et Sarah Bernhardt (la Catarina). Le projet fut abandonné. M. Jules Claretie, au cours de son administration, le reprit ; les deux rôles de la Tisbé et de Catarina auraient été tenus par Mme Weber et Mlle Bartet. Ce nouveau projet de reprise fut abandonné comme le premier.

Il appartenait à la vaillante, à l'infatigable artiste qu'est Mme Sarah Bernhardt de faire connaître à notre génération le drame que nos pères ou grands-pères ont applaudi. Elle aura auprès d'elle Mlle Dufrêne (la Catarina), M. de Max (Homodei) et M. Desjardins (Angelo).

La représentation du théâtre Sarah-Bernhardt aura pour les lettrés un attrait particulier.

Le drame, dans son état primitif, avait cinq actes. La mort d'Homodei, l'espion du Conseil des Dix, au lieu d'être en récit, était en action. Rodolfo allait punir l'espion dans un bouge de bandits où se mêlaient le vin et le sang. Après la lecture au comité du Théâtre-Français, MM. Taylor et Jouslin de Lasalle vinrent trouver l'auteur ; l'acte des bandits les inquiétait ; le *Roi s'amuse* avait dû en partie sa chute au bouge de Saltabadil ; le bouge d'Homodei ferait tomber *Angelo;* il n'était pas indispensable au drame; la mort d'Homodei pouvait être racontée en quelques mots; ils obtinrent de l'auteur la suppression de l'acte.

Cet acte, violent, curieux, saisissant, Mme Sarah Bernhardt l'a rétabli intégralement : cela ne sera pas l'un des moindres attraits de l'intéressante soirée qui se prépare.

Il ne me reste plus à ajouter qu'une chose : c'est que les répétitions ont été dirigées chaque jour, chaque soir, par M. Paul Meurice, toujours solide, toujours vert, et toujours aussi pieusement dévoué à la mémoire du grand poète, dont il fut l'ami.

(3 février 1905.)

ALEXANDRE DUMAS PÈRE

(Né à Villers-Cotterets, 5 thermidor, an X, 26 juillet 1802 ;
mort à Puys, près Dieppe, le 5 décembre 1870.)

CALIGULA

Comment vint à Alexandre Dumas l'idée d'écrire un *Caligula* ? Ce fut dans un voyage qu'il fit à Rome. Il fut présenté au pape, qui, après les félicitations d'usage, demanda à l'auteur de *Henri III* — M. Dumas fils, hier encore, racontait à M. Porel cette anecdote qu'il tenait de son père : — « Eh bien ! et mossû Paul de Kock, fait-il toujours d'aussi jolis romans ? » La conversation ne s'en tint pas là, si nous en croyons les journaux de l'époque. L'un d'eux, après la représentation, dit ceci :

« M. Dumas, avec *Caligula*, a tenu un engagement qu'il avait pris, il y a quelques années, envers une autorité sacrée. Je sais de la meilleure source que, dans le voyage qu'il fit à Rome, naguère, M. Alexandre Dumas ayant eu l'honneur d'être admis auprès du pape Grégoire XVI, celui-ci, en s'excusant de ne pouvoir lui parler d'après lui-même des ouvrages que M. Dumas avait écrits pour le théâtre, lui demanda s'il ne pensait pas que le théâtre pût servir au développement animé des principes du christianisme... M. Dumas répondit qu'il le pouvait et, après avoir montré au pape comment il entendrait le faire, il déclara qu'il ne manquerait pas d'entrer dans cette voie dès que le moment serait venu. Il a tenu parole. »

Lorsque *Caligula* fut terminé, la Comédie-Française, malgré les difficultés qu'elle avait eues avec Dumas, au sujet d'*Antony*, lui demanda sa nouvelle œuvre. Il la donna ; il lui fut promis et payé en retour, pour sceller l'engagement, une prime de 5,000 francs.

L'œuvre fut annoncée, répétée et enfin jouée le 26 décembre 1837, avec Mme Dumas, qui débutait, et Ligier, Beauvallet dans les principaux rôles.

La pièce eut un succès restreint. Un chroniqueur du temps dit : « Les sociétaires firent siffler la pièce, les amours-propres de ceux qui étaient oubliés dans la distribution étant plus haineux que les intérêts de ceux qu'elle favorisait n'étaient avides. » La mise en scène était de la dernière parcimonie. Le char triomphal de Caligula, au lieu d'être traîné par deux ou quatre chevaux, le fut par quatre figurants brunis ; il produisit un maigre effet.

Pendant toute la représentation, les nombreux amateurs qui n'avaient pu pénétrer dans la salle restèrent au dehors. Les privilégiés leur apportaient ou envoyaient les renseignements du dedans. Des médailles commémoratives furent frappées et vendues à la porte du théâtre. Il en reste encore quelques-unes.

Dans la loge du roi, se trouvaient le duc et la duchesse d'Orléans, qui aimaient particulièrement Dumas. Celui-ci avait fait placer dans la loge, pour que la duchesse le trouvât à son arrivée, non des fleurs ou un programme plus ou moins historié, mais bien le manuscrit de *Caligula*, copié par l'auteur et illustré par Boulanger. Le lendemain, Dumas recevait un bronze de Barye, de la collection du duc. Le manuscrit en question est maintenant entre les mains du duc d'Aumale.

La pièce fut étudiée dans les journaux par Jules Janin, Méry, etc., etc. Nous avons noté, entre toutes, cette phrase, écrite en 1837 : « C'est un ouvrage remarquable, peut-être trop grave et trop élevé pour être compris par le public d'aujourd'hui, que l'on affadit par des comédies sans comique et des tragédies sans drame. »

(Novembre 1888.)

———

La belle reprise de *Caligula*, à l'Odéon, remet en mémoire les épigrammes dont la pièce avait été l'objet à son apparition, lorsqu'elle fut représentée en pleine lutte des romantiques et des classiques.

Pendant toute l'année 1838, qui suivit la représentation, il ne s'est pas passé une semaine sans qu'un journal, une revue, un vaudeville, ait lancé une pointe contre *Caligula* ou son auteur.

D'abord cette épigramme :

Ci-gît un plat tyran, le sot Caligula :
Vingt fois dans le désert le malheureux beugla ;
    Sur les claqueurs qu'il jugula
    Vingt fois son ennui distilla.
Lui-même enfin, un jour si fort bâilla
    Qu'il s'étrangla,
Et rejoignit don Juan de Marana.
    Ne pleure pas Caligula,
Passant !... pour toi, pour nous, hélas ! qu'il est bien là !

Dans une revue en vers de fin d'année, un personnage disait à un autre :

              Tu me caligules.
— Que veut dire ceci ? — Ça veut dire embêter.
C'est un verbe nouveau que l'on vient d'inventer.

Enfin, voici comment les frères Cogniard traitent l'auteur de *Henri III* dans un vaudeville joué au Palais-Royal, *l'Ile de la Folie*.

C'est une scène entre Caligula et M. Galimathias, dramaturge :

CALIGULA

Jusques à quand, corbleu ! faudra-t-il que je roule ?
(Apercevant Galimathias.)
Informons-nous auprès de cette bonne boule.
(A Galimathias.)
Connais-tu, vieux Gaulois, un grand et *riche-lieu*
Situé tout au bout du quartier Richelieu ?...
Le Théâtre-Français, c'est ainsi qu'on le nomme.
Pour y passer l'hiver, je viens tout droit de Rome.

GALIMATHIAS

Si je connais le Théâtre-Français... Certainement.
Mais d'abord... permettez... n'est-ce pas l'empereur
Caligula que j'ai l'honneur de saluer ?

CALIGULA

Lui-même, vieux Gaulois.
(Allant vers la coulisse.)
Ah ! grands dieux ! j'oubliais !
Animal que je suis !... Hé, là bas ! hé, valets !
Dételez le consul... de foin, de paille et d'orge.
Dans un râtelier d'or, à l'instant qu'on le gorge.

GALIMATHIAS

Comment ! cette vieille rosse que je vois attelée à votre
Carriole, vous appelez ça... un consul ?

CALIGULA

Oui, voilà mon consul !... C'est fort original.
N'est-ce pas ? Comme c'est un métier de cheval,
J'ai fait nommer le mien consul inamovible ;
D'électeur qu'il était, je l'ai fait éligible.
Il n'est pas exigeant... avec deux picotins
Vous pouvez satisfaire un consul à tous crins.
Ça fait un peu crier, mais fichtre ! je m'en fiche ;
Moi, j'aime à plaisanter, moi, j'aime le godiche !

GALIMATHIAS

Et qu'allez-vous faire au Théâtre-Français, vous et votre cheval !... Pardon : Je veux dire vous et votre consul.

CALIGULA

Nous allons, cher ami, jouer la tragédie,
Tant soit peu proprement... mais non pas, je te prie,
Comme la griffonnait Racine... un polisson !
Un drôle qui nous a pétris à sa façon !
Nous mettons au grenier tous ces auteurs caduques !
Ma parole d'honneur ! nous étions trop perruques !
Une autre ère commence avec Caligula ;
Vous connaîtrez enfin les vrais Romains, car la
Tragédie est encore couverte de son lange.
Jusqu'ici tout fut faux ; je veux que cela change.
A la vérité seule on doit crier : « Bravo ! »
Le siècle trop longtemps demeura rococo.

(27 novembre 1888.)

Il est assez curieux de constater que c'est dans la première brochure de *Caligula*, faisant partie de la collection particulière de M. Alexandre Dumas fils, et que j'ai eue sous les yeux, que celui-ci a fait insérer la dernière lettre adressée par Alexandre Dumas à sa petite-fille Colette. Voici cette lettre :

Ma chère petite Colette,

Il faut te dire que depuis que je ne t'ai vue j'ai bien vieilli, si bien que ma main tremble et que je n'écris plus moi-même. Je dicte. Mais à toi j'ai voulu écrire, pensant que mon écriture te serait plus agréable qu'une écriture étrangère. J'ai donné trois jours à ma main pour se remettre, mais comme au bout de ces trois jours elle continuait de trembler, je me suis rappelé que tu me disais dans ta lettre que tu lisais très bien : cela m'a rassuré.

Je voudrais te faire comprendre combien ta petite lettre m'a fait plaisir, et surtout la sentant tout entière sortie de ton petit cœur : aussi la garderai-je avec soin et te la montrerai-je la première fois que je te verrai. Je prie ton papa de te donner la *Bouchée de la reine Berthe* et même l'*Histoire d'un casse-noisette* et je t'assure que je serai plus content, si ces deux livres t'amusent, que si j'étais nommé de l'Académie française.

Adieu, ma petite Colette, je voudrais pouvoir ajouter à cela tout ce qui me reste à te dire, mais ma main veut que ton cœur le devine. Adieu, ma chère enfant, aime-moi, je t'aime.

Alexandre Dumas.

(4 décembre 1888.)

HENRI III ET SA COUR

Henri III fut reçu en 1828, sous le titre de *tragédie*, et joué six mois après, sous le titre de *drame historique*.

Aussi bien, les registres de la Comédie-Française nous donnent les renseignements suivants :

« Lecture de *Henri III et sa cour*, tragédie en cinq actes, en prose d'Alexandre Dumas, *reçue à l'unanimité*, le 17 septembre 1828, par MM. Armand, Michelot, Monrose, Firmin, Menjaud, Saint-Aulaire, Samson ; Mlles Mars, Leverd, Dupuis, Demerson.

« Le 9 janvier 1829. — M. le commissaire royal est prié de se charger du soin des décorations et costumes de *Henri III*.

« Le 16 janvier 1829. — M. Joanny, chargé du rôle de Guise, demande à n'être point obligé de faire la dépense de deux costumes que ce rôle nécessite.

« La Comédie ne devant point faire les frais des costumes de cet ouvrage, il ne peut être fait d'exception pour ceux de M. Joanny. Mais ce sociétaire est autorisé à prendre dans le magasin tout ce qui pourra lui être utile.

« Il n'y aura de fait aux frais de la Comédie que ce qui ne pourra absolument point être fourni par le magasin.

« Le mardi 10 février 1829. — Première représentation *(drame historique)*.

« Le 13 février 1829. — M. Joanny demande à ne pas payer la cuirasse qu'il porte dans *Henri III;* le Comité arrête qu'elle sera payée par la Comédie.

« Le 19 mars 1829. — La cuirasse a déjà besoin de réparations.

« Le 20 mars. — L'inspecteur général est autorisé à en faire immédiatement confectionner une seconde. »

Pour le costume de Saint-Mégrin, il n'y a dans les archives de la Comédie que cette indication :

Saint-Mégrin : costume gris, souliers blancs, crevés lilas.

Et pour celui de Henri III : pantalon violet, épée, ordre du Saint-Esprit sur le manteau et en sautoir, souliers blancs garnis de satin violet, trousses pareilles à l'habit, toque violette en velours, plume et perles. (Costume ayant servi dans le *Béarnais.*)

A signaler, à propos de la création de Henri III, par M. Worms, l'étrange idée du journal mondain anglais le *Truth*, de cette semaine : « Si j'étais directeur de théâtre, je donnerais ce rôle de Henri III à Sarah Bernhardt, et je suis sûr qu'elle y aurait un grand succès d'originalité. »

Voici le nombre exact des représentations d'*Henri III et sa cour*, avant la dernière reprise qu'en fit M. Jules Claretie :

De la première représentation, mardi 10 février 1829 au 27 mars	21 représ.
Du 1ᵉʳ avril 1829 au 9 février 1830 ...	25 représ.
En un an	46 représ.

Reprises :

Du 25 avril 1830 au 7 janvier 1831 ...	4 représ.
Du 10 octobre 1831 au 25 mars 1832 (2 représentations avec Adolphe dans St-Mégrin, repris ensuite par Beauvallet. — Adolphe était Adolphe Laferrière)	6 représ.
Du 3 mai 1832 au 7 mars 1833	4 représ.
Du 29 janvier 1834 au 7 février (reprise de St-Mégrin par Firmin)	2 représ.
Du 9 mai 1834 au 27 octobre	5 représ.
En tout, en six ans	67 représ.

Puis la pièce disparut du répertoire.

Les chiffres, disait Gœthe, montrent comment les peuples sont gouvernés. Ils peuvent aussi donner lieu, dans l'histoire du théâtre, à de curieux rapprochements.

En juin 1843, Alexandre Dumas père apportait à la Comédie-Française deux comédies : l'une en trois actes, l'autre en un acte, devant être jouées simultanément et toujours ensemble. Il demandait mille francs de *prime* par acte si les vingt-trois premières représentations produisaient 45,000 fr. La proposition était acceptée. Ce qu'apportait Alexandre Dumas, c'étaient les *Demoiselles de Saint-Cyr*; 45,000 francs pour vingt-trois représentations avec une pièce dans sa nouveauté paraissaient alors un chiffre difficile à atteindre.

En 1889, les vingt-trois premières représentations de *Henri III et sa cour* ont produit 164,165 fr. 50 de recettes. Soit 7,137 fr. 60 de moyenne.

ALFRED DE MUSSET

(Né à Paris en 1810   mort à Paris en 1857)

LORENZACCIO

Chez Mme Lardin de Musset

Rue Lavoisier, au coin de la rue d'Anjou. L'appartement est simple et calme ; les fenêtres donnent sur la Chapelle expiatoire, monument assez laid que cachent de beaux arbres. Le salon, garni de fauteuils et de chaises sans apparat, mais commodes s'éclaire doucement, aux cloisons, de tableaux qui content des allégories discrètes ou représentent des paysages italiens, la baie de Naples et le panorama du Vésuve. Un portrait, entouré d'un cadre arrondi, se dresse sur un chevalet ; tout à côté, sur une petite table de même hauteur, un unique, porte-bouquet offre à la figure peinte quelques menues fleurs, aux tons pâlis. Dans cet intérieur tranquille et assoupi vit aujourd'hui, quand elle séjourne à Paris, la sœur d'Alfred et de Paul de Musset, Mme Hermine Lardin, née de Musset, et c'est là devant l'image de son frère bien-aimé, dessinée par Landelle, qu'elle voulut bien, malgré les fatigues de l'âge et les précautions qu'exige une santé délicate, faire revivre un instant pour nous un passé qui fut si grand.

Et je ne me rappelle pas avoir ressenti une impression aussi profonde que le jour où l'héritière d'un nom si beau, douée elle-même d'une intelligence vive, ayant dans les yeux comme un reflet du mélancolique regard du poète disparu, consentit à évoquer devant nous des souvenirs, trop souvent profanés...

« Oui, nous disait Mme Lardin de Musset, c'est précisément pendant ce fameux voyage à Venise, dont il fut tant parlé, et tandis que Mme Sand reprochait à mon frère son indolence et sa paresse, qu'Alfred commença le beau drame de *Lorenzaccio*. Le plan conçu, il recueillit à Florence de nombreux documents et, à Venise, il se mit à écrire. Vous savez quels événements interrompirent le travail entrepris. La pièce fut terminée à Paris, dans la chambre silencieuse où mon frère s'enferma, à son retour d'Italie. Elle devait paraître à la *Revue des Deux Mondes*, qui avait déjà inséré *Fantasio* et *On ne badine pas avec l'amour*. Mais le manuscrit fut sans doute trouvé trop long; quoi qu'il en soit, on préféra le réserver inédit pour la collection des ouvrages dramatiques réunis en volume, que le libraire de la *Revue* publia sous le titre : *Un spectacle dans un fauteuil*, en 1834.

« Dans les premiers temps de son voyage, Alfred donnait souvent de ses nouvelles à sa mère ou à Paul. La première lettre, ainsi que Paul l'a raconté, était datée de Marseille; Alfred se louait de la rencontre de Stendhal, qui s'en allait à Civita-Vecchia. La seconde lettre datée de Gênes, contenait quelques détails sur les mœurs et les habitants de cette ville, et le récit d'une promenade aux jardins de la villa Pallavicini... D'autres lettres de Florence apprennent qu'il avait trouvé dans les chroniques florentines le sujet d'un ouvrage dramatique en cinq actes, et qu'il prenait un grand plaisir à visiter les places publiques et les palais où il voulait mettre en scène les personnages de la pièce. C'était le drame de *Lorenzaccio*. Arrivé à Venise, il fut pris d'une joie d'enfant. La chambre qu'il occupait à l'hôtel Danieli, sur le quai des Esclavons, lui parut mériter l'honneur d'être décrite : il ne se lassait point, disait-il, de contempler ces lambris, sous lesquels s'était promené jadis le chef de quelque grande famille vénitienne, et de regarder par la fenêtre l'entrée du Grand-Canal, le dôme de la *Salute*. Vers le milieu de février, ces lettres, qui étaient jusqu'alors parvenues régulièrement cessèrent tout à coup. Vous savez pour quelle cause. Ces lettres auxquelles Paul fait allusion dans la biographie d'Alfred qu'il a écrite, qui étaient entre ses mains, ont disparu et ne se sont pas retrouvées parmi les papiers laissés par Mme Paul de Musset.

« Alfred revint, après avoir annoncé son retour à sa mère, dans une lettre où il lui disait : « Par charité, donnez-moi une autre chambre que la mienne. A l'idée de revoir, en m'éveillant ce vilain papier d'un vert cru, je crois que l'ennui et le chagrin tapissent mes murs. » Alfred fut installé dans la chambre de Paul, qui avait deux fenêtres sur un jardin. Il demeura longtemps enfermé dans sa chambre : il n'en sortait que le soir, pour jouer aux échecs avec maman. Il avait amené d'Italie une espèce de domestique, perruquier de son état, qui ne savait pas un mot de français ; mais Antonio fut pris bientôt par la nostalgie et il repartit pour Venise, avec une cargaison de pots de pommade, pour les vendre aux habitants des lagunes.

« J'étais toute jeune alors, encore une enfant. Ayant beaucoup étudié le piano, je jouais assez bien de cet instrument. On avait remarqué que le beau *concerto* de Hummel en *si mineur* avait le pouvoir de faire sortir le malade de sa retraite. Quand Alfred restait trop longtemps enfermé, Paul demandait le *concerto* de Hummel ; au bout de quelques minutes, on entendait les portes s'ouvrir. Alfred venait s'asseoir dans un coin du salon et il écoutait le morceau; puis il s'en retournait dans sa chambre pour le reste de la journée. Là il pleurait, ou il travaillait. Pourquoi ces larmes coulaient-elles ? Je ne l'ai compris que bien plus tard, de même que je n'ai connu que de longues années après les œuvres auxquelles mon frère travailla dans ces temps de fièvre. Combien il m'est doux de me souvenir que je contribuai, pour ma petite part, à l'apaisement dont tous les siens entouraient alors Alfred, et que la musique de Hummel, jouée par moi, endormait les souffrances de celui qui écrivait alors *On ne badine pas avec l'amour* et *Lorenzaccio* !...

« A partir de cette époque, Alfred, ayant vécu, de nouveau, au milieu des siens, leur écrivit peu. Au reste, il était peu épistolier de sa nature. Moi qui vous parle, je possède en tout trois lettres d'Alfred, lettres intimes qui ne seront jamais publiées... Pourquoi ne respecte-t-on pas le vœu expressément affirmé par mon frère, relativement à sa correspondance avec Mme Sand ? Publiera-t-on d'abord la correspondance vraie? On le saura : car des *vraies* lettres de Mme Sand nous possédons une authentique copie. Les lettres de Mme Sand à Alfred avaient été confiées à Mme Jaubert, la marraine du poète. Un soir, Alfred arrive chez sa marraine et dit : « Vous renverrez demain toutes ces lettres à celle qui les a écrites. Il le faut. » Mme Jaubert promit de faire tout ce qui lui était demandé ; mais, aidée par Mme Menessier-Nodier, elle prit copie de la correspondance entière. Cet ouvrage demanda aux deux amies du poète une partie de la nuit. La publication peut donc être contrôlée.

« Laissons cette question irritante et revenons à *Lorenzaccio*. Dès que le théâtre d'Alfred apparut sur la scène française, ramené de Russie par Mme Allan, on songea au drame florentin. Ses dimensions ayant paru trop grandes, Paul entreprit de le raccourcir et de le mettre aux proportions voulues. Cette adaptation, a-t-on dit, parut encore trop longue. M. Emile Perrin, qui était passionné pour les œuvres dramatiques de mon frère, songea à confier le travail de remaniement à Alexandre Dumas fils, à M. Victorien Sardou. Par suite de circonstances qu'il serait trop long de raconter, tous ces beaux projets ont été abandonnés. Le directeur de l'œuvre, M. Lugné-Poë apprit que Mme Sarah Bernhardt songeait à réaliser le même projet. Il s'effaça devant elle, Mme Sarah Bernhardt a choisi M. d'Artois pour le travail de mise au point, nécessité par les exigences de la scène. Je ne connais pas les résultats du travail de M. d'Artois. Ce que je sais, c'est que je suis bien heureuse de ne pas quitter cette vie sans avoir vu représenter cette œuvre si belle, si grande, que mon frère écrivit au début de sa carrière, et à laquelle se rattachaient, pour lui, de si douloureux souvenirs. Des amis, m'apportant les échos du dehors, me disent que Mme Sarah Bernhardt, passionnément éprise pour la pièce de mon frère, lui consacre toutes les ressources de son merveilleux talent. Qu'elle soit remerciée pour son valeureux effort ! Si la vie intime d'un grand poète doit demeurer cachée, jamais on n'entourera la publication ou la représentation de ses œuvres d'un trop grand éclat !... »

Et, me reconduisant jusqu'à la porte de son salon, Mme Lardin de Musset s'arrête un instant devant le pastel de Landelle. « Quelle belle figure ! dit-elle. Elle était encore plus belle que le pastel ne l'indique !... Et comme on y lit la bonté de l'âme et du cœur !... Pourquoi cette femme nous l'a-t-elle pris si vite ?... » Quelques larmes viennent mouiller les yeux de celle qui nous parle; larmes tristes, larmes fières aussi...

Lorenzaccio et la Critique

Après Mme Lardin de Musset, dont nous rappelions, il y a quelques jours, les souvenirs, la personne de France qui « sait » le mieux Musset est certainement M. Maurice Clouart, l'auteur d'un article récemment paru dans la *Revue de Paris* sur « Lui et Elle ». Il a recueilli et catalogué tout ce qui a paru sur Musset, sur sa vie, sur ses œuvres. Il a consenti à entr'ouvrir pour moi ses cartons, et, bien qu'il me déclare « qu'il ne possède sur *Lorenzaccio* que fort peu de chose », je pourrais remplir tout un numéro de ce journal avec les indications qu'il me fournit.

Dans la correspondance — en dehors des lettres disparues que je signalais l'autre jour — il n'est fait mention de *Lorenzaccio* que dans une lettre de Paul de Musset à M. de la Rounat. Paul de Musset, après avoir parlé d'une pièce de lui qu'il veut faire représenter (il ne dit pas laquelle) et dont la distribution éprouve des difficultés, ajoute : « Si nous obtenons l'autorisation de monter le *Lorenzaccio*, je ne me plaindrai pas des retards, quand même je ne trouverais pas ma place l'hiver prochain. » En revanche, parmi les papiers qu'Alfred de Musset rapporta d'Italie se trouvent trois plans. Ils donnent la division en actes, avec les noms des personnages, leurs entrées, leurs sorties et l'indication des lieux où se passe l'action. Lorsque Musset indique le sujet, il le fait en quelques mots : « Scène de l'épée, confession de la comtesse, adieu des bannis, mort de Louise, scène des républicains, etc. ». Ce document est curieux : il donne une idée de la façon dont Musset travaillait à ses pièces de théâtre. Le manuscrit original de *Lorenzaccio* appartient à la Comédie-Française.

J'ai dit pourquoi la pièce n'avait point paru dans la *Revue des Deux-Mondes*, pour, qui elle avait été écrite. En compensation, quand elle fut publiée dans le volume du *Spectacle dans un fauteuil*, un article complet lui fut consacré dans le recueil de Buloz, en septembre 1834. (Dans le même volume trimestriel, on trouve les publications suivantes : Alfred de Musset, *On ne badine pas avec l'amour*; Alexandre Dumas, *Impressions de voyage*; George Sand, *Lettres d'un voyageur*; Lamennais, *De la liberté*; Edgar Quinet, *Napoléon*, poème; Mérimée, *les Ames du purgatoire*, et des articles d'Augustin Thierry, Marmier et Sainte-Beuve. Voilà, certainement, une jolie table des matières.)

L'article consacré à *Lorenzaccio*, contient d'abord une analyse brève de la pièce.

Lorenzo, venu aux derniers efforts de la République de Florence, issu des Médicis, voyant sa patrie opprimée par l'un d'eux au profit de l'Allemagne, se voue au libertinage, comme Junius Brutus s'était voué à la folie. Il s'environne de honte pour cacher sa vertueuse pensée de sacrifice. Son cousin Alexandre ne peut rien soupçonner ni redouter de ce mignon amaigri, que la proposition d'un cartel fait défaillir, qui a tant flétri d'honneurs dans la ville, qui lui a tant vanté et livré de vierges. Aussi Alexandre court sans crainte à la débauche, et s'en repaît au milieu de son aristocratie gâtée. Il rencontre un jour une femme, la marquise de Cibo, qui, tiède encore des larmes républicaines répandues sur la servitude de Florence, accepte la cour du tyran pour le dissuader du despotisme. Alexandre se soucie peu de cet amour démocratique. Ce sera donc la vengeance qui fera l'œuvre. Mais les Strozzi, nobles restés fidèles à la vieille liberté, n'ont pas le courage et la promptitude nécessaires à l'action...

Lorenzo, le libertin flétri par les quolibets et les mépris du peuple, attire Alexandre à sa dernière infamie :

Au lieu de lui livrer sa tante dans le palais de sa mère, il le tue. Mais il a eu beau avertir, dès la veille, les partisans de la liberté : ces marchands se laissent escamoter la république, *à peu près aussi imprudemment qu'il a été fait en ces temps derniers.*

... Ce drame, c'est Florence tout entière en 1536 : c'est la république complète avec ses maîtres et son peuple, avec ses bourgeois anoblis, avec ses boutiquiers bavards, avec ses étudiants curieux, avec ses muguets débauchés, avec ses filles aisément séduites et ses vertus plus sûres et suaves, avec l'affront de sa garnison allemande, avec la trahison de ses cardinaux vendus au pape, vendus à Charles-Quint, avec l'aveuglement de ses patriotes vendus à François Ier, avec sa vénalité parfaite et quelque peu encore de son antique raideur. Ce drame, c'est tout un pays, c'est toute une époque ; c'est l'Europe et le seizième siècle vus du palais des Médicis.

Le sujet est bien exposé. Que pense maintenant le critique ? Ceci :

... M. Alfred de Musset est arrivé sur la frontière de la démocratie. Il est devenu la satire à la fois et le trompette des vœux du peuple. Si plein de jeunesse et de feu, il ne pouvait marcher longtemps dans sa voie ardente sans toucher au cœur même de la réalité contemporaine et sans connaître les désirs plébéiens qui nous enflamment... Puisse-t-il avoir envisagé tout à fait la démocratie face à face et l'avoir vue si imposante dans sa large draperie qu'il en conserve longtemps le souvenir !... La démocratie a étendu son cercle ; elle embrasse aujourd'hui un univers entier d'idées... Pendant que le théâtre de M. Hugo exalte les passions haineuses et réhabilite brutalement les infériorités de la réaction, il s'est trouvé un artiste qui, au milieu de la négation dure et exaspérée de ces débordements scéniques, a réalisé des tendances affirmatives et idéales...

Ce critique si enthousiaste, si justement enthousiaste, n'était autre que Hippolyte Fortoul, qui depuis, accepta le lendemain du 2 décembre du prince président le portefeuille de l'Instruction publique ; il est resté fameux dans l'Université, comme inventeur de la bifurcation. C'est lui aussi qui prononça la phrase célèbre : « En ce moment, dit-il un jour en regardant sa montre, dans tous les lycées et collèges de France, on dicte un thème latin ».

L'anecdote me fut souvent racontée par mon père, qui était à l'Ecole normale en 1852. Le démocrate s'était transformé en un autoritaire farouche : cela arrive quelquefois.

Sainte-Beuve, Cuvillier-Fleury, Chaudesaigues, Mme Clémence Robert et d'autres encore, s'occupèrent, en 1834, de *Lorenzaccio*. En 1845, Charles de Mazade, à propos d'un *Lorenzaccio de Medici*, de Revere, joué en Italie, écrivait (à quelques pages de la *Carmen* de Mérimée), la phrase suivante sur l'œuvre de Musset : « C'est le plus poétique et le plus vigoureux tableau de cette Florence noyée dans le vin et dans le sang, et en même temps un des drames les plus riches de cette époque. Comment se fait-il donc que ce poète qui, si jeune d'années encore, a fait irruption et s'est signalé sur tant de points, semble se dérober volontairement après chaque succès et faire attendre les fruits de sa virilité ? »

La remarque est curieuse, mais la réponse à M. de Mazade n'est-elle pas dans le fameux sonnet :

> J'ai perdu ma force et ma vie,
> Et mes amis et ma gaîté..., etc... ?

On pourrait lire encore avec fruit des articles de Théophile Gautier, d'Emile Montégut, qui déclare « qu'en lisant les proverbes dramatiques d'Octave Feuillet, il pense à *Lorenzaccio* et aux *Caprices* de *Marianne* », de Gustave Geffroy, de Jules Lemaître. Il faut se borner.

Je voudrais cependant dire encore que la Comédie-Française, qui n'a jamais représenté le *Lorenzaccio* d'Alfred de Musset, a joué deux pièces dont Laurent de Médicis est le héros.

Le 24 août 1839, le Théâtre-Français donna *Laurent de Médicis*, tragédie en trois actes, par Léon Bertrand ; l'accueil fut peu favorable.

Le 24 février 1842, le Théâtre-Français donna *Lorenzino*, drame en cinq actes et en prose par Alexandre Dumas. Théophile Gautier constate que le *Lorenzino* de M. Alexandre Dumas « a été reçu par le public avec une grande froideur ».

Je trouve aussi, à propos du *Lorenzino* de Dumas père, un amusant numéro dans les *Guêpes* d'Alphonse Karr, qui écrit :

« Voici ce qu'on lit dans un journal :

Au recto :

« Le nouveau drame de M. Alexandre Dumas, *Lorenzino*, qui a été représenté, hier, au Théâtre-Français, est une de ces compositions romantiques qui n'ont aucune chance de durée. C'est une véritable chute, et, cependant, M. Alexandre Dumas avait recueilli tous les traits de génie qui caractérisent la nouvelle école : duel, enterrement, procession de religieuses, confession, absolution, empoisonnement, guet-apens et assassinat... Nous reviendrons sur ce drame, si l'on prétend l'imposer encore au public.

Au verso :

« *Lorenzino* drame nouveau de M. Alexandre Dumas, a produit le plus grand effet, avant-hier soir, au Théâtre-Français. Ce soir, on donne la deuxième représentation de ce bel ouvrage. »

Les choses se passaient ainsi en 1842. Elles se passaient de même, il y a quelques jours, en 1896. Tandis que les critiques ne donnaient que quelques soirées à vivre à une pièce qui, d'ailleurs, vient de disparaître de l'affiche, on annonçait, au courrier des théâtres, dans les mêmes journaux que ladite pièce avait fait, en une semaine,

60.000 francs de recettes. Rien ne change, décidément. Rien, absolument rien : car, en feuilletant tous ces volumes, toutes ces livraisons d'il y a soixante ans, j'ai rencontré, chemin faisant, dans la *Revue des Deux-Mondes*, cette phrase de Talleyrand, qu'on croirait écrite de ce matin : « La paix ne sera pas troublée. Les étrangers ne peuvent bouger ; la France ne le peut pas non plus. Il y aurait une invasion des Barbares comme au neuvième siècle que la paix serait encore maintenue : on trouverait moyen de s'arranger avec eux ».

(24 novembre 1896.)

Deux Documents

1° Le texte du rapport concluant à l'interdiction de la pièce, qui fut rédigé par la censure en 1864, lorsque le directeur de l'Odéon voulut mettre *Lorenzaccio* à la scène :

LORENZACCIO

DRAME EN CINQ ACTES

28 juillet 1864.

Ce n'est pas la première fois qu'il est question de représenter cet ouvrage qu'Alfred de Musset n'avait pas composé pour la scène. Le Théâtre-Français, qui y avait songé, a reculé devant les difficultés qui lui parurent insurmontables.

Dans la version que le directeur de l'Odéon soumet à la censure, on a cherché à adapter l'ouvrage à la scène par des suppressions nombreuses et des soudures ayant pour objet de rapprocher les différentes péripéties que les digressions, toutes naturelles dans un drame écrit pour être lu et non pour être joué, isolaient les unes des autres.

Nous ne croyons pas que cette œuvre, arrangée telle qu'elle est, rentre dans les conditions du théâtre. Les débauches et les cruautés du jeune duc de Florence, Alexandre de Médicis, la discussion du droit d'assassiner un souverain dont les crimes et les iniquités crient vengeance, le meurtre même du prince par un de ses parents, type de dégradation et d'abrutissement, nous paraissent un spectacle dangereux à présenter au public.

En conséquence, nous ne croyons pas qu'il y ait lieu d'autoriser la pièce de *Lorenzaccio*.

2° Un de nos correspondants nous écrit :

Un *Laurent de Médicis*, tragédie en cinq actes, a été reçu à l'unanimité au Théâtre-Francais en 1821. La pièce a été mise en scène. Mais elle n'a jamais été jouée.

En 1865, la pièce a été publiée chez Firmin Didot, avec les autres œuvres dramatiques de son auteur, qui s'appelait Lucien Arnault.

L'éditeur dit (en 1865) que ce n'est pas le seul chef-d'œuvre inconnu que renferment les cartons de la Comédie-Française.

(3 décembre 1896.)

PONSARD

(Né à Vienne (Isère), le 1er juin 1814; mort à Paris, juillet 1867)

PONSARD

ET

AUGUSTE VACQUERIE

Personne n'ignore les « batailles littéraires » auxquelles donna lieu l'avènement du romantisme. Elles reprirent de plus belle, lorsque parut Ponsard. D'aucuns s'emparèrent du jeune débutant, pour l'opposer à Victor Hugo. Ils lui faisaient une entrée triomphale ; les *Burgraves* étaient lapidés avec *Lucrèce*. Les romantiques — M. Auguste Vacquerie en tête — défendaient leur maître avec énergie.

Le même Vacquerie, cependant, lorsque Ponsard donna en 1850 au Théâtre-Français *Charlotte Corday*, fit l'éloge de la nouvelle œuvre. Comme la pièce était plutôt un drame qu'une tragédie, les enthousiastes de *Lucrèce* lâchèrent.

Quelques semaines après, un petit acte, *Horace et Lydie*, du même Ponsard, fournit aux premiers défenseurs de l'auteur l'occasion de lui devenir tout à fait hostiles.

Ponsard évrivit alors à Vacquerie la lettre suivante :

Mon cher Vacquerie,

Je vous remercie de tout mon cœur de votre charmante lettre. Il ne s'agit que d'une bagatelle, sans aucune prétention : si elle vous plaît, je suis content. Ils ont frappé à coups de massue sur cette petite bluette.

Mes anciens amis, *inter quos* Rolle, m'ont assommé à qui mieux mieux, et comme Rolle est pesant, je suis écrasé.

Je n'ai trouvé d'amis que chez mes ex-ennemis, Gautier, Meurice et vous. Mais je n'ai pas perdu au change. Les autres s'étaient servis de moi, mais ne m'avaient jamais franchement accepté. Je crains bien qu'au fond ils ne détestent la poésie.

En quoi ils font comme le public. Avez-vous remarqué comme on a applaudi la contre-partie lancée contre les poètes ? Où je n'avais vu qu'un jeu et une boutade amoureuse, on a saisi avec empressement des épigrammes, et on ne m'a applaudi volontiers qu'où je sifflais.

Enfin, c'est de votre côté, seulement de votre côté qu'est la vie, avec la passion, la colère, la générosité, l'amour de l'art, en un mot tout ce qui s'appelle la vie.

Cette année a été pour moi une bonne année, puisqu'elle a amené un rapprochement qui devait se faire tôt ou tard et qui chez moi est déjà de l'amitié et une sincère amitié.

Je vais partir mardi pour plusieurs mois. Je voudrais bien vous voir avant mon départ. Voulez-vous que nous dînions ensemble (un dîner sans façon) dimanche ou lundi ? Si vous pouvez accepter, vous me ferez grand plaisir, car je pourrais ainsi causer un moment avec vous.

Je vous serre les mains bien cordialement.

F. Ponsard,
Rue des Beaux-Arts, 4 bis.

(4 janvier 1894.)

PAUL MEURICE

(Né à Paris, le 7 février 1818)

FANFAN LA TULIPE

---

6 novembre 1858 ! Il y a donc plus de trente-sept ans que le drame de M. Paul Meurice fut représenté pour la première fois. Ils sont rares les auteurs dramatiques qui après un si long intervalle, peuvent revoir leurs propres œuvres, sans que l'âge ait diminué leurs forces.

Alors, on parlait, dans les feuilles, de la question d'Orient, — pour changer. Le prince Napoléon venait de recevoir aux Invalides le char funèbre qui avait servi aux funérailles de Napoléon à Sainte-Hélène et qui, offert à Napoléon III par la reine d'Angleterre, avait été amené en France par sir John Burgoyne. Les journaux racontaient que le froid était vif dans tout le pays, que la neige tombait dans le midi et que les rivières étaient gelées ; ils se plaignaient de la précocité de l'hiver. Ils annonçaient aussi l'ouverture d'une souscription de 200 millions pour le canal de Suez.

Et voici ce que l'on jouait, le même soir dans les théâtres parisiens : Comédie-Française, le *Bourgeois gentilhomme* ; Opéra-Comique, la *Bacchante*, la *Chercheuse d'esprit* ; Odéon, *Guerre ouverte* ;

Théâtre-Lyrique, les *Noces de Figaro*; Italiens, le *Trouvère*; Gymnase, les *Trois Maupin*; Vaudeville, *Dalila*; Variétés, les *Bibelots du Diable*; Porte-Saint-Martin, *Faust*; Cirque, les *Pilules du Diable*; Bouffes-Parisiens, *Orphée aux enfers*.

Fanfan la Tulipe fut écrit pour le grand comédien Mélingue, au sujet duquel Charles Monselet écrivait : « On n'a jamais fait qu'un seul drame pour M. Mélingue. Ce drame a toujours contenu le même rôle, celui d'un individu qui triomphe de ses ennemis, moitié par force et moitié par ruse. Interrogez son répertoire : d'Artagnan, Henri IV, Lorin, Dantès, Salvator Rosa, vous n'y trouverez pas deux physionomies différentes. C'est perpétuellement l'homme qui accomplit des prodiges : c'est Mascarille avec une grande épée. Il faut absolument que, dans chacune de ses créations, il ait une citadelle à emporter d'assaut, un traître à provoquer en duel et un amant à protéger. Tout cela a été fourni de nouveau, dans *Fanfan la Tulipe*, par M. Paul Meurice. »

Comme nous avions lu, chez l'un de nos confrères, que l'aventure contée dans son drame par l'auteur avait un fond historique, je me suis enquis de ce fait, qui m'avait un peu étonné, auprès de M. Paul Meurice :

« Cela n'est pas exact, nous a-t-il dit ; il n'y a, à aucun moment de la vie de Mme de Pompadour, d'aventure semblable, de près ou de loin, à celle que je lui prête. La favorite était trop avisée et se sentait trop surveillée pour s'oublier aux fredaines. En revanche, tous les détails adjacents de mon drame sont aussi exacts que possible. Ainsi, Antoinette Verneau, dont Mme de Pompadour prend le nom, a véritablement existé : elle vendait de la cire d'Espagne à toute la cour de France. La Bontemps est une tireuse de cartes de l'époque. L'épisode de Fanfan faisant prisonnier un général anglais et l'emmenant sur son cheval au camp, est historique ; Barbier le raconte dans ses Mémoires : je l'ai attribué à mon héros.

« Ce que j'ai voulu peindre dans mon drame, c'est en quelque sorte l'opposition entre le monde des grands et celui des petits. En face de la favorite, qui représente, on dirait aujourd'hui symbolise, la cour, et la cour la plus raffinée, je place un homme du peuple, un soldat : deux antithèses. Mme de Pompadour est coquette, sentimentale, légère ; Fanfan est brave, galant, aventureux. C'est le soldat français, gai, honnête et bon. Les Fanfan la Tulipe, ce sont les ancêtres des volontaires de 1792.

« Je venais de terminer mon drame, quand Chilly, qui venait de prendre la direction de l'Ambigu, vint un jour me demander une pièce. C'est celle-là que je lui donnai. Elle fut montée avec un grand soin. Dans tous les journaux de l'époque vous lirez cette phrase : « La direction a bien fait les choses. » Elle fut d'ailleurs récompensée, puisque la pièce eut cent vingt représentations, gros chiffre pour ce temps... Ce qui est assez curieux, c'est que, lorsque les recettes commencèrent à fléchir, on mit en répétitions le *Marchand de coco* de d'Ennery, mais la censure les ayant arrêtées parce que la pièce mettait en scène la Révolution, il fallut songer à autre chose. On chercha et Frédérick Lemaître de dire un jour à Chilly : « Mais j'ai une pièce, moi, chez moi, et d'un auteur que vous aimez, de Paul Meurice. Elle est intitulée le *Maître d'école.* » Et l'on joua le *Maître d'école*, qui dura jusqu'au mois de juin. Je tins l'affiche toute l'année. Heureux jours !

« *Fanfan la Tulipe* ne fut repris qu'une fois, dans de mauvaises conditions, en 1866. Dumaine, Paul Deshayes me l'ont demandé, depuis lors. Je refusai. A Coquelin, je l'ai donné tout de suite.

Vous verrez, comme il y est gai, amusant, excellent. Un souvenir encore et j'ai fini : la pièce fut jouée en anglais, à Londres, par Fechter, l'Armand Duval de la *Dame aux Camélias*. Fanfan était devenu Butter-fly, et la pièce s'appelait : la *Cour et le Camp*. « The Court and the Camp. »

Si la pièce de M. Paul Meurice est aujourd'hui comme inédite, la tradition nous a conservé le souvenir d'une scène, restée fameuse sous le nom de « scène des pommes » ; c'est une sorte de dînette, dont le menu se compose principalement de pommes, et devant laquelle s'assoient la marquise et Fanfan. Elle inspira à Jules Janin ce couplet :

« Toute la scène où la pomme va et vient de Fanfan la Tulipe à sa belle amoureuse est si ravissante et si complète et si parfaitement exacte en ce petit drame enrubanné que tout d'un coup nous avons revu, évoqués par la fantaisie, les amoureux les plus célèbres de ce siècle amoureux ; le duc d'Orléans et Mme Marquise, la blonde aux yeux noirs ; Manon Lescaut et le chevalier des Grieux, le comte de Lauraguais et Mlle Arnould. A ce repas de pommes croquées sont accourues, friandes et sans cérémonie, une émeute de fillettes et de princesses qui furent la grâce et le printemps d'autrefois : Mme Vestris et la duchesse de Brancas, Mme Colombe et la princesse de Monaco, la comtesse d'Houdetot et Mme Ninon, la marquise du Châtelet et Mme Veronèse, Mme Doligny et la princesse de Galitzine, autant de croqueuses du fruit défendu. »

Et par-dessus toutes celles-là, il y a la marquise de Pompadour, que Leroy, le lieutenant des chasses du parc de Versailles, peignait ainsi :

« La marquise de Pompadour était d'une taille au-dessus de l'ordinaire, svelte, aisée, souple, élégante, son visage était bien assorti à sa taille, un ovale parfait, de beaux cheveux plutôt châtain clair que blonds, des yeux assez grands, ornés de beau sourcils, le nez parfaitement bien formé, la bouche charmante, les dents très belles et le plus délicieux sourire ; la plus belle peau du monde donnait à tous ses traits le plus grand éclat. Ses yeux avaient un charme particulier qu'ils devaient peut-être à l'incertitude de leur couleur ; ils n'avaient point le vif éclat des yeux noirs, la langueur tendre des yeux bleus, la finesse particulière aux yeux gris ; leur couleur indéterminée semblait les rendre propres à tous les genres de séduction. » Il est vrai que d'Argenson moins enthousiaste, mais sans doute guidé par la rancune, écrivait : « Elle est blonde et blanche, sans traits, mais douée de grâces et de talents. Elle est d'une haute taille et assez mal faite. »

Pour la mémoire de Louis XV, nous aimons mieux croire son lieutenant des chasses que son ministre.

Quoi qu'il en soit *Fanfan la Tulipe* fut à l'origine un grand succès. La pièce rapporta exactement à la direction de l'Ambigu cent mille et quelques francs de bénéfices nets, tous frais déduits, M. Coquelin n'en demande pas davantage certainement.

(10 décembre 1895.)

STRUENSÉE

Ce n'est pas la première fois que Struensée, le ministre danois qui, après quelques années d'une faveur extraordinaire fut renversé et mis à mort — tel autrefois Léjan — est transporté sur le théâtre. Dès l'année 1829, c'est-à-dire cinquante-sept ans après la fin tragique du personnage, Michaël Berr frère de Meyerbeer, écrivait une tragédie qui, représentée avec succès en Allemagne, fut bientôt interdite, sur la demande de la cour de Danemark. Traduite en français, elle inspira à deux romanciers, MM. Fournier et Arnould, la trame et les incidents principaux d'un roman qui eut un succès assez vif. Vers le même temps, Gaillardet, qui sortait de ses fameux démêlés avec Alexandre Dumas au sujet de la *Tour de Nesle*, voulut montrer ce dont il était capable : son *Struensée*, dont il avait fait « un pauvre déclamateur aidant la reine Mathilde à avorter », ne réussit pas. Le sujet tenta Scribe ; mais, chose un peu inattendue, le célèbre dramaturge tira, des événements tragiques que lui apportait l'histoire, une comédie, charmante d'ailleurs, *Bertrand et Raton*. « Comédie ! écrivit quelqu'un. Songez au sujet ; cherchez dans ce sombre drame qui marqua, à Copenhague, la fin du dix-huitième siècle, quelque nuance gaie, quelque bariolage amusant. Vous y allez pour rire ; mais prenez garde qu'il y a ici un roi empoisonné dès l'enfance par Marie-Julie, une jeune et aimable reine accusée d'adultère et renvoyée, couverte de honte, dans sa patrie ; enfin, un ministre, victime de ses hautes conceptions et, avec son ami intime, portant sa tête sur l'échafaud. Songez que ce ministre a combattu pour un peuple qui ne voulait pas le comprendre, contre des nobles qui le détestaient, et ensuite admirez M. Scribe d'avoir trouvé dans cette nuit d'horreurs tant d'éclairs de plaisanterie. »

Laissons de côté le *Struensée* de M. Edouard Meyer qui, reçu à la Gaîté, lu aux artistes, ne fut pas représenté ; il serait trop long de raconter pourquoi. Nous ne trouvons plus de *Struensée* jusqu'au jour où M. Paul Meurice s'empare de ce personnage si intéressant et écrit, à son sujet, un grand drame en vers, dont la Comédie-Française donnera la première représentation à la fin de cette semaine.

En quelques mots voici, pour ceux qui l'ont peut-être oubliée, l'histoire du ministre de Danemark. Né à Halle, Allemand par conséquent, Struensée étudia la médecine. Le roi de Danemark, Christian VII, jeune homme affaibli par les excès, voulut avoir un jeune médecin pour l'accompagner dans ses voyages : on lui amena Struensée. « Il était d'une figure agréable, dit Reverdil, qui a raconté ses aventures, d'un commerce doux ; il aimait à rendre service. Joyeux convive, beau joueur, empressé auprès des femmes, chasseur et voyageur infatigable, il eut beaucoup de vogue comme médecin. » Il gagna la confiance du roi promptement ; celle de la reine ensuite, dans les circonstances suivantes : Christian ayant communiqué à la reine Mathilde une maladie qui mettait en péril sa santé, celle-ci voulut se séparer de son époux et se retirer en Angleterre. Struensée lui montra qu'elle laisserait le champ libre à ses ennemis et qu'il lui faudrait quitter son enfant. La reine céda. Elle accepta l'appui d'un homme maître de son secret ; cet homme, elle l'aima bientôt. Struensée devint tout-puissant, d'autant plus que le roi tombait dans une complète imbécillité. Il voulut alors appliquer les réformes que lui avaient inspirées les philosophes français du dix-huitième siècle, qu'il admirait. Il émancipa les serfs, il diminua les impôts et, enfin, il proclama la liberté de la presse. Mauvaise idée ; car ses ennemis profitèrent de cette liberté pour le perdre, lui, dans l'opinion publique. Ces choses se sont vues plus d'une fois. Un complot se forma : la nuit du 16 janvier 1772, à la fin d'un bal masqué, on fit signer au roi imbécile, l'ordre d'arrêter Struensée et son ami de Brandt. Tous deux, quelques jours après, furent conduits à l'échafaud et décapités. Avant de mourir, Struensée, le docteur matérialiste, se convertit au christianisme. (Un auteur allemand, Laube qui a écrit après Michaël Berr un *Struensée*, fait mourir le héros, fusillé par les balles d'un peloton de soldats). La jeune reine Mathilde fut exilée. Elle mourut à Zell, à l'âge de vingt-deux ans.

M. Paul Meurice, à quelques incidents près, s'est conformé à l'histoire. « Struensée, me disait-il, m'a semblé offrir le type de ce qu'on pourrait appeler l'ambitieux légitime. Il se connaît : il sait ce qu'il vaut. Il a de grandes idées, de nobles projets. Il veut conquérir le pouvoir pour faire le bien. Outre l'ambitieux qui désire être roi ou ministre pour les jouissances matérielles ou extérieures que donne le pouvoir souverain, outre Macbeth, il me semble qu'on peut concevoir aussi l'ambitieux qui, ayant conscience de sa force et de sa valeur, veut faire profiter de cette force et de cette valeur son pays. »

Cette conception constitue l'originalité du

drame que M. Paul Meurice a écrit sur l'histoire connue du ministre danois.

Et, pour que sa conception soit bien saisie, l'auteur la place sous la protection de Voltaire. Je m'explique. Dans un prologue, M. Paul Meurice — ici il donne un petit accroc à l'histoire ; mais qu'importe ! — M. Paul Meurice suppose que Struensée rencontre Voltaire sur la frontière de Prusse, au moment où le philosophe quittait le royaume de son grand ami Frédéric II, qu'il ne pouvait plus souffrir. Struensée assiste à la scène fameuse que Voltaire a racontée dans les termes suivants : (Lettre adressée à François I*er*, empereur d'Allemagne, 5 juin 1753) :

J'arrive à peine à Francfort, le 1*er* juin, que le sieur Freitag, résident de Brandebourg, vient dans ma chambre, escorté d'un officier prussien et d'un avocat. Il me demande un livre imprimé contenant les poésies du roi, son maître, en vers français. C'est un livre où j'avais quelques droits et que le roi de Prusse m'avait donné, quand il fit le présent de ses ouvrages.

J'ai dit au résident de Brandebourg que je suis prêt à remettre au roi son maître les faveurs dont il m'a honoré, mais que ce volume est peut-être encore à Hambourg, dans une caisse de livres prête à être embarquée ; que je vais aux bains de Plombières, presque mourant et que je le prie de me laisser ma vie, en me laissant continuer ma route. Il me répond qu'il va faire mettre une garde à ma porte, il me force à signer un écrit, par lequel je promets de ne point sortir, jusqu'à ce que les poésies du roi son maître soient revenues; et il me donne un billet de sa main, conçu en ces termes : « Aussitôt le grand ballot que vous me dites d'être à Leipsick ou à Hambourg sera arrivé et que vous aurez rendu l'*œuvre de poëshie* à moi, que le roi redemande, vous pourrez partir où bon vous semblera. » J'écris sur-le-champ à Hambourg pour faire revenir l'*œuvre de poëshies* pour lequel je me trouve prisonnier dans une ville impériale...

C'est dans ce cruel état qu'un malade mourant se

jette aux pieds de votre Sacrée Majesté, pour la conjurer de daigner ordonner, avec la bonté et le secret qu'une telle situation me force d'implorer, qu'on ne fasse rien contre les lois, à mon égard, dans sa ville impériale de Francfort...

Je suis, avec le plus profond respect, etc.

VOLTAIRE.

*Gentilhomme ordinaire de Sa Majesté
très chrétienne.*

Dans une autre lettre à M. Thiérot, Voltaire raconte la même aventure, en ajoutant : « Je signai à l'ambassadeur de *Salomon* (Frédéric II) le billet suivant : « Bon pour les *poëshies* du roi votre « maître, en partant pour bon où il me semble ».

Cet incident constitue donc, en grande partie, le prologue de *Struensée*. Le futur ministre du Danemark se trouve en présence de Voltaire; la conversation qui s'engage entre eux plane pour ainsi dire sur la suite du drame. Struensée appliquera les idées de liberté, de tolérance et de justice dont Voltaire fut, pendant toute sa vie, l'apôtre ardent, ce même Voltaire que certains critiques, de nos jours ont entrepris de démolir : à défaut d'originalité, il faut bien cultiver le paradoxe.

(2 novembre 1898.)

AUGUSTE VACQUERIE

(Né à Paris en 1819; mort à Paris en 1895)

ANTIGONE

La Comédie-Française donne aujourd'hui à une réunion de lettrés la répétition générale de l'*Antigone* de MM. Auguste Vacquerie et Paul Meurice, qui fut représentée pour la première fois, il y a près de cinquante ans, sur la scène de l'Odéon.

Cinquante ans ! un demi-siècle ! et cependant les auteurs, toujours alertes et vifs, ont apporté à la reprise de leur œuvre une ardeur juvénile. Elle leur fait revivre d'anciens souvenirs qu'ils nous ont contés.

M. Paul Meurice, dans un voyage — son voyage de noces — avait assisté, à l'étranger, à une représentation de la tragédie de Sophocle, avec le double théâtre permettant de reproduire les évolutions du chœur antique, et ce spectacle, augmenté d'une musique de scène qu'avait écrite Mendelssohn, l'avait profondément ému... Revenu en France, il avait fait part de son admiration à son ami Auguste Vacquerie.

M. Auguste Vacquerie avait fait jouer déjà à l'Odéon un *Falstaff* en trois actes, et un acte, le *Capitaine Parole* tiré de *All is well that ends well*, la comédie de Shakespeare... Il était en relations d'amitié avec le directeur de l'Odéon, Auguste Lireux, son ancien condisciple de Rouen. Un soir qu'ils dînaient ensemble, le directeur demanda au poète une pièce nouvelle : ces choses arrivent quelquefois. Le poète parla de ce qu'avait vu son ami Meurice. Pourquoi ne tenterait-on pas de transporter *Antigone* sur la scène française ? Et le soir même, on alla chez Paul Meurice qui dormait profondément et qu'on réveilla pour lui faire une proposition qu'il accepta d'emblée : la fortune vient en dormant.

Les deux collaborateurs se mirent au travail et *Antigone* fut jouée à la fin de l'été de 1844 avec un grand succès. Les interprètes furent Bocage (Créon), Rouvière (Tirésias), qui tenta à cette occasion une résurrection du masque tragique; Mme Virginie Bourbier (Antigone) remplaçant au pied levé Mme Naptal, malade, etc...

A propos de cette interprétation, M. Vacquerie nous a conté une plaisante anecdote qui fait voir ce que peut être quelquefois l'amour-propre des comédiens. Les auteurs tenaient beaucoup à Bocage, qui n'appartenait pas à l'Odéon, et qui, même, était en froid avec le directeur. Le grand premier rôle de l'Odéon était alors un nommé Boucher, qui ne plaisait point aux deux jeunes poètes. Ceux-ci vont trouver Bocage et lui annoncent leur intention de demander à Lireux de l'engager. « Ne faites pas cela ! dit Bocage. Si vous me demandez à Lireux, Lireux vous répondra qu'il n'a pas besoin de moi, qu'il a Boucher, et Boucher tiendra bon. Au contraire, offrez très humblement le rôle à Boucher. Je suis sûr qu'il n'en voudra pas. — Comment cela ? — Jamais Boucher ne jouera le rôle d'un roi que l'on raille. Cela est contraire au sentiment qu'il a de sa dignité. » Les deux poètes — qui n'étaient qu'à moitié convaincus — suivent les conseils de Bocage. Ils lisent leur pièce devant les artistes qui devaient l'interpréter. A peine, après la lecture, étaient-ils rentrés dans ce bureau directorial où tant d'auteurs ont passé, qu'ils entendent frapper à la porte : c'était Boucher qui venait rendre son rôle. Les deux poètes dissimulent leur joie. Ils insistent. Boucher se montre intraitable... Et Lireux dut engager Bocage qui fut admirable.

(21 novembre 1893.)

ÉMILE AUGIER

(Né à Valence (Drôme), le 17 septembre 1820; mort en 1889)

LE MARIAGE D'OLYMPE

Le *Mariage d'Olympe* n'a jamais eu que des reprises difficiles.

Emile Augier ne s'en étonnait pas, car il écrivait un jour une lettre où on lisait :

> Mon cher Confrère,
>
> ... Quant aux explications, éclaircissements apologétiques que vous me demandez pour le *Mariage d'Olympe*, je n'en ai pas à donner : je me range complètement à l'avis de la presse et du public, parce que cette reprise m'a laissé tout mon sang-froid, et j'ai senti que la pièce laisse une impression pénible ...
>
> ... La première condition de notre art est de s'emparer de l'auditoire ; c'est la seule à laquelle on ne manque pas impunément ...
>
> Emile Augier.

Nous savons que M. Jules Claretie demanda un jour à Augier l'autorisation de reprendre le *Mariage d'Olympe*, et que celui-ci la refusa en disant : « Mais non, mais non, c'est embêtant. »

(19 octobre 1898.)

MAITRE GUÉRIN

Les archives de la Comédie-Française donnent sur *Maître Guérin* les renseignements suivants :

« *Maître Guérin* a été lu devant le Comité, présidé par M. Geffroy, doyen, sous le titre de *Francine*, le mercredi 23 mars 1864.

« La pièce fut reçue à l'unanimité par dix boules blanches, savoir :

« MM. Geffroy, Regnier, Provost, Bressant, Got, Leroux, Delaunay, Maubant, Monrose et Talbot,

« Elle fut répétée sous le titre de l'*Inventeur*. »

Quand M. Jules Claretie reprit une première fois *Maître Guérin*, Emile Augier était déjà mourant. L'auteur assista à deux répétitions, puis s'alita ou du moins garda le logis. M. Claretie allait presque quotidiennement le tenir au courant des répétitions.

Ce fut alors que M. Got parla à l'Administrateur d'un dénouement qui avait paru trop violent en 1864 et qu'on avait retranché : l'apparition de la servante Françoise, vengeresse de Mme Guérin.

M. Claretie demanda à Emile Augier de le rétablir. M. Got avait gardé le manuscrit primitif de la scène. « Faites à votre gré, mon cher ami », dit l'auteur; et l'administrateur restitua la scène finale où Mlle Rachel Boyer joua la scène à la Balzac, qu'Emile Augier n'a jamais vue. Le lendemain de la reprise, M. Claretie annonçait l'effet profond de ce dénouement à Augier, qui lui répondait : « Ce qui prouve que vous avez eu raison et qu'en 1864 nous avions tort, Thierry et moi, d'être trop timides. »

(21 septembre 1899.)

OCTAVE FEUILLET

(Né à St-Lô, le 11 août 1821; mort à Paris, le 29 décembre 1890)

MONTJOYE

Un retour de faveur ressuscite les principales œuvres dramatiques d'Octave Feuillet. Après le *Roman d'un jeune homme pauvre*, qui fut, l'été dernier, à l'Odéon, le chant du cygne de la direction Marck et Desbeaux, voici que la Comédie-Française emprunte au répertoire du Gymnase *Montjoye*. De même qu'il préférait — et à juste titre — *Monsieur de Camors* à ses autres romans, Feuillet gardait une secrète prédilection à sa comédie de *Montjoye*. C'étaient pour lui ses deux œuvres maîtresses.

Montjoye fut représenté pour la première fois sur le théâtre du Gymnase, le 24 octobre 1863. Octave Feuillet était déjà célèbre ; il était de l'Académie française. La pièce avait à l'avance piqué la curiosité parisienne. Nous en trouvons la preuve dans les « Billets du matin » que le *Temps* publiait à cette époque, sous la signature de Pierre Louviers, qui écrivait : « Hier soir, il fallait assister à la fois à la pièce du Gymnase, à la reprise de la Porte-Saint-Martin et à la représentation extraordinaire de l'Opéra-Comique, *Montjoye*, *Benvenuto* et le *Bourgeois gentilhomme*, Lafont, Mélingue et M. Samson... C'est vers la salle du boulevard Bonne-Nouvelle que convergeaient toutes les ambitions. » Le chroniqueur raconte ce qu'il faut se donner de mal pour avoir une place aux premières représentations, que l'on voit fréquentées par le monde le plus choisi de Paris, et il ajoute : « Enfin, une heure avant l'ouverture des portes, vous obtenez une mauvaise stalle ou un strapontin boiteux ; vous entrez satisfait de vous-même et flatté de votre succès. Il n'y aura là que les ministres et le Sénat, un ou deux ambassadeurs, peut-être, et vous restez stupéfait en trouvant aux meilleures places les épaules les plus connues et les visages les moins diplomatiques. » Cela a-t-il beaucoup changé depuis 1863 ? Le même chroniqueur dans le même « Billet », dit ceci : « Sa Majesté le roi des Hellènes est arrivé à Paris ; il était hier à l'Opéra, il ira aujourd'hui à l'Ambigu ; lundi, au Théâtre-Français ; mardi, au Gymnase ; mercredi, aux Variétés ; les soucis du rang suprême viendront assez vite ; à demain les affaires sérieuses ! » Le roi des Hellènes de 1863 a eu des imitateurs. Que donnait-on donc dans ces théâtres ? Aux Français, *Jean Baudry*, d'Auguste Vacquerie, depuis quelques jours ; au Vaudeville, les *Ressources de Quinola*, de Balzac ; à l'Ambigu, l'*Aïeule*, de MM. d'Ennery et Charles Edmond (le roi assistait à la première représentation) ; au Lyrique, les *Pêcheurs de perles*, et, sur les autres scènes, les *Diables roses*, *Peau-d'Ane*, *Gentil Bernard*... Dans le même temps, l'impératrice Eugénie voyageait en Espagne, et on remarquait dans les chroniques qu'elle n'assistait pas à Madrid à la course des taureaux ; et, dans le même temps aussi, Nadar et les siens se remettaient de la chute du *Géant*...

Revenons à *Montjoye*. La pièce eut donc un très grand succès, et le critique, Louis Ulbach, pouvait écrire :

« Toute part faite aux droits de la critique, il reste pour M. Octave Feuillet un triomphe légitime. Jamais cet esprit délicat, d'une audace timide qui débiterait en nouvelles timides toute l'histoire de la conscience moderne, qui a la vision distincte des grands sujets, mais qui n'y touche qu'avec réserve de peur d'en être touché; jamais ce moraliste un peu myope n'a été plus loin, n'a écrit d'une main plus ferme et n'a mieux mérité d'être relevé de cette épithète amoindrissante, de cet éloge injurieux, de ce sobriquet de *Musset des familles*. Musset avait le génie de l'égoïsme; M. Octave Feuillet rencontre partout le sentiment réel, quoique un peu confus, d'une solidarité générale. »

Nous avons tâché de retrouver dans la correspondance publiée avec un soin presque religieux par Mme Octave Feuillet, et Mme Feuillet a cherché elle-même dans les lettres qu'elle a gardées, quelques souvenirs de l'écrivain lui-même se rattachant à sa pièce. Comme Mme Feuillet au moment des répétitions était à Paris, auprès de son mari, celui-ci lui contait de vive voix ses tourments et il n'avait pas besoin de les lui écrire. L'auteur de *Montjoye* était toujours très tourmenté, au sujet de ses œuvres; il y apportait les plus grands scrupules (il existe de *Montjoye* quatre ou cinq manuscrits différents, ayant précédé le définitif); l'œuvre terminée, l'idée de la voir discutée par la critique, par la presse le troublait beaucoup. Le jour de la première représentation, il s'enfermait, dînait seul, allait seul au théâtre et demeurait enfiévré jusqu'au lendemain. Mme Octave Feuillet nous écrit à ce sujet :

« ... En cherchant dans mon recueil de souvenirs non publiés, j'ai retrouvé la lettre que je vous envoie. Elle n'a pas de date mais je crois me rappeler qu'elle m'était adressée au moment où mon mari jetait les premières bases de la pièce qui nous occupe en ce moment. Les premiers plans des travaux littéraires de mon mari lui causaient toujours ces désespoirs cruels auxquels il fait allusion dans sa lettre. Je ne l'ai jamais vu douter de lui comme il en a douté lorsqu'il a rêvé *Camors*. Une fois ses compositions créées, souvent dans les larmes, il se mettait à écrire avec ravissement. Alors la confiance lui revenait et il jugeait plus sainement ses œuvres. »

Valérie FEUILLET.

Voici maintenant la lettre inédite que nous devons à la bonne grâce de Mme Feuillet :

« J'ai vraiment des remords, ma chère enfant, d'avoir troublé ta paix et ta vie par mes découragements. Avant de me remettre au travail, et pour m'y remettre avec fruit, il faut d'abord que tu me pardonnes.

« Sache bien que je sens moi-même l'exagération de ces découragements. J'ai déjà surmonté dans ma vie d'artiste des heures bien difficiles et je surmonterai encore celle-ci. Quand on arrive au pied de l'obstacle et qu'on le trouve d'une hauteur inattendue, il y a un moment de piaffe cruelle, mais enfin, après un peu de recueillement, on se rassemble et on le saute ou on le tourne. On est impatient et irrité du retard, mais on ne se désespère pas à fond quand on a du sang et qu'on est soutenu par toi. Reprends donc ton calme pour que je reprenne le mien. Quant à mon œuvre actuelle, je crains parfois que la composition n'en soit pas assez franche, mais enfin il y aura toujours assez d'intérêt dans le fond de la donnée et assez de bonnes parties dans l'exécution pour sauver l'honneur de l'auteur qui t'appartient.

« OCTAVE. »

Montjoye, que l'auteur jugeait avec cette haute impartialité, eut, comme nous l'avons dit, un succès énorme. On joua la pièce, depuis le 24 octobre 1863 jusqu'aux premiers jours de mars 1864, plus de cent trente fois. Et quelle pièce lui succède ? l'*Ami des femmes*, d'Alexandre Dumas fils.

(1er octobre 1896.)

HENRY MURGER

(Paris, 1822-1861)

LA VIE DE BOHÊME

On a tout dit sur la « bohème ». Les enthousiastes ont glorifié son amour de l'indépendance et son insouciance joyeuse, tandis que des littérateurs bien rentés accablaient de leur mépris sa stérile paresse. Page de l'histoire littéraire et artistique de notre temps, elle a été imprimée et illustrée. Il n'y a plus rien à glaner sur la « terre de bohème », qui a donné tous ses fruits et découvert tous ses secrets. Si donc, aujourd'hui, à l'occasion de la reprise que la Comédie-Française annonce pour jeudi — reprise de la *Vie de Bohème*, pièce tirée par Théodore Barrière du livre de Henri Mürger — je tâche de réunir quelques souvenirs et quelques anecdotes, je veux seulement rechercher comment la collaboration des deux écrivains s'est produite. Au point de vue de l'histoire du théâtre, la question n'est pas absolument dénuée d'intérêt.

Les documents sont peu nombreux et peu copieux. L'un d'eux est apporté par M. Gabriel Ferry, un des amis de Barrière, et qui, dans ses souvenirs sur l'auteur des *Faux Bonshommes*, écrivit ces lignes :

« Quand on demandait à Théodore Barrière

comment il avait connu Mürger, il répondait par l'anecdote suivante :

« ... C'était pendant l'automne de 1848 ; il lisait assidûment le *Corsaire*, un journal littéraire de cette époque, très spirituel, très suivi. Il avait été frappé par les qualités de certains récits publiés par cette feuille et signés Henri Mürger. Un jour, dans cette disposition d'esprit, il rencontra Antonin Fauchery, un de ses amis du Quartier latin, qui était aussi à cette époque un des collaborateurs du *Corsaire*. Fauchery appartenait au cénacle de Mürger. Il a laissé un souvenir littéraire.

« Au cours de la conversation, Barrière posa l'interrogation suivante :

« — Je lis avec un véritable plaisir dans le *Corsaire* des nouvelles signées Henri Mürger. Qu'est-ce que c'est que ce nouveau venu ?

« — Mürger est un garçon de talent, un bon vivant..., quand il a de l'argent, et un amoureux perpétuel.

« — Où le voit-on ?

« — Il demeure rue des Canettes, à l'hôtel Merciol. Veux-tu que nous allions le voir ensemble ?

« — Convenu.

« ... Le lendemain Fauchery et Barrière gravissaient l'escalier de l'hôtel Merciol ; Mürger habitait au premier étage une chambre très simple, dont le loyer pouvait se monter à 25 francs par mois. Fauchery remarque que la clef était dans la serrure. « Mürger est là, dit-il »... Il frappe.

« — Entrez, crie une voix s'élevant de l'intérieur de la pièce.

« Les deux visiteurs poussèrent la porte et constatèrent, bien qu'il fût quatre heures de l'après-midi, que Mürger était encore au lit, couché.

« — Nous sommes abominablement indiscrets, dit Fauchery. A une autre fois : nous reviendrons.

« Mürger insista, et si bien que les deux visiteurs s'assirent. Alors, l'auteur des *Scènes de la Vie de Bohême* leur raconta que, s'il se trouvait encore couché à une heure aussi avancée de la journée, c'était la faute d'un ami qui, le matin, lui avait emprunté son unique pantalon pour faire une démarche importante. Après cette explication donnée, Barrière dit à Mürger que les *Scènes* pouvaient fournir le motif d'une pièce. Mürger abonda dans ce sens et un rendez-vous de collaboration fut convenu pour le surlendemain dans un café du carrefour de Buci.

« L'anecdote du pantalon qui est amusante, nous a été confirmée par Mme Vve Barrière, à qui son mari l'avait racontée, et par son neveu, notre excellent confrère, M. P. Legrand ; il paraîtrait même que dans son lit, Mürger n'était pas seul, ce qui explique le « nous sommes indiscrets » de Fauchery.

« Aussi bien, je retrouve aussi dans une lettre de Barrière quelques détails de sa collaboration avec Mürger. C'est une lettre qu'il envoyait à Henri de Kock ; celui-ci publiait dans le *Passe-Temps*, sous le pseudonyme d'Ernest Bazard, des biographies de ses contemporains : « J'allais déterrer Mürger, dit Barrière dans sa petite chambre de la rue de Touraine. Tout à l'heure M. Ferry nous parlait de la rue des Canettes et notons que d'autre part, dans des souvenirs, Alexandre Schanne ou Schaunard prétend que Mürger demeurait, à cette époque rue Mazarine : il est bien difficile d'écrire l'histoire. Mürger tirait le diable par la queue, aidé par sa Mimi que l'on connaît. Ma petite fortune fut faite, celle de Mürger aussi. Aujourd'hui Mürger vend ses livres ce qu'il veut, et moi, j'en reçois de tout dorés de S. E. le ministre d'Etat.

« Un détail sur la collaboration Mürger et sur la *Vie de Bohême*. J'ai eu la réputation de *m'absin-*

ther beaucoup, et cette réputation n'était pas positivement usurpée ; mais il est peut-être curieux de connaître l'origine de cette faiblesse si prononcée. La voici : j'ai deux grandes peurs : le choléra et les crocodiles. Les crocodiles ne viennent pas à Paris ; mais le choléra y vient, et il y était même, et très fortement, au moment où nous élaborions notre *Vie de Bohême*. Pour m'étourdir sur mes craintes, je me livrai à la liqueur préférée par ce pauvre Musset et l'habitude m'en resta pendant six mois. Pendant six mois, j'en buvais dix verres avant dîner. Je ne sais en quoi cela peut intéresser la France, mais je dis tout, et puis cela fait partie du bonhomme ».

Les deux écrivains ne mirent pas longtemps à terminer leur œuvre, et, quand elle fut finie, Barrière la porta au directeur des Variétés. Une œuvre nouvelle aux Variétés, et de deux débutants ! Quelle audace ! Le directeur était alors Thibaudeau-Milon, le beau Thibaudeau, ancien comédien de l'Odéon, et fils d'un conseiller d'Etat du premier Empire. Il lut la pièce, l'accepta, la mit en répétitions, la joua et il fut récompensé de sa confiance : la pièce remporta un grand succès.

Tous les amis de Mürger, les anciens et les nouveaux, la bohème et les « arrivés » assistèrent à la première représentation (— à laquelle on avait convié le président de la République, qui y vint) — depuis ceux qui étaient reproduits sur la scène, Schanne (Schaunard), Jean Wallon (Colline), Lazare et Tabar (qui se sont fondus dans Marcel), les frères Bisson, Desbrosses, Karol, Léon Noël, Montaudon jusqu'à Champfleury, Théodore de Banville, Vitu, Fauchery, Baudelaire, Nadar, Reyer.

« Il sembla à chacun de nous, a dit Nadar, qu'il s'agissait de son œuvre personnelle, tant la longue communion de vie et de pensée avait jusqu'alors été intime entre nous et le débutant de ce soir-là. Nous étions émus, transportés, à la fin nous oubliâmes les préoccupations de notre affection fraternelle pour l'auteur, restant suspendus aux derniers sanglots de l'héroïne. » La dernière phrase de Rodolphe : « O ma jeunesse ! c'est vous qu'on enterre ! » surprit quelques-uns des amis de Mürger, Nadar lui dit : « Je t'en prie, coupe cette abominable phrase de la fin ! — Pas du tout, répondit Mürger, *c'est nature !...* »

Les acteurs créateurs de la *Vie de Bohême* ont eu, remarque M. Ferry, une destinée funèbre ou mélancolique : Kopp (Baptiste) se suicida pour des raisons d'ordre privé. Labat (Rodolphe) ayant placé toutes ses économies en rente turque, fut ruiné et alla mourir à l'hôpital ; Ch. Perey (Schaunard), n'ayant jamais retrouvé un aussi joli rôle, végéta ; Dussert (l'oncle Million) disparut on ne sait où ; Mlle Page (Musette), après de longues années de gêne mourut d'un cancer ; Mlle Thuillier (Mimi) abandonna le théâtre pour entrer, croit-on, en religion.

Mlle Thuillier était adorablement jolie. Dès les premières répétitions Mürger était amoureux de son étoile. Mais ce n'était pas un oseur ; il se bornait à parler de sa passion... à son collaborateur. Un jour, nous a raconté M. Legrand, que Barrière avait adressé de vifs compliments à son interprète, l'actrice l'embrassa sur les deux joues, en lui disant : « Demandez-moi tout ce que vous voudrez, c'est accordé d'avance. — Alors, lui répondit Barrière en retroussant sa moustache du geste qui lui était familier, cédez à ce pauvre Mürger... il vous aime tant ! Et puis, voilà assez longtemps qu'il me rase ! » Mlle Thuillier fit la moue et dit tout bas à Barrière : « Cela n'est pas possible, il est trop sale dans ses habits... » Barrière communiqua à son collaborateur l'impression qu'il avait produite sur Mlle Thuillier : Henri Mürger ne fut rien moins que content. Il en voulut même un peu à Barrière. La collaboration, née sous de si heureux auspices, n'eut pas de lendemain.

Les deux auteurs n'avaient du reste, ni le caractère ni les mœurs conformes. Barrière, employé au ministère de la guerre, peinait, mais il ne vagabondait pas. Il demeurait au numéro 57 de la rue de la Harpe, dans une maison qui masquait les Thermes de Julien ; lors de la démolition de cet immeuble, il acheta aux ouvriers deux des barreaux de sa fenêtre. Sa mère, une excellente femme, avait peut-être plus de fantaisie que lui dans l'esprit. M. Gabriel Ferry possède un agenda, où elle écrivait ses dépenses de la façon suivante :

Graines pour Coco.................... 2 sous
A la petite du concierge pour remettre une tête à sa poupée.............. 5 francs
Persil et cerfeuil....................... 1 sou
Divers........................ 1.000 francs

Dans cet inappréciable « divers » figuraient peut-être des louis distribués à des chanteurs ambulants, à des artistes malheureux. Mme Barrière mère était ainsi : elle donnait sans compter et se demandait ensuite comment on ferait pour dîner. Elle était plus de la « bohème » que son fils.

Quoi qu'il en soit, dans quelques jours, la *Vie de Bohême* entrera au répertoire de la Comédie-Française. L'épreuve sera intéressante. Elle pique la curiosité et, de tous côtés, on s'en occupe un peu. Hier, encore, M. de Féraudy, qui doit reprendre le rôle de Schaunard, recevait d'une personne qu'il ne connaît point, un joli portrait de son héros, Alexandre Schanne : il est représenté, au milieu des jouets d'enfants qu'il vendit, pendant de longues années, rue aux Ours, lorsqu'il eut quitté la bohème pour reprendre bourgeoisement le commerce fondé par son père. Et la pipe, la fameuse pipe de Schaunard, qui eut l'honneur de paraître sur la scène des Variétés, qu'est-elle devenue ?

(7 septembre 1897.)

Au moment où la *Vie de Bohême* tient l'affiche sur deux de nos plus grands théâtres, nous lisons, dans le catalogue d'une vente d'autographes, qui aura lieu prochainement, la note suivante :

« 42337 Mürger (Henri), le célèbre auteur de la *Vie de Bohême* — L. a. s., p. in-8.

» Curieuse lettre où il demande un secours personnel de deux cents francs. « Je suis obligé quotidiennement d'improviser ma vie et que d'ennuis et que de honte aussi ! »

(23 juin 1898.)

ALEXANDRE DUMAS FILS

(Né à Paris, le 27 juillet 1824; mort en 1895)

LA PRINCESSE DE BAGDAD

La *Princesse de Bagdad*, qui sera reprise dans quelques jours au théâtre du Gymnase, pour la rentrée de Mme Jane Hading, est, à coup sûr, une des pièces de M. Alexandre Dumas qui donnèrent lieu, en leur temps, aux plus vives discussions.

L'auteur a raconté — non dans une préface, car après celle de l'*Etrangère*, il s'était engagé à ne plus écrire de préfaces pour ses œuvres — mais dans quelques notes, comment fut écrite la *Princesse de Bagdad*. « La pièce, dit-il, a été écrite en sept jours les nuits comprises, car j'ai bien peu dormi pendant ce véritable accès de fièvre. Le temps ne fait rien à l'affaire, comme dit Alceste. On écrit une pièce ou un livre en quelques jours, mais depuis combien de temps les portait-on dans sa cervelle et les y retournait-on dans tous les sens ? »

J'ajouterai que la pièce fut écrite dans le Loiret, au château de Salneuve, chez des amis où l'auteur allait tous les ans passer la belle saison, M. et Mme F... La châtelaine possède le manuscrit de l'œuvre écrite sous son toit.

La première représentation fut donnée le

31 janvier 1881, sur la scène de la Comédie-Française. Ecoutons encore l'auteur :

A la répétition générale, l'ouvrage produisit un grand effet; il n'en fut pas de même à la première représentation. Il y eut bataille et très chaude, surtout à la fin à partir de la moitié du dernier acte. Chose rare, surtout au Théâtre-Français, des protestations et même des coups de sifflets furent lancés par des spectateurs et des spectatrices occupant des stalles ou des loges qu'ils n'avaient pas payées. Chose plus rare encore, des journalistes n'eurent pas la patience d'attendre le jour de leur compte rendu et se mirent de la partie.

M. Alexandre Dumas ajoute alors :

Pendant la tempête que ma pauvre pièce avait déchaînée, je regardais la salle par la petite lucarne du rideau d'arlequin. Bien des gens qui ne me pouvaient pas voir, qui m'avaient serré la main quelques heures auparavant et qui devaient me la serrer encore bien des fois, laissaient paraître ingénument sur leur visage ce « quelque chose qui ne nous déplaît pas, comme dit La Rochefoucauld dans le malheur de notre meilleur ami ». D'autre part, je pouvais me convaincre une fois de plus de cette vérité que ce qu'on appelle le public n'existe pas. Tout ce tapage était produit par cent ou cent cinquante personnes au plus.

Pourquoi ce déchaînement de certains spectateurs? L'auteur de la *Princesse de Bagdad* payait pour l'auteur de la *Question du divorce*. Etendant, d'ailleurs, cette question particulière, M. Dumas disait :

Il est évident que non seulement sur moi, mais sur tous autant que nous sommes, le vent de la haine souffle en ce moment. Ce n'est partout que sarcasmes, dénigrement, hostilité, menaces, injures, chez les individus comme chez les peuples... Entrez dans les assemblées publiques, on s'y injurie ; entrez dans les églises, on s'y bat... Le mariage se disloque, la famille se démembre, la maternité abdique. L'homme affecte un tel mépris pour la femme, la femme affiche une telle horreur de l'homme que si cela continue ainsi, dans dix ans non seulement le mariage mais l'amour n'existera plus ou qu'il n'aura plus de sexe. Ce ne sera pas Thèbes que Phryné offrira de rebâtir avec l'argent des débauchés imbéciles, ce sera Lesbos, et l'adultère sera glorifié par les poètes de l'avenir comme la dernière forme idéale et digne du respect des amours d'autrefois. Qui nous rendra l'immortalité d'Antony ?

Les trois principaux rôles furent créés en 1881 par MM. Febvre, Worms, et Mlle Croizette. Le rôle de Lionnette a été la dernière création de Mlle Croizette. La pièce interrompue par une maladie de l'interprète principale, fut reprise une seule fois au mois d'octobre suivant : cette reprise n'eut pas de lendemain, car Mlle Croizette quitta la scène le jour même et prit un congé qui devait être définitif.

M. Jacques de Feuil a publié quelques lettres inédites écrites par la créatrice du rôle de Lionnette à M. Alexandre Dumas. Nous détachons de la plus importante le passage suivant :

Dites à Perrin qu'il me fiche la paix avec tout son répertoire. Je le déteste. Il m'ennuie. Je ne veux plus vivre que pour mon rôle, ne penser qu'à lui, me recueillir et m'absorber tout en lui.

Si j'avais été un auteur, je n'aurais pas écrit autrement que vous. Cela me semble si bizarre de voir tout ce qui se passe en moi, dans le plus caché de mon esprit, reproduit en plein jour par vous ! Est-ce que par hasard vous avez été en moi pour savoir ce que je pense et ce que je n'ai jamais dit ?

De tout cœur.

CROIZETTE.

Et maintenant la *Princesse de Bagdad* fait appel devant le public d'aujourd'hui, comme il y a quelques mois la *Femme de Claude*. Cela est dû à l'initiative hardie de Mme Jane Hading.

Mᵐᵉ Jane Hading nous le disait hier encore :

« Je ne vous dissimule pas que le projet de reprendre le rôle de Lionnette m'a fort séduit. J'aime jouer avec les difficultés. Lorsque j'eus bien réfléchi, je parlai de cette tentative à M. Albert Carré, qui l'approuva. M. Carré alla rendre visite à M. Alexandre Dumas, qui donna de grand cœur son adhésion.

« Je n'ai jamais vu jouer la pièce et je ne connais point l'interprétation qu'en faisait Mˡˡᵉ Croizette, que j'ai applaudie dans d'autres œuvres dramatiques. Il n'y aura donc aucun souvenir, aucune réminiscence dans l'interprétation que je donnerai, modestement, à mon tour, de ce terrible rôle, et qui me sera bien personnelle.

« J'ai hâte d'ajouter, cependant, que les conseils, les sages conseils de M. Alexandre Dumas ne m'auront point manqué. Plusieurs fois je me rendis chez lui, pour être bien sûre de sa pensée. Nous discutions alors le rôle par tous ses côtés psychologiques, travaillant non les mots, mais les idées. Je ne vous apprendrai rien n'est-ce pas ? en vous disant qu'il a une merveilleuse entente scénique. Il établit tout un personnage avec une seule indication.

« Vous dirai-je la joie que j'ai, grâce à l'engagement assez long qui me lie désormais au Gymnase, de retrouver mon ami public et de me représenter devant lui, sous les auspices du maître aimé Alexandre Dumas ? La pire chose, voyez-vous, pour une comédienne, c'est de ne pas jouer la comédie. Il est des théâtres où cela arrive. »

M. Alexandre Dumas, de son côté, nous confirmait ce matin, les renseignements qu'on vient de lire : « C'est sur le désir que m'a exprimé, Mᵐᵉ Jane Hading que j'ai donné l'autorisation de reprendre la *Princesse de Bagdad*. Elle jouera le rôle de Lionnette d'une façon très sincère, très personnelle. Ce qui me plaît en Mme Hading, outre ses dons naturels et ses qualités acquises, c'est que c'est une artiste qui, passez-moi le mot, « s'emballe ». Elles sont rares aujourd'hui les comédiennes qui s'emballent.

« Bien que le désir de voir reprendre mes pièces passées ne soit jamais très vif pour moi, je serai curieux de constater, cette fois encore, l'effet qui sera produit sur un public nouveau. Ah! cette première représentation de la *Princesse de Bagdad*, comme je l'ai gardée dans mon souvenir! Je n'ai pas l'habitude de crier à la cabale, mais, ce soir-là, la cabale fut. Une alliance touchante se forma contre mon œuvre entre les cléricaux que mes théories sur le divorce avaient alarmés, et les communards qui revenaient de Nouméa et qui se rappelaient mes reproches... Dans les premiers, figurait certain général encore vivant, très connu. Je sus le fait par Mollard, l'introducteur des ambassadeurs, qui me le raconta de la façon suivante : « J'étais à l'Opéra hier : j'ai rencontré X..., qui m'a dit : « Je vais aux Français siffler Dumas. » Ce général est venu me serrer la main pendant l'entr'acte... après m'avoir bien sifflé.

« L'accueil fait à la reprise de l'*Ami des femmes* me rassure un peu. La langue, les théories, les aperçus qui effarouchaient il y a trente ans, passent aujourd'hui comme lettre à la poste. Le Théâtre-Libre est bien pour quelque chose dans ce changement. Il en a tant dit que le public s'est habitué, peu à peu, à des choses plus hardies... Supposez qu'après avoir habité un appartement au-dessous duquel, dans un autre logement, des enfants auraient passé leurs journées à taper sur la batterie de cuisine, vous déménagiez et ayez, dans votre nouvel appartement, comme voisine, une jeune fille qui apprend le piano, vous trouverez cela délicieux. Et cependant ! Vous voyez bien que tout, en art, est affaire d'habitude.

« Ce qui me rassure, c'est qu'il faut trente ans pour opérer cette conversion... Et alors, pour les nouvelles pièces que je ferai, s'il me faut encore trente ans pour les faire admettre, je ne verrai pas cela, n'est-ce pas ? Mais ne songeons pas à ces choses et ne pensons pour le moment qu'à la *Princesse de Bagdad* et à Mme Jane Hading. »

(Avril 1895.)

M. Alexandre Dumas, dans une lettre adressée à M. Léopold Lacour, avait donné, comme il le dit lui-même, la « formule » de la pièce :

J'ai supposé une femme placée physiologiquement entre deux hérédités contradictoires, un roi et une courtisane, dont elle est née, ces termes de roi et de courtisane étant pris, l'un dans son sens le plus élevé, l'autre dans son sens le plus bas, tous deux dans leur sens absolu.

Je l'ai supposée moralement placée entre un mari imbécile et un prétendant insolent, celui-ci devant toujours et nécessairement, dans la vie des femmes, résulter de celui-là.

Je l'ai supposée, à un certain moment, entre les habitudes, les besoins de sa naissance, de son milieu, de son tempérament et les menaces de la misère.

Où ira-t-elle ?

Continuellement de l'un à l'autre de ces éléments, de droite à gauche, sans direction propre. Son père et sa mère se combattront en elle, le terme le plus haut s'indiquant vaguement comme le plus fort, mais sans triomphe définitif. Quand l'insolent intervient, elle remonte à son père, quand l'imbécile flanqué du commissaire de police se rue, c'est dans sa mère qu'elle retombe.

C'est alors que je fais intervenir à travers toute ces dissolutions le corps, l'agent divin qui va tout transformer, l'enfant. Toute la combinaison naturelle se trouve changée et j'obtiens mon précipité non en bas, mais en haut, puisqu'il s'agit de l'âme. J'obtiens la mère, définitive et sacrée, élément insoluble.

Quant à l'exécution rapide, presque brutale, elle doit être ainsi, puisque j'ai à mettre en contact et, par conséquent, en choc, des éléments réfractaires les uns aux autres jusqu'à ce qu'ils se combinent ou se divisent sous l'influence du dernier réactif. »

(12 avril 1895.)

DENISE

M. Labouchère n'a pas voulu priver les lecteurs du *Truth* de la lettre suivante, qu'il a reçue d'un « amateur de théâtre » anglais.

« Monsieur, puis-je appeler votre attention sur un scandaleux plagiat commis par M. Alexandre Dumas dans la pièce *Denise* qui vient d'être jouée à Drury-Lane ?

« M. Dumas met dans la bouche d'un de ses personnages ces paroles : « Le devoir est ce qu'on exige des autres ». Or, chacun aura remarqué assurément que M. Oscar Wilde, dans sa pièce intitulée *Une femme de point d'importance*, actuellement jouée au théâtre de Haymarket, dit : « *Duty is what we expect from others.* » (traduction à peu près littérale de la sentence de M. Dumas.) Moi, monsieur, comme un Anglais patriote ayant à cœur la réputation de notre drame anglais, je proteste avec la plus grande véhémence contre cette impudente appropriation de la brillante saillie de M. Wilde. Qui est-ce donc ce M. Dumas ?

« *Quelqu'un qui fréquente les théâtres.* »

Amusant, n'est-ce pas ? « ce quelqu'un qui fréquente les théâtres » et qui demande qui est M. Dumas ?

(24 juin 1893.)

LE DEMI-MONDE

Dans son dernier feuilleton, le *Demi-Monde* M. Francisque Sarcey avait écrit les lignes suivantes :

« Dumas sera, j'imagine, étonné si je lui dis qu'un de ses mots du *Demi-Monde* vient en droite ligne des *Saltimbanques*.
C'est Gringalet qui parle :
— Dites donc, bourgeois, dites que je suis bête.
— Volontiers, tu es bête. »

M. Francisque Sarcey a reçu à ce propos la lettre suivante :

6 novembre 1893.

Cher ami,

Pour la vérité historique ! Le mot du Demi-Monde : « Volontiers, tu es bête, » vient de mon père. Nous étions à Gênes; j'avais dix-huit ans, nous nous couchons dans la même chambre, nous allions nous endormir; tout-à-coup, mon père me dit : « Nous avons oublié nos pistolets sur le bateau; sommes-nous bêtes ! »
Je crois être très spirituel en lui répondant : « Si tu voulais bien parler au singulier. »
— Volontiers, me dit-il, es-tu bête !
Peut-être se souvenait-il des *Saltimbanques*, mais je ne crois pas. Il avait tout l'esprit nécessaire pour trouver ça tout seul.
Histoire de vous serrer une fois de plus la main dans la même journée.

Alexandre Dumas.

(11 novembre 1893.)

DIANE DE LYS

Les bibliographes dramatiques savent que la censure du second Empire commença par interdire la pièce qu'Alexandre Dumas fils avait tirée de sa nouvelle *Diane de Lys* et de son roman la *Dame aux perles*.

Aussi bien voici le texte du rapport qui relatait les motifs pour lesquels la représentation de *Diane de Lys* était interdite :

« Ce drame, quand la passion n'y prêche pas l'adultère, le vice élégant, y raconte son immoralité. Les dangers que pourrait présenter à la scène un ouvrage de cette nature nous ont paru de trois sortes :

« Il atteint la famille en attaquant les devoirs du mariage; en peignant sous de fausses couleurs les passions du grand monde, il fournit un texte aux déclamations contre les classes élevées de la société; enfin il fait revivre sur la scène les théories corruptrices qui avaient envahi le drame et le roman après 1830.

« En conséquence, et à l'unanimité, nous ne croyons pas pouvoir proposer l'autorisation de cet ouvrage.

« Approuvé : Persigny. »

10 janvier 1853.

Dix mois après, les scrupules de la censure impériale furent déclarés mal fondés et la nouvelle œuvre de l'auteur de la *Dame aux Camélias* fut représentée.

Comment fut-elle accueillie par la critique d'alors ? Et comment la critique l'accueillit-elle dans la suite, lorsqu'elle fut reprise ? C'est ce que je voudrais retracer rapidement.

En 1853, après la première représentation qui avait été donnée au Gymnase, le 15 novembre, à sept heures et demie (on jouait le même soir aux Italiens la *Cenerentola*, au Vaudeville les *Filles de marbres*, au Lyrique le *Diable à quatre*, à la Gaîté *Pauvre Idiot !*) Edmond Thierry écrivait ceci au *Moniteur Universel* :

Quel que soit le succès, je n'aime pas le spectacle de cette étrange amitié, de cet adultère hypocrite et mal puni qui ne se glorifie pas moins de son exaltation et de sa persévérance. Je n'aime pas les mauvais côtés de la vie trop tôt montrés à ces enfants d'hier, jeunes filles d'aujourd'hui, jeunes femmes de demain, dont l'innocence était si bien confiée jusqu'ici à la direction du Gymnase.

Dans la revue des *Deux-Mondes*, M. de Mazade se montrait encore plus sévère :

Ce qui est le plus frappant, ce n'est pas le talent : c'est le monde même que peint l'auteur, et sous ce rapport, les romans de M. Alexandre Dumas fils pourraient être les éléments d'une étude curieuse sur notre temps. Il s'est formé de nos jours, en effet, un monde nouveau, étrange, dont il est presque impossible de tracer les limites. Ce n'est point le monde de la débauche grossière : on y affecte des raffinements singuliers de toutes les recherches de la vie élégante. Encore moins est-ce un monde où règne la distinction ; le luxe même y a une odeur particulière. C'est un mélange de tout cela, un composé de corruption et d'élégance apparente, de vice et d'éclat extérieur. C'est un milieu où s'agitent et se mêlent toutes les existences problématiques ou déclassées. Il y a des artistes souvent. Là, ce qu'on nomme la passion humaine consiste à se

« mettre ensemble. » Il y a des relations innomées, de même qu'il y a un langage spécial ressemblant à un argot. C'est ce monde que M. Dumas fils peint sans s'en douter peut-être. Les duchesses de ses romans sont des duchesses qui reçoivent entre une heure et cinq heures du matin les hommes qu'elles voient pour la première fois. Si ces duchesses avaient vécu véritablement d'une vie sociale supérieure, si elles étaient autre chose encore que des dames aux camélias, leur plus cruel châtiment serait de tomber dans ce monde; si elles avaient eu le malheur, par un caprice insensé de la passion, de s'y laisser entraîner, comme elles sentiraient un jour leur fierté première humiliée au milieu de cette atmosphère où rien n'ennoblit les luttes du cœur.. Et ce serait là, la vraie, la saisissante tragédie propre à ce genre de peinture. »

Donc en 1853, critique sévère sur la « moralité » de la pièce.

Celle-ci est reprise le 1ᵉʳ septembre 1869 au Gymnase. On la reprend surtout pour une débutante, Aimée Desclée, qui, après la représentation envoie à l'auteur la lettre suivante :

« C'est fait ; ouf ! J'avais de belles robes de toutes les couleurs ; une aigrette dans les cheveux qui me faisait ressembler à un petit chien savant. La salle archipleine. On m'a sifflée au premier acte et on m'a fait une ovation au cinquième. Je me suis tâtée pour me trouver une pulsation : rien, calme plat. Ni inquiétude, ni joie, ni peur, rien...

« Le directeur m'a dit : « C'est aussi bien que Rose ! » C'est gros cela. Il voulait me faire signer une prolongation séance tenante. Et moi, je croyais et je crois encore que je déplais à ces gens-là. Et je m'en moque, car j'ai parfaitement le respect de l'individu, mais je n'ai pas celui de la foule.

« Mon confesseur, je vous envoie toutes mes tendresses.

« AIMÉE. »

Francisque Sarcey, dans le *Temps*, consacre quelques lignes à la pièce, qui lui semble toujours aussi jeune et à la débutante. Il dit qu'il reviendra sur l'œuvre. Occupé par des pièces nouvelles, il ne peut tenir sa promesse : Au reste *Diane de Lys* quitte l'affiche trois semaines après.

Elle y reparaît le 14 janvier 1884, pour les débuts de Mlle Brandès, au Vaudeville.

Cette fois la critique s'occupe plus longuement de l'œuvre.

J. J. Weiss, qui lui consacre un long article, dit que le public l'a accueillie avec assez de froideur et il ajoute :

« Le personnage principal, Diane de Lys, n'en est pas moins le caractère de femme le plus poétique et le plus dramatique que M. Dumas fils ait mis au théâtre. De plus la pièce est un spécimen complet du genre de talent de l'auteur, de ses qualités et de ses défauts de dramaturge, de son génie de moraliste qui est, par parties, ce qu'il y a de plus hardi et de plus baroque en lui, par parties ce qu'il y a de plus hardi et de plus fort, presque toujours ce qu'il y a de plus original. »

Weiss se montre fort sévère pour le style de Dumas. Il fait ensuite une étude très poussée du caractère de Diane « créature frémissante ». Si l'on dit qu'elle est immorale : Weiss remarque que c'est au comte et à Taupin que Dumas confie le soin de moraliser et de défendre le bon ordre.

Il note ensuite ceci :

« Diane de Lys a un grand prix pour l'historien de l'âme nationale française. *Diane de Lys* est comme la *Dame aux camélias*, l'un des ouvrages très rares qui marquent et forment la transition entre l'époque littéraire de la Restauration et du règne de Louis-Philippe et l'époque littéraire du second Empire. Marguerite et Diane, celle-ci surtout, tiennent beaucoup de la période que les événements de 1851 ont close. Le père Duval, le comte, mari de Diane, et la triste Taupin appartiennent à l'ère dure et asservie, sans idéal et sans espérance que l'impérial héros de décembre venait d'ouvrir et d'engendrer par son exploit nocturne. »

Je me transporte au second feuilleton écrit par Sarcey, dans le *Temps*, — à la même occasion — sur *Diane de Lys*. J'y trouve que le « caractère » de Diane, « qui n'est pas du tout une malhonnête femme, mais simplement une curieuse » y est étudié avec le plus grand soin. Sarcey écrit encore:

« Il est probable qu'elle finira par reconquérir dans l'œuvre de Dumas sa place à côté des autres grandes comédies de l'auteur, mais ce ne sera pas sans quelque peine. A chaque fois que je l'ai vue elle m'a laissé, et j'imagine qu'elle laisse au public, je ne sais quelle impression de tristesse. »

Et alors, Sarcey dissèque la pièce en homme de théâtre et montre que, l'intérêt se retournant au cours de l'œuvre, celle-ci devient incertaine, « et au théâtre, dit-il, rien de plus pénible que l'incertitude ».

Telles sont les « étapes » parcourues par la pièce qui reparaîtra devant le public lundi prochain. Le premier jour, la critique s'inquiète de la « moralité » de l'œuvre; trente ans après, elle s'occupe surtout de sa valeur dramatique et de sa « psychologie ». Nous connaîtrons ses nouvelles impressions la semaine prochaine. Sans doute, nos critiques ne cherchent plus si la pièce est morale ou non. On en a bien vu d'autres, depuis 1853. Est-ce parce que nous sommes moins « moraux » que nos pères ? Non, car je ne crois pas que les époques les plus prudes soient les plus vertueuses.

Avant de terminer cette courte étude, je voudrais rappeler que c'est surtout dans la *Dame aux perles* que Dumas a puisé le sujet de *Diane de Lys*, pièce. Roman d'amour, ou plutôt confession intime, qui est comme d'un Antony plus attendri, moins romantique. L'histoire de l'enlèvement de Diane par le mari et de la poursuite de la comtesse et du comte par Paul Aubry sont des souvenirs de la vie de Dumas fils.

Il existe une correspondance des plus intéressantes entre les deux Dumas, le père et le fils, datant de cette époque.

Dumas est sur la frontière de Pologne, ne pouvant se rendre en Russie, où il veut rejoindre celle qu'il a appelée dans son livre la « Dame aux perles », au théâtre « Diane de Lys ». Il écrit à son père qui fait, à ce moment même, répéter la *Barrière de Clichy*, un drame militaire, au théâtre du Cirque. Le père répond. A un moment donné, Dumas père lui dit : « Surtout pas de duel ! Pas de folie ! *Tu sais que je n'ai que toi !* » Or, cette phrase, Dumas fils l'utilisera quelques années après dans le *Père Prodigue*. Le père Larivonnière dans cette pièce dit à son fils : « Prends garde, *tu sais que je n'ai que toi !* »

Depuis la dernière reprise de *Diane de Lys*, Alexandre Dumas fils avait fait beaucoup de coupures dans la pièce. C'était sa méthode. Lors de la remise de l'*Ami des femmes*, dès qu'un artiste trouvait trop longue une tirade, allégrement Dumas disait : — Coupez ! coupez !

Le public d'autrefois avait une patience que n'a plus le public d'aujourd'hui. De six heures à minuit il écoutait. « Chaque fois qu'on reprend un grand drame historique de mon père, j'abrège un tableau », disait Dumas fils.

Je sais cependant qu'il voulait ajouter une scène d'amour à *Diane de Lys*. Il l'a peut-être écrite : on ne l'a pas retrouvée.

(16 février 1900.)

LA ROUTE DE THÈBES

Il y a quelques mois, M. Alexandre Dumas nous écrivait qu'il n'avait pas encore terminé sa nouvelle œuvre, la *Route de Thèbes*.

Nous avons rencontré, il y a quelques jours l'éminent académicien, qui nous a dit qu'elle était aujourd'hui à peu près finie, et que la Comédie-Française pourrait sûrement la représenter l'hiver prochain.

(4 février 1892.)

Comme nous rendions visite hier à M. Alexandre Dumas, la conversation est venue sur la dernière œuvre du maître, la *Route de Thèbes*.

Après nous avoir assuré que cette pièce était depuis longtemps terminée, après nous avoir parlé des petites difficultés d'interprétation qu'elle soulevait, M. Alexandre Dumas nous a dit en souriant : « Mais, rassurez-vous... Vous l'aurez ».

(13 janvier 1895.)

LA ROUTE DE THÈBES
ET LA TROUBLANTE

Il y a quelques jours, causant avec M. Alexandre Dumas de la reprise de la *Princesse de Bagdad*, j'amenai la conversation sur la *Route de Thèbes*.

« Elle est finie, nous dit-il, et bien finie, la *Route de Thèbes*, mais comme je vous l'ai déjà dit, une difficulté d'interprétation m'arrête. Les actrices de grand talent ne manquent pas à la Comédie-Française, j'en sais quelque chose. Mais peut-être, en l'occasion présente, la « nature » des excellentes comédiennes qui sont devant mes yeux ne se prête-t-elle point complètement au rôle que je leur destine. J'hésite encore.

« Et alors je me demande si je ne donnerai pas auparavant une autre pièce qui m'a été suggérée précisément, lorsque j'écrivais la *Route de Thèbes*.

« Dans la *Route de Thèbes*, il n'est pas malaisé de deviner qu'un personnage, le principal, se trouve, dès le début de sa vie, en présence d'un ou de plusieurs sphinx qui l'arrêtent et l'émeuvent.

« Cette donnée m'a mis sur le chemin d'une autre, et cette autre est celle de la seconde pièce dont je vous parle et que j'intitule la *Troublante*. Vous savez qu'en astronomie on appelle « troublante » une étoile qui apporte une perturbation dans la marche d'une autre étoile, qui l'empêche d'accomplir son évolution. C'est, si je ne me trompe, en partant de ce principe que Le Verrier, par le simple calcul, découvrit l'existence de Neptune.

« La *Troublante* renferme des personnages auxquels j'avais pensé avant de récents procès de presse et que ces procès mêmes justifient.

« Tout cela me conduira peut-être à faire représenter la *Troublante* avant la *Route de Thèbes* bien que je me rende compte que celle-ci devrait, en somme, passer la première. J'ai tout l'été pour me décider. »

(19 avril 1895.) ———

Des renseignements contradictoires ayant été publiés, ces jours-ci, au sujet de la *Route de Thèbes*, la nouvelle pièce de M. Alexandre Dumas, j'ai pensé que la meilleure chose à faire pour savoir la vérité était de demander à l'auteur lui-même. C'est ce que j'ai fait, et l'éminent académicien m'a répondu par la lettre suivante :

Cher Monsieur,
Vous me demandez la vérité sur la *Route de Thèbes*. Elle est la plus simple du monde. Je ne donne pas cette pièce parce qu'elle n'est pas terminée.
Mille compliments affectueux.

Alexandre Dumas.

(19 octobre 1901.) ———

A propos de la promotion de M. Alexandre Dumas au grade de grand officier dans l'ordre de la Légion d'honneur, on ne lira pas sans intérêt l'anecdote suivante qu'il ne m'a point racontée lui-même, bien entendu, mais dont je garantis l'exactitude :

Quand M. Alexandre Dumas se rendit à l'Elysée pour porter ses remerciements au président de la République, celui-ci lui dit : « Vous n'avez pas à me remercier pour ce qui a été fait envers vous. C'est moi qui reçois tous les compliments ».

HENRI DE BORNIER

(Né à Luxel (Hérault), le 25 décembre 1825; mort en 1901)

MAHOMET

On sait que la Comédie-Française compte donner cet hiver un drame en vers de M. de Bornier, intitulé : *Mahomet*. Un Algérien a écrit à l'un de nos confrères pour lui dire que l'idée de mettre en scène Mahomet lui paraît très malencontreuse et le prie d'insister auprès de M. de Bornier pour qu'il retire sa pièce. Il est persuadé que, dès qu'il apprendra qu'à Paris on a mis sur un théâtre le grand prophète, tout le monde musulman sera ému et s'irritera.

La question, du reste, a déjà été agitée en haut lieu. Lorsque la nouvelle de la représentation d'un *Mahomet* de M. de Bornier parvint à Constantinople, les journaux turcs l'entourèrent de commentaires. Quelque temps après, l'ambassadeur de Turquie à Paris, Essad-Pacha, vint au nom du sultan exprimer le déplaisir que cette affaire causait à Sa Hautesse. M. Lockroy, était alors ministre de l'Instruction publique et des Beaux-Arts, M. Goblet, ministre des Affaires étrangères.

On fit venir l'administrateur général de la Comédie-Française, qui fournit sur la pièce de M. de Bornier des éclaircissements. Ces renseignements, desquels il résultait que le grand prophète avait un rôle fort beau, furent communiqués à l'ambassadeur. On raconte même que M. Lockroy (mais nous ne garantissons pas l'anecdote) aurait ajouté en les transmettant : « Rassurez-vous, le prophète n'est trompé qu'au quatrième acte ! »

Quoi qu'il en soit, les susceptibilités de la Porte se sont calmées à la suite des notes qui ont été échangées, et elle n'a pas donné d'autre suite à sa réclamation.

(12 octobre 1889.)

En présence des difficultés diplomatiques, auxquelles pouvaient donner lieu la représentation sur une scène française du *Mahomet* de M. de Bornier, le conseil des ministres, dans une de ses dernières réunions, a décidé que la tragédie en question ne pouvait être représentée ni sur une scène subventionnée ni sur aucun autre théâtre.

L'ambassadeur de France à Constantinople, M. de Montebello a été chargé d'aviser le Sultan de cette décision.

Abdul-Hamid a remercié chaleureusement l'ambassadeur français de la nouvelle qu'il lui annonçait. Il aurait ajouté :

« Je suis très reconnaissant de cette mesure : j'y vois une délicate attention pour moi et mes sujets. Mais je trouve aussi que c'est une mesure habile de votre part, car vous avez ainsi ménagé les susceptibilités de vos sujets musulmans, qui n'auraient pu qu'être blessés d'une pareille représentation. Je vous félicite et je vous prie de transmettre à Paris, l'expression de ma vive sympathie pour M. Carnot, pour son gouvernement et pour la France. »

(1er avril 1890.)

VICTORIEN SARDOU

(Né à Paris en 1831)

L'ODYSSÉE

Drame lyrique

M. Victorien Sardou a promis le livret d'un opéra à M. Jules Massenet.

En présence des renseignements contradictoires qui ont paru à ce sujet, j'ai demandé à M. Sardou ce qu'il en était, et voici ce qu'il m'a répondu :

« J'avais tout d'abord songé à faire un *Kléber en Egypte*. Je voyais dans un sujet de ce genre, une ample matière pour le talent descriptif de M. Massenet : le campement de l'armée française auprès des Pyramides, les bords du Nil, tout cela me séduisait beaucoup ; mais je me suis heurté à des difficultés de mise en scène. On m'a dit, par exemple, que jamais les choristes de l'Opéra ne consentiraient à couper leur barbe pour représenter les soldats de la République. J'ai dû respecter la barbe des choristes.

« Je songeai à la conquête du Mexique par les Espagnols... Je n'aurais point fait, certainement, un *Montézuma* ou un *Fernand Cortez* de pendule : mais là encore je voyais l'occasion de développements pittoresques qui auraient convenu, me semblait-il, à mon ami Massenet.

« Il ne s'en montra pas aussi satisfait.

« Je me dis alors : On est fatigué du seizième

siècle, des casques, des pourpoints, des toquets en velours, des hauts de chausses et des grandes bottes. Revenons à l'antiquité. C'est une source inépuisable.

« Et je pensai non pas à Ulysse à Ithaque, comme on l'a dit, mais à l'*Odyssée* même, à l'*Odyssée* d'Homère.

« Quel bel opéra et quelle belle féerie, ou plutôt quels beaux opéras et quelles belles féeries dans ce vaste poème !... Et comme le talent descriptif de Massenet pourra trouver son compte dans ces incidents si nombreux et si variés : l'effroi des compagnons d'Ulysse au pied de l'Etna, lorsqu'ils entendent les Cyclopes, le chant des Sirènes, Circé, l'épisode de Nausicaa, le retour à Ithaque, etc., etc. ! N'y a-t-il pas aussi presque un drame dans la lutte entre Circé, la maîtresse, et le souvenir de Pénélope, l'épouse chaste et fidèle ?...

« Ce n'est pas l'antiquité de la *Belle Hélène* que je veux mettre en scène : elle est bien amusante, mais elle ne serait peut-être pas aussi bien à son aise à l'Opéra qu'aux Variétés ; ce n'est pas non plus celle de Ponsard, qui a bien son mérite. C'est autre chose que je vois clairement, nettement, et si Massenet la voit aussi bien que moi, c'est une affaire faite. »

(8 mars 1888.)

LA TOSCA

Un correspondant m'envoie de Vienne les renseignements suivants sur la représentation de la *Tosca* :

Vienne, 6 novembre.

La *Tosca* vient d'être représentée dans notre ville avec succès, malgré certaines préventions qui existaient contre la pièce, et malgré la censure, qui avait sabré l'œuvre de Sardou à ce point que les artistes ont songé un moment à ne pas la jouer.

Coupés la confession, le signe de croix, le crucifix. Coupé le mot Majesté quand on parle à la reine ou lorsqu'on parle d'elle. Coupée, sur le tableau du premier acte, l'auréole du Christ. Coupés les propositions de Scarpia à la Tosca, au quatrième son marché, etc.

Désespérés, les artistes ont couru à l'ambassade, M. Decrais, très gracieusement, leur a donné une lettre pour le gouverneur de Vienne, de qui ressort la censure, et qui les a fort bien accueillis, et qui a fini par faire des concessions. Il a fallu cependant effacer l'auréole du tableau, et sur le cadavre de Scarpia, Sarah a déposé, non un crucifix, mais une branche de fleurs.

Malgré ces amputations, la pièce a valu à sa principale interprète Sarah Bernhardt et à Pierre Berton, dix rappels. Pierre Berton a été condamné à payer une amende de quinze florins pour avoir, par mégarde prononcé une seule fois le mot de Majesté.

Cette dépêche me vaut le lendemain la lettre suivante :

La note que vous avez publiée dans le *Temps* du 10

sur une représentation de la *Tosca* à Vienne me rappelle un souvenir qui vous montrera que la censure autrichienne n'a pas fait ses débuts en cette affaire.

En 1858, Arthur Panckouke, Armand Adam, Alexandre Pothey et moi étions à Venise, occupée alors par les Autrichiens, nous étions descendus à l'Hôtel de l'Europe, où se trouvait aussi Mme Ristori et son mari, le marquis del Grillo. L'illustre tragédienne voulut bien nous offrir une loge pour une représentation de *Phèdre*, la *Phèdre* de Racine, traduite en italien.

A la fin du quatrième acte, le marquis del Grillo entre brusquement dans notre loge : « Avez-vous remarqué ? nous dit-il. Auriez-vous cru cela possible ? — Quoi ? — La suppression de ces deux vers :

Détestables flatteurs, présent le plus funeste
Que puisse faire aux rois la vengeance céleste.

Eh bien, c'est la censure qui a défendu de les prononcer.

En effet, nous n'aurions jamais cru un tel enfantillage.

Dans *Judith*, Mme Ristori devait dire ce vers, que je traduis :

Oh ! qu'il est dur le joug de l'étranger !

Par ordre de la censure, il fallut également le supprimer. Mme Ristori n'y voulut pas consentir. Elle avait imaginé de commencer

Oh ! qu'il est dur...,

de mettre un doigt sur ses lèvres et de s'arrêter en regardant la loge de la police; les spectateurs italiens se seraient chargés de finir le vers. Il fallut, pour la décider à couper ce jeu de scène, les plus beaux raisonnements du monde, avec la prison du Spielberg en perspective.

Croyez, Monsieur, etc...,

L. LIVET.

(14 novembre 1888.)

ANTOINE ET CLÉOPATRE

Un rédacteur du *Daily Telegraph* ayant annoncé que M. Sardou écrivait une pièce adaptée de l'*Antoine et Cléopâtre* de Shakespeare, et ayant ajouté à cette nouvelle des commentaires peu bienveillants, M. Sardou lui écrivit la lettre suivante :

Monsieur,

En réponse à un article du *Daily Telegraph*, daté du 27 août, vous trouverez bon que je vous adresse deux mots de rectification.

L'auteur se serait épargné des frais d'éloquence inutiles s'il avait pris le soin de vérifier tout d'abord l'exactitude de ses assertions.

Il donne comme certain que la *Cléopâtre*, qui doit être créée prochainement par Sarah Bernhardt, est une adaptation de celle de Shakespeare ; c'est une erreur. Il eût été plus sage d'attendre l'apparition de la pièce pour parler en connaissance de cause, que d'affirmer cette prétendue adaptation, à seule fin d'écrire un article malveillant qui, portant à faux, n'a plus de raison d'être.

On pense bien qu'il n'a pas négligé de rééditer, à cette occasion, ma fameuse phrase sur Shakespeare : « Qui n'a pas le moindre talent ! » Mais il a oublié de prouver que je l'ai réellement dite. Il ne suffit pas que l'on m'attribue une sottise pour qu'elle soit à mon actif.

Je ne suis pas, il est vrai, des idolâtres qui admirent Shakespeare sans réserves, et je me permets de trouver que sa statue usurpe, en plein Paris, la place qui conviendrait mieux à celle de notre Corneille; mais de là au jugement que l'on me prête, il y a loin, et je mets votre rédacteur au défi de citer un écrit de moi, quel qu'il soit où figure cette énormité.

Il n'y a pas même l'excuse de la bonne foi, car j'ai protesté publiquement contre cette phrase légendaire, et, s'il prétend que ma protestation lui était inconnue, je lui répondrais qu'un journaliste qui se respecte n'a pas le droit de connaître l'accusation et d'ignorer la défense.

Agréez, Monsieur, mes salutations distinguées.

V. Sardou.

(Paris, septembre 1890.)

LE BOSSU

On a souvent raconté que le *Bossu* fut, tout d'abord conçu sous la forme dramatique, et écrit en collaboration par Paul Féval et Victorien Sardou.

Comme le drame n'était point représenté, Paul Féval en tira un roman qui fut publié dans *le Siècle*. Mélingue lut le roman et demanda à Paul Féval de le transformer en drame. Paul Féval envoya Sardou à Mélingue. Ici, se place l'anecdote suivante, que raconte Sardou :

« J'y allai. Mais, par malheur, la femme de l'acteur se récria à la pensée de voir son mari avec une bosse. J'eus beau lui expliquer que c'était une bosse postiche et qu'à la fin de la pièce Lagardère apparaîtrait tout redressé. Elle n'en voulut pas démordre. Ne proposa-t-elle pas d'enlever la bosse, c'est-à-dire de faire un bossu sans bosse ? « Madame, lui dis-je, si vous enlevez la bosse à mon bossu, il n'y a plus rien. » Et je revins avec ma pièce. »

Autre anecdote, sur Déjazet, dont M. Sardou,

désintéressa les créanciers pour sa maison de Seine-Port :

Elle jouait dans une de mes pièces — un lever de rideau — le rôle d'un collégien qui emmène dans un taillis une jeune fille, et le spectateur comprenait qu'ils allaient se déniaiser mutuellement. A leur retour sur la scène, un mot, je ne sais plus lequel de Mme Déjazet, faisait entendre ce qu'ils avaient fait dans le taillis.

La censure biffa le mot. « Ne vous mettez point en peine de chercher un autre sous-entendu, me dit-elle. Je trouverai moi-même. » Et aux censeurs : « Je ne dirai rien, rien de rien. »

Elle ne disait rien, en effet. Mais elle avait trouvé mieux. Elle revenait, son mouchoir à la main, avec lequel elle s'époussetait les genoux. Les assistants avaient compris.

MADAME SANS-GÊNE

« Comment je suis arrivé à écrire *Mademoiselle Sans-Gêne* ? Voici. Moreau, mon collaborateur pour *Antoine et Cléopâtre*, avait écrit une pièce qui se passait en Espagne sous les guerres de l'Empire ; le rôle principal était destiné à Mlle Réjane. Moreau me lut sa pièce : « Jamais Réjane ne jouera ce rôle, lui dis-je. Il est trop sombre, trop noir. » Moreau, quelques jours après, revint me voir et me dit : « Je suis de votre avis. Je vais faire autre chose. J'ai trouvé dans les mémoires de Mme d'Abrantès un personnage de femme assez curieux, il est gai, amusant. Je me servirai seulement de mon ancien cadre. »

« Quelque temps après, je lus dans les journaux que Moreau écrivait pour Porel une pièce intitulée *Mademoiselle Sans-Gêne*. Bon, me dis-je, c'est l'histoire de la maréchale Lefebvre. Il y a bien eu dans l'histoire plusieurs *Mademoiselle* ou *Madame Sans-Gêne*. La plus célèbre est la maréchale Lefebvre. C'est celle-là que Moreau a choisie. Il a eu raison.

« Moreau vient et me parle de sa pièce : point question de la maréchale Lefebvre, mais bien d'une demoiselle quelconque qui avait paru aux armées tantôt sous le costume masculin, tantôt en cantinière, et avait été mêlée aux événements de l'époque. Je ne dissimulai point mon désappointement à Moreau et alors je lui improvisai toute une pièce sur la vraie *Madame Sans-Gêne*, sur la maréchale Lefebvre. De nouveau, Moreau me dit : « Vous avez raison » et, il partit. Quelques jours après, je recevai la visite de Porel, qui me disait : « Eh bien, vous allez l'écrire pour moi, cette *Madame Sans-Gêne* que vous avez esquissée devant Moreau... » Je me suis laissé convaincre, et voilà comment, presque auteur malgré moi, j'ai été amené à faire une pièce nouvelle pour Porel. Je ne m'y attendais nullement. »

(22 février 1893.)

La répétition générale de *Madame Sans-Gêne*, la pièce nouvelle de MM. Victorien Sardou et Moreau, a eu lieu, hier, au Vaudeville, devant une salle remplie jusqu'au comble. Nous ne voulons point aujourd'hui — comme l'a fait hier un journal étranger, dont le compte rendu est d'ailleurs très incomplet et souvent inexact — suivre la pièce dans son développement dramatique. Il n'y a pas non plus à revenir sur la genèse de l'œuvre : C'est un récit que nous avons fait, il y a quelque temps déjà, lorsque la pièce de M. Sardou dut être représentée sur le Grand-Théâtre, que dirigeait M. Porel. Celui-ci en devenant l'associé de

M. Carré, lui a apporté *Madame Sans-Gêne*, qui, après quelques menus incidents de répétition bien exagérés et déjà oubliés, paraîtra ce soir sur la scène du Vaudeville.

Nous voudrions seulement rappeler ici, en quelques mots, ce que fut en réalité l'héroïne choisie par M. Victorien Sardou.

Qu'était donc la maréchale Lefebvre, cette Madame Sans-Gêne ?

Comme le maréchal Lefebvre qui était le fils d'un meunier de Rouffach, près de Colmar, la maréchale Lefebvre sortait du peuple : Caroline Hubscher était blanchisseuse. C'est comme blanchisseuse qu'elle connut Lefebvre, alors sergent dans les armées de la Révolution.

Ils se virent, ils se plurent, ils s'épousèrent. Le ménage fut uni ; l'ancienne blanchisseuse mit au monde quatorze enfants, dont douze garçons ; aucun ne survécut : deux furent tués à l'armée.

Devenue la femme d'un maréchal de France, celle qu'on appelait *Mademoiselle Sans-Gêne* n'apporta à la Cour impériale ni des manières élégantes, ni un verbe choisi. Toute sa vie elle garda ses allures de blanchisseuse, on pourrait dire de blanchisseuse en gros.

Des milliers d'anecdotes ont été contées sur elle, depuis son mot fameux : « C'est nous qui sont les princesses », jusqu'à celui où apparaissant devant l'impératrice et apercevant un domestique étonné de voir cette grosse femme vulgaire reçue à la cour, elle s'exclama : « Hein ! mon garçon, ça te la coupe ! »

Elle cultivait aussi les liaisons... dangereuses. Etant duchesse de Dantzig, elle arriva aux Tuileries avec la duchesse de Montebello. C'était jour de gala. L'huissier lui demandant qui il devait annoncer, elle répondit simplement : « *Dis leurz-y* que c'est la femme à Lefebvre et la *celle* à Lannes. »

Une autre fois, la maréchale va visiter des hôtels, désirant en acheter un : Elle en trouve un qui lui plaît et qu'elle parcourt en détail, conduite par la concierge. Elle arrive dans une pièce meublée d'armoires grillées avec derrière les grillages des rideaux de taffetas vert. « Quèque c'est que ça ? demande-t-elle au concierge. — Une bibliothèque. — A quoi que c'est bon ? — A serrer les livres. — Ah ! bah ! c'te bêtise ! Mon mari n'est pas liseur, je ne suis pas *lisarde*, aussi j'en ferai mon fruitier. Ça vaudrait mieux. » Elle le fit en effet.

L'histoire du diamant volé est plus difficile à raconter. Il y est fait allusion dans la pièce de M. Sardou.

Un jour, la maréchale Lefebvre s'aperçut qu'un diamant venait de lui être volé. Justement le frotteur cirait les appartements. Nul doute, dit-elle, c'est le frotteur qui a fait le coup. On le fait venir et, naturellement, il nie. On le fouille, rien. La maréchale ne fait ni une ni deux, et ordonne qu'on mette le frotteur nu comme un ver..... Et le diamant fut retrouvé.

Une autre anecdote encore, et nous avons fini : elle montre la bonté d'âme de cette femme, raillée par les beaux esprits de la cour impériale, mais qui fut très appréciée, en somme, et par l'Empereur et par l'impératrice:

Entrant un jour chez l'impératrice, la maréchale y voit Mme de Walsh-Serrant, dame d'honneur nouvellement promue. Elle va droit à la noble dame, lui frappe familièrement sur l'épaule et lui dit d'une voix un peu rauque : « Bonjour, ma commère. — Mais, Madame... fait la grande dame d'honneur d'un ton pincé. — Bah ! bah ! pas de beaux discours ! Est-ce que tu ne me reconnais pas ? Voyons, avant d'être une *grosse dame*, j'étais garde-malade. J'ai gardé ton pauvre bonhomme de mari. T'as été bonne pour moi et marraine d'un de mes enfants, quoi ! Je m'en souviens. Embrasse-moi ! »

(Octobre 1893.)

NOS BONS VILLAGEOIS

C'est le 3 octobre 1866 que fut représentée pour la première fois la comédie de *Nos bons Villageois*. Il y a de cela près de vingt-huit ans. Et l'auteur, qui alors n'était plus un débutant — il avait déjà vingt et une pièces à son actif, dont les *Pattes de mouche, Nos intimes*, les *Ganaches* et la *Famille Benoiton* — est toujours plein de vigueur, de verve et de jeunesse. Ses dernières œuvres en sont autant de preuves. A défaut d'elles nous en aurions trouvé une, non moins frappante, dans la façon dont il nous contait, hier, quelques souvenirs à propos de *Nos bons Villageois*.

« J'habitais Marly, me disait-il. Un jour je descendais par le joli chemin qui mène à l'Etang-la-Ville. C'est une promenade délicieuse. Par instants, à travers les arbres, on aperçoit le vallon qui s'étend entre Marly et Saint-Germain. Je poussai jusqu'à un lavoir qui existe encore et que le chemin de fer qui, lui n'existait pas, n'a pas détruit. J'entendis des rires bruyants et des cris. Les laveuses étaient à leur poste, tapant à tour de bras sur leur linge, et plaisantant et folâtrant avec un entrain endiablé. Il faut, me dis-je, que je connaisse la cause d'une si joyeuse gaieté. Je m'approchai doucement et j'écoutai. Je m'attendais à apprendre quelque bonne histoire campagnarde, franche et naturelle. Ah ! bien oui ! Ces dames ou ces demoiselles ne s'occupaient que des

9.

citadins ou citadines en villégiature à Marly. Et c'étaient des : « Oh ! ma chère, as-tu vu ce chapeau ! » ou encore : « Mais non, ma chère, je t'assure qu'ils n'ont pas le sou ! » ou encore : « Je te dis qu'ils ne sont pas mariés. » Personne n'y échappait. Ce lavoir n'était qu'une vaste école de la médisance. Quelle désillusion !

« Rentré chez moi, je pensai de nouveau à ce que j'avais entendu. Et bientôt je conçus la pièce qu'on va reprendre et qui devait être dans ma pensée une satire contre ces faux paysans de la banlieue de Paris qui, vivant des Parisiens, les déchirent à belles dents.

« Quand je dis la pièce qu'on va reprendre, je ne dis point l'exacte vérité. En réalité, *Nos bons villageois*, dans une première version, comprenaient quatre tableaux, tout entiers consacrés à des scènes de paysans. C'est ainsi qu'ils furent livrés à Montigny, lus aux artistes et répétés dans les premiers jours. Pendant les répétitions, j'étais retenu à la maison par une maladie. Comme de juste, je pensais à ma pièce et je me disais : « Quatre actes de scènes villageoises, c'est trop... pour des Parisiens... Il faut changer cela. Une grande partie du succès de la *Famille Benoiton* vient des scènes dramatiques qui s'ajoutent aux scènes comiques. Il faut en agir de même dans *Nos bons villageois*... Et alors, je refis tout à fait ma pièce et lui donnai la marche et la coupe qu'elle a actuellement...

« J'apportai mon nouveau manuscrit à Montigny. Il tomba des nues, ou tout au moins des frises.

« — Et mes décors, s'écria-t-il, qui sont prêts !

« — Vos décors ! ils vous serviront une autre fois.

« Après avoir longtemps lutté, Montigny se résigna. Cette lutte fut marquée par un incident assez comique et assez rare au théâtre,

« J'avais donc coupé tout un tableau. Montigny se cramponnait. Il continuait à le faire répéter. Un jour à l'une des répétitions, quelques amis de la maison s'étaient glissés au fond de la salle, le frère de Montigny, entre autres. J'étais avec Montigny dans les premiers rangs, discutant à demi-voix avec lui, et plus je voulais couper mon tableau, plus il s'entêtait à le trouver nécessaire. Je me retourne, agacé, et je dis : « — Messieurs; je vous en fais juge... Nous discutons avec Montigny... » Et alors le frère du directeur ne me laisse pas achever et s'écrie : « — Montigny a raison *il faut couper* le tableau. » Je ris de bon cœur et Montigny, se résignant, se rangea à l'avis de son frère et au mien. Généralement, n'est-ce pas ? Ce sont les directeurs qui demandent les coupures et les auteurs qui les refusent. Cette fois les rôles avaient été renversés. »

M. Victorien Sardou me rappelait encore les polémiques auxquelles sa nouvelle œuvre donna lieu.

« A propos de mes pièces, on m'a toujours jeté la politique dans les jambes, et Dieu sait si, surtout à l'époque de *Nos bons villageois*, la politique m'occupait. Quand j'avais écrit les *Ganaches*, les légitimistes s'étaient indignés. Quand j'avais fait *Don Quichotte*, l'opposition dit : « C'est pour plaire à l'impératrice qui est espagnole », et quand, plus tard, je donnai *Patrie*, les officieux dirent : « C'est pour déplaire à l'impératrice. Preuve : le personnage du duc d'Albe. » Comment accorder ces choses ? Comment aurais-je pu changer la nationalité de Don Quichotte ou écrire *Patrie* sans y faire figurer le duc d'Albe ? Mes critiques ne l'ont jamais dit... Pour *Nos bons villageois*, ce fut la même chose. L'opposition me reprochait d'avoir mis à la scène le personnage sympathique de l'empereur, tandis que les officieux, Paul de Cassagnac en tête, me reprochaient, eux, d'avoir raillé à tort le paysan, le paysan, le plus ferme soutien de l'empire. Du diable si j'ai jamais songé à tout cela ! »

J'ai retrouvé, en effet, dans les journaux du temps, sous les signatures de Prévost-Paradol *(Revue des Deux-Mondes)*, Théophile Gautier *(Moniteur universel)*, Louis Ulbach *(Temps)*, Paul de Cassagnac *(Pays)*, Nestor Roqueplan, Castagnary, les polémiques auxquelles M. Sardou fait allusion.

M. Etienne Arago, dans l'*Avenir national*, disculpait les paysans du blâme qui leur était infligé, surtout de leurs fautes en 1848. (Où avait-il vu cela, dans *Nos bons villageois ?*). Il ajoutait, il est vrai, et non sans quelque raison : « On a bonne grâce, sans doute, au centre de Paris, de faire un tableau satirique de la vilenie des paysans, qui ne le verront pas, mais il serait plus piquant et plus satirique encore, celui des mœurs journalières de ce beau monde qui revient de la villégiature aussi raffiné de la mièvrerie, aussi futile que quand il y est allé. Qu'est-ce que les champs lui ont donné ? L'air réparateur pour des forces épuisées dans l'oisiveté des plaisirs. En revanche, qu'est-ce que l'on a donné de bon au village ? Cherchez bien, et si vous pouvez me le dire, vous m'obligerez. » M. Paul de Cassagnac, qui donnait alors au *Pays* des chroniques parisiennes, disait : « Le lecteur de Paris ne connaît rien de la province; il ne sait pas ce que c'est que le paysan, le paysan de race. D'abord qu'est-ce que c'est qu'un paysan ? O vous qui fréquentez Asnières-les-Bains, croyez-vous connaître le paysan ? Je ne le pense pas... Pour faire le paysan du Gymnase ou de l'Opéra-

Comique, la recette est facile. Prenez un homme roux, coiffez-le d'un grand bonnet de coton, étriquez ses pantalons bas-bretons, mettez un peu de paille dans ses sabots, et faites-en un imbécile. Voilà le paysan de « j'avions » et de « jarnidieu ». Il n'existe que sur la scène. Le mien, mon paysan, celui du Midi, c'est le vrai. Pour moi, le vrai paysan, c'est celui qui n'a jamais vu Paris. » Dans son feuilleton, M. Francisque Sarcey, lui ne s'occupe pas de politique et il ne voit que le côté littéraire de la nouvelle œuvre.

Le public faisait de même. La pièce tant critiquée l'amusait. Il l'applaudit. *Nos bons villageois* furent joués l'hiver durant, pendant 151 représentations.

En relisant les journaux de cette époque, je retrouve un incident assez curieux. Le *Temps* du 3 octobre, jour de la première représentation de *Nos bon villageois*, annonce que la veille MM. Clément Duvernois et Francisque Sarcey se sont battus en duel, et que M. Francisque Sarcey a été blessé à la figure au-dessous de l'œil gauche. Et quelle était la cause du duel ? M. Francisque Sarcey avait appelé *prud'hommes* les rédacteurs du journal la *Liberté*, dont M. Clément Duvernois faisait partie. On discuta aussi beaucoup sur ce duel. Quelques journalistes déclaraient que M. Francisque Sarcey devait refuser la réparation qui lui était demandée. M. Sarcey se battit cependant. Et l'on ne causait que de cela, pendant les entr'actes de *Nos bons villageois*. Heureux temps, où l'épithète de prud'homme était considérée comme une injure. Depuis lors le vocabulaire de la polémique s'est un peu enrichi.

(18 septembre 1894.)

THERMIDOR

Les fausses Légendes

M. Sardou, à qui je rendais visite hier, m'a prié de démentir une fois de plus qu'il fît une pièce sur les *Tricoteuses*.

« Ma pièce nouvelle, nous a-t-il dit, met en scène le comédien Labussière, qui, sous la Révolution, sauva ses camarades de la Comédie-Française. Le titre n'en est pas encore arrêté. Il n'y est nullement question des Tricoteuses. La pièce, en dehors de Labussière, de ses camarades et de quelques comparses, comme des greffiers, ne comporte aucun des grands personnages historiques de la Révolution : C'est l'histoire du comédien Labussière, à qui, pour ainsi dire, la Comédie-Française rend hommage, comme à son sauveur, par ma bouche. »

J'ai eu alors la curiosité de demander à M. Sardou d'où pouvait venir le bruit d'après lequel il écrivait une pièce sur les Tricoteuses. « C'est toute une histoire, m'a-t-il dit, et qui montre bien comment, même pour de petits faits, les fausses légendes prennent facilement. Vous verrez que, malgré tous mes démentis, je n'arriverai pas à la détruire. »

Et l'éminent académicien, continuant, me dit: « Quelques années avant 1870, je n'avais pas encore écrit de grand drame. M. Dumaine, qui était alors directeur de la Gaîté, vint m'en demander un. Je causai avec lui, et nous finîmes par tomber d'accord; je lui promis pour la saison suivante un drame qui se passerait sous la Révolution, dont il créerait le principal rôle et dont un autre rôle principal serait distribué à Berton père. L'affaire s'ébruita, et M. Victor Koning, qui était alors journaliste tout en songeant déjà à devenir directeur de théâtre, annonça dans son journal, le *Figaro-Programme*, si je me rappelle bien, que j'avais promis au directeur de la Gaîté un drame révolutionnaire. Et, comme tout journaliste doit paraître bien informé, il lui donna un titre, ce fameux titre des *Tricoteuses* qui me poursuit partout; je crois même qu'il donna la nomenclature des tableaux, notamment celui de la guillotine; on devait voir des guillotines sur la scène. De tout cela, rien n'était exact, bien entendu. Je le démentis.

« Sur ces entrefaites, je fus appelé chez le directeur des théâtres, M. Camille Doucet, qui, très amicalement, très paternellement, me dit: « Mon-
« cher ami, il paraît que vous allez faire jouer sur
« le théâtre de la Gaieté une pièce sur la Révolu-
« tion. Je vous préviens, en ami, en toute bienveil-
« lance, que nous ne pourrons pas en autoriser la
« représentation !... Elle pourrait donner lieu à des
« scènes que nous voulons éviter. »

« Je transmis cet avis à M. Dumaine, et nous renonçâmes au projet rêvé. M. Koning devint directeur de la Gaîté et la première chose qu'il fit, ce fut de me demander mon drame, que Dumaine lui avait cédé dans le traité. Je rappelai à

Koning l'avis d'interdiction qu'il ne connaissait pas, Dumaine ayant oublié de lui en parler.

« Koning disparut à son tour et fut remplacé par Raphaël Félix, qui revint à la rescousse pour mon drame révolutionnaire. Les années avaient marché: nous étions sous l'empire libéral. J'avais fait jouer *Patrie*. Je crus pouvoir renouveler ma promesse à Raphaël Félix... Mais la guerre survint et il ne fut plus question, comme de juste, de mon drame...

« Il y a quelques années, M. Edmond Noël ayant écrit un roman, *Les Fiancés de Thermidor*, et en ayant tiré ou voulu tirer un drame qu'il proposa à son directeur, celui-ci souleva comme objection que l'on allait représenter un drame de moi sur la même époque. Et de nouveau, dans les journaux, on reparla des *Tricoteuses*. De nouveau, je démentis; je crois même que je donnai alors le titre provisoire du drame que j'avais autrefois promis à Dumaine : *La Dernière Charrette*.

« Or, voici qu'à propos de ma pièce de la Comédie-Française, on reparle des *Tricoteuses*. Je vous prie, démentez, démentez cette histoire qui dénature absolument le caractère de ma prochaine pièce... »

Et M. Sardou me disait encore: « Soyez sûr que je n'arriverai pas à détruire les idées préconçues. Les fausses légendes demeurent... Voyez dans l'histoire. On dit que Chamillard fut choisi comme ministre par Louis XIV parce qu'il jouait bien au billard : Or, Saint-Simon affirme que, quand Chamillard devint ministre, le roi ne jouait plus au billard depuis longtemps. Jean Goujon a été tué, dit la légende, à la Saint-Barthélemy: il est mort tranquillement en Italie. Ambroise Paré est mort protestant: il était catholique, etc... Je n'en finirais point. Aidez-moi, en tout cas, à détruire, en ce qui me concerne, moi, modeste auteur dramatique, la légende des *Tricoteuses*. »

Voilà qui est fait.

. . . .

(*13 avril 1890.*)

A propos de la conversation de M. Sardou sur les fausses légendes que nous avons rapportée, j'ai reçu la lettre suivante :

Nancy, le 15 avril 1890.

Monsieur le Rédacteur,

Permettez à un lecteur assidu de vos informations toujours si intéressantes, de vous signaler l'erreur dans laquelle tombe M. Sardou en affirmant que le protestantisme d'Ambroise Paré est une légende.

Je trouve, en effet, dans le livre premier des *Mémoires* de Sully, année 1572, l'importante anecdote suivante :

« De tous ceux qui approchaient ce prince (Charles IX), il n'y avait personne qui eût tant de part à sa confiance qu'Ambroise Paré. Cet homme, qui n'était que son chirurgien, avait pris avec lui une si grande familiarité, *quoiqu'il fût huguenot*, que ce prince lui ayant dit, le jour du massacre, que c'était à cette heure qu'il fallait que tout le monde se fît catholique, Paré lui répondit sans s'étonner : « Par la lumière de Dieu, sire, je crois qu'il vous souvient m'avoir promis de ne me commander jamais quatre choses : sçavoir, de rentrer dans le ventre de ma mère, de me trouver à un jour de bataille, de quitter votre service et *d'aller à la messe.* »

Brantôme raconte, à son tour, que la nuit du massacre le roi fit venir Ambroise Paré dans sa chambre, « lui commandant de n'en bouger et disant qu'il n'était pas raisonnable qu'un qui pouvait servir à tout un petit monde, fût ainsi massacré, et si ne le *pressa point de changer de religion* non plus que sa nourrice ».

Paré raconte lui-même dans ses œuvres une tentative d'empoisonnement dont il faillit être la victime peu après la prise de Rouen, de la part de gens « *qui me hayoient à mort pour la religion* ».

Ce qui a pu induire M. Sardou en erreur, c'est que Paré fut inhumé dans l'église Saint-André-des-Arts, le 22 décembre 1590. Pourquoi ne fut-il pas enterré dans le cimetière où l'on enfouissait généralement de nuit les huguenots ? C'est que la Ligue était alors dans toute sa force à Paris ; un enterrement huguenot eût été impossible à un moment où le cadavre de Palissy lui-même était dévoré par des chiens sur les remparts (1589).

Ambroise Paré était donc huguenot, et c'est son catholicisme qui est une légende inventée par Malgaigne et rajeunie par M. Sardou.

Quant à Goujon, il est bien prouvé aujourd'hui, comme le dit M. Sardou, qu'il mourut à Bologne un certain nombre d'années avant la Saint-Barthélemy (1564 ?) Il ne périt donc pas victime de cet horrible massacre.

Agréez, Monsieur le rédacteur, l'expression de mes sentiments les plus distingués.

Aquilas CLEISZ.

(*17 avril 1890.*)

. . . .

Auguste Vitu m'adresse la lettre suivante qui confirme l'opinion de M. Sardou :

Monsieur et cher confrère et collègue,

Voulez-vous me permettre de vous dire que Sully et Brantôme ont induit votre correspondant en erreur ? Ambroise Paré a toujours été catholique ; la preuve en est que Jal, l'ancien archiviste de la ville de Paris, a retrouvé et publié dans son précieux *Dictionnaire critique*, vingt-cinq actes rédigés par les vicaires de Saint-André-des-Arts, prouvant que pendant la longue période de soixante-un ans (1545-1606), Ambroise Paré, ses deux femmes et tous leurs enfants, vécurent et moururent dans la religion catholique. La série de ces actes commence en 1545, c'est-à-dire vingt-sept ans avant la Saint-Barthélemy, par conséquent, cette date célèbre ne put avoir aucune influence sur la religion d'Ambroise Paré, qui n'eut ni à se convertir ni à abjurer, puisqu'il avait toujours fait profession de catholicisme. Voilà qui explique pourquoi il fut inhumé à Saint-André-des-Arts : c'est qu'il en était paroissien, s'y était marié et y avait fait baptiser tous ses enfants...

Veuillez agréer, Monsieur et cher collègue et confrère, l'expression des sentiments amicaux d'un de vos lecteurs.

A. Vitu.

(19 avril 1850.)

Le Comédien Labussière

Dans une lettre qu'il adressait à M. Georges Boyer, notre confrère du *Figaro*, M. Truffier sociétaire de la Comédie-Française, écrivait qu'il avait songé, autrefois, à faire avec André Gill une comédie en un acte sur l'histoire du comédien Labussière, et qu'il en avait été détourné lorsque M. Laffitte l'éditeur des Mémoires de Fleury, où est contée cette histoire, lui avait avoué que ces mémoires étaient apocryphes et ne renfermaient que des erreurs.

M. Victorien Sardou dans une courte lettre, a répondu que, « si M. Truffier avait pris la peine de recourir à des témoignages plus sérieux que celui de Laffitte, il saurait que le dévouement de Labussière est absolument historique ».

Il m'a paru intéressant de demander à M. Sardou quels étaient ces témoignages plus sérieux dont il parlait et a bien voulu me les indiquer :

« Je vous rappellerai d'abord, m'a-t-il dit, que lorsque la Comédie-Française voulut donner une représentation en souvenir de celui qui avait sauvé les membres de sa société sous la Terreur, elle fit faire une enquête et que cette enquête démontra péremptoirement le rôle qu'avait joué Labussière. Je vous montrerai ensuite ce petit livre en deux volumes (et M. Sardou nous permit de feuilleter le vieux bouquin qu'il nous faisait voir). Ce sont les mémoires du jurisconsulte Liénard. Ils racontent tout au long l'histoire de Labussière, et l'auteur des Mémoires de Fleury ne s'est pas fait faute d'y faire plus d'un emprunt.

« Je vous raconterai enfin une anecdote qui m'est personnelle. J'avais lu, dans une des histoires de la Comédie-Française, où il était question de Labussière, qu'il avait pour collègue et complice dans sa bonne œuvre un certain Pillet. Ce nom m'avait frappé. C'était le même que celui du maire de Marly. Je vous parle du maire de Marly d'il y a vingt ans... Il y a quelque temps, vous voyez, que je m'occupe de Labussière et aussi de l'époque de la Révolution Française.... Je m'informai et j'appris que le maire de Marly, frère d'un ancien chef de bureau au ministère de l'Instruction publique, était comme lui, fils du Pillet, qui avait été chef de bureau au comité de sûreté générale sous la Terreur.

« Je tenais mon affaire. Je voulus faire causer mon maire. Ce n'était pas chose facile. Très conservateur, il n'aimait point rappeler les souvenirs révolutionnaires de sa famille. Un jour enfin, pendant que nous nous promenions à travers les vignes, comme je lui avais demandé s'il avait connu Labussière...

« — Parfaitement, me répondit-il. Il venait fréquemment chez mon père. Il y dînait habituellement, et comme il bégayait, qu'il était mal tenu de sa personne, qu'avec ses mains mal lavées il nous tapotait la figure à mon frère et à moi, nous nous plaignîmes un jour à notre père de son invité, et mon père nous dit : « Si vous saviez ce que cet homme a fait, vous n'auriez que de l'admiration pour lui... »

« Et alors mon père nous raconta ce qu'avait fait son ami Labussière. »

Et voici le récit que, sur la prière de M. Sardou, le maire de Marly, M. Pillet, lui fit en propres termes :

« Le citoyen Pillet, mon père, était chef de bureau au comité de sûreté générale et avait sous ses ordres, quoique plus jeune que lui, Labussière. C'est dans ce bureau que venaient s'entasser toutes les dénonciations, que s'établissaient tous les dossiers. Il arrivait des dénonciations de toutes parts, de Paris, de la province, des colonies. Elles étaient concentrées, au Louvre, dans le bureau de Labussière... Aucun prisonnier n'était condamné, aucun personnage n'était arrêté sans pièces justificatives, si l'on peut appeler pièces justificatives des dossiers établis sur des dénonciations anonymes... La forme était respectée... Lorsque Fouquier-Tinville et le comité de Salut public voulaient envoyer quelque suspect à la guillotine, on demandait le dossier à Labussière qui le transmettait...

« Eh bien! Labussière ne le transmettait pas toujours. Il répondait qu'il n'avait pas trouvé les pièces, qu'elles étaient égarées, que dans la multitude des dossiers qui encombraient son bureau et les salles voisines, cela était bien naturel... Chaque fois que le comité de Salut public fit demander les dossiers des acteurs de la Comédie-Française, il usa des mêmes stratagèmes, il fit les mêmes réponses... Cela finit par sembler drôle au comité de Salut public, qui se plaignit. Les lettres de réclamations existent. Mais Labussière gagna du temps et Thermidor arriva qui délivra Labussière de ses craintes et la France de son cauchemar... Quant aux dossiers, Labussière les avait bel et bien fait disparaître : il les emportait, les mettait en pâte en les trempant dans l'eau, et les jetait dans la Seine. Il sauva ainsi, les uns disent quinze cents personnes, cela est peut-être exagéré. Mais, mettons-en la moitié ! Vous voyez quel homme de cœur fut cet ancien comédien!... Mon père, qui avait sous ses ordres Labussière, sans avoir le département même des dossiers, avait deviné son attitude : il ferma les yeux, s'associant ainsi à cette œuvre d'humanité. »

M. Sardou, après nous avoir rappelé ce récit d'un témoin authentique, nous disait encore : « Naturellement, je demandai à mon maire, si, dans le cas où je ferais une pièce sur Labussière il m'autorisait à y faire figurer son père... Il m'a formellement prié de n'en rien faire..., se repentant déjà, dans son horreur pour les souvenirs révolutionnaires, de m'en avoir dit si long. Je me conformerai à son désir, d'autant plus qu'il n'est plus là pour me le rappeler, mais j'essayerai de faire revivre par le drame la bonne action, si émouvante et si authentique, du comédien Labussière. »

(20 avril 1890.)

Toujours Labussière

Mon cher ami,

Dans le récit que vous avez consacré à notre dernière conversation, il est deux ou trois points, que vous avez forcément, au milieu de tant de détails, laissés de côté. Je vous demande la permission, cependant, de les préciser en quelques mots, pour que les personnes exigeantes ne nous fassent, ni à vous ni à moi, le reproche d'oubli ou d'inexactitude.

Je n'ai certes pas invoqué l'ouvrage de Liénard, jurisconsulte, publié en 1804, comme un témoignage à l'appui des faits attribués à Labussière. C'est un fouillis de vérités et de fables ridicules. Je ne l'ai cité que pour avoir fourni à Laffitte tous les détails relatifs à Labussière qu'il prétendait de son invention. En quoi il mentait effrontément.

Ce n'est pas au Louvre qu'étaient les bureaux de Fabien Pillet et de Labussière, porte à porte, mais aux Tuileries, au deuxième étage du corps de logis, attenant au pavillon de Flore, dit de l'Egalité, et c'est là qu'étaient centralisés tous les dossiers des personnes arrêtées pour être mises en jugement. La commission spéciale, créée le 24 floréal an II et siégeant au Louvre, établissait la liste des accusés à faire comparaître dans la décade devant le tribunal révolutionnaire et expédiait cette liste à Fouquier-Tinville avec les dossiers des personnes désignées.

Ces dossiers étant sous la main de Labussière, on conçoit qu'il lui était bien facile de soustraire les pièces les plus compromettantes, d'égarer ou de supprimer tel ou tel dossier, et de répondre au greffier de la commission : « Je ne le trouve pas » ou « on l'a déjà expédié » ou « nous ne l'avons pas reçu ». Etant donné le désordre de la paperasserie révolutionnaire de tous les Comités de *salut public*, de *sûreté générale*, de la guerre, des assignats, de *secours*, de *législation*, etc., la disparition de ces pièces n'était suspecte que si elle se renouvelait trop souvent. C'est précisément ce qui eut lieu pour la Comédie-Française, dont les dossiers réclamés vainement à plusieurs reprises n'étaient jamais retrouvés. Fouquier-Tinville flairait la fraude, quand Thermidor arriva fort heureusement pour Labussière et les comédiens qu'il avait sauvés en gagnant du temps.

Fabien Pillet, qui avait constaté lui-même la disparition de divers dossiers et les manœuvres de son employé, n'estimait pas, au dire de son fils, à moins de deux cent cinquante le nombre des personnes sauvées de la sorte. C'est beaucoup moins que l'on n'a dit : mais deux cent cinquante têtes volées à Fouquier-Tinville, c'est déjà bien joli.

J'ajoute que ce Fabien Pillet, que vous traitez un peu trop comme un personnage obscur, est l'auteur de divers ouvrages relatifs au théâtre et non sans mérites. L'un de ses fils, Léon Pillet a été directeur de l'Opéra. L'autre, mon voisin de campagne et mon témoin, chef de division au ministère de l'instruction publique, était un homme d'une réelle valeur et des plus estimables.

Et maintenant, mon cher Aderer, j'espère que jusqu'à nouvel ordre, on va me laisser tranquillement aux prises avec mon héros.

Mille amitiés.

V. S<small>ARDOU</small>.

(22 avril 1890.)

Ce que sera la Pièce

M. Victorien Sardou a lu hier son nouveau drame, *Thermidor*, à ses futurs interprètes.

J'ai déjà parlé à plusieurs reprises du héros principal de cette nouvelle œuvre, l'acteur Labussière. Sans vouloir déflorer ici le sujet même de l'œuvre nouvelle, je peux dire, après en avoir causé avec l'auteur, qu'on se méprendrait si on croyait trouver dans *Thermidor* la mise à la scène soit de personnages politiques qui ont joué un rôle dans la journée du 9, soit des divers artistes de la Comédie-Française que Labussière a sauvés.

Thermidor est un récit mouvementé, dramatique, de la chute de Robespierre. Robespierre n'apparaît point. Il est question de lui, évidemment, ainsi que de Couthon, Saint-Just, Marat, Fouquier-Tinville, mais on ne voit aucun de ces personnages. Quant à Labussière, il est le héros d'une action pathétique destinée à rendre sensible au public la journée fameuse qui mit fin à la dictature de Robespierre. En résumé M. Sardou a cherché à envelopper la journée du 9 thermidor dans un drame reposant sur un fond de vérité.

L'action se déroule dans les endroits suivants : Le premier acte se passe sur les bords de la Seine, près de l'île de Louviers; le second dans une chambre ; le troisième dans le cabinet de Labussière, au comité de salut public ; le quatrième dans la petite cour de la Conciergerie.

Voici maintenant les interprètes de *Thermidor* : MM. Coquelin (Labussière), Marais (Martial Hugon), Boucher, Leloir, Garraud, Martel, Jolliet, Villain, Roger, Clerh, Henri Samary, Berr, Falconnier, Hamet, Gravollet, Leitner, Cocheris, Jean Coquelin, Dehelly, Laugier, Roger ; Mmes Bartet (Fabienne Lecouteux), Hadamard (Jacqueline), Amel, Lynnès, Ludwig et Bertiny, plus quelques élèves du Conservatoire qui joueront des bouts de rôles.

(*5 octobre 1890.*)

Autres Pièces sur la Terreur

Ce n'est pas la première fois que la Révolution Française fera, avec *Thermidor*, son entrée sur la scène de la rue de Richelieu.

Plus d'une pièce se déroulant sous la Terreur a été jouée rue de Richelieu. En 1831, Régnier Destouches y donna une *Charlotte Corday* où Beauvallet jouait Marat, Bouchet Adam Lux, et Mlle Brocard Charlotte Corday.

La même année, Blanchard et Mallian faisaient représenter, à la Comédie-Française, un *Camille Desmoulins* ainsi distribué :

Camille Desmoulins	Firmin.
Danton	Beauvallet.
Robespierre	Perrier.
Hérault de Séchelles	Bouchet.
Fouquier-Tinville	Geffroy.

On y voyait le général Hanriot, l'ex-capucin Chabot, Westermann, Hermann, président du tribunal révolutionnaire et la charrette conduisant les dantonistes à l'échafaud passait, au fond de la scène, sous les yeux de Lucile Desmoulins, représentée par Mme Dupuis.

Charlotte Corday, de Ponsard, l'*OEillet blanc* d'Alphonse Daudet et Lépine, le *Lion amoureux* de Ponsard, le *Jean Dacier* de M. Ch. Lomon, se déroulaient en plein drame révolutionnaire.

(14 décembre 1890.)

La première Représentation de Thermidor

La première représentation de *Thermidor* eut lieu le samedi soir, 24 janvier. Sarcey écrivait le lendemain :

« Le succès a été très grand : à la chute du rideau sur le dernier acte, deux ou trois voix ont crié des troisièmes loges : « A l'Ambigu ! » ce qui ne m'a pas paru fort juste, car la pièce avec ses longs développements, ses récits et ses conférences ne pouvait s'espacer convenablement qu'à la Comédie-Française. Ce cri : « A l'Ambigu ! » a été suivi de deux ou trois coups de sifflet, auxquels le public tout entier, qui s'apprêtait à partir, a répondu par de longs applaudissements. »

(26 janvier 1891.)

La deuxième Représentation de Thermidor

La deuxième représentation de *Thermidor* a donné lieu à quelques scènes tumultueuses. Elles étaient un peu prévues. Dès le matin, la Comédie-Française avait été officieusement avertie qu'un certain nombre de personnes comptaient protester contre la représentation de la nouvelle œuvre de M. Victorien Sardou. Elle apprenait d'autre part, vers deux heures qu'un député de la Seine, M. Pichon, avait l'intention d'interpeller le ministre de l'instruction publique et qu'il assisterait à la représentation du soir pour recueillir les éléments de son interpellation.

Aussitôt, M. Claretie, après une entrevue avec M. Larroumet, faisait venir dans son bureau M. Victorien Sardou et M. Coquelin. Tous trois relirent avec le plus grand soin le manuscrit de leur pièce, pour voir s'il renfermait des passages, des répliques, des phrases, qui fussent de nature à éveiller les moindres susceptibilités. Ils se persuadèrent de nouveau que la pièce, qui avait reçu l'autorisation de la censure, et celle du ministre de l'Instruction publique et des Beaux-Arts, ne contenait rien qui pût blesser les oreilles des républicains les plus convaincus. Quelques mots cependant furent effacés ; pour plus de prudence, une phrase, par exemple, où il est question de chevaux reculant devant l'odeur du sang, sur la place de la Guillotine.

Le soir, à huit heures, l'entrée se fait dans le plus grand calme. Le rideau se lève. Bientôt Labussière (M. Coquelin) dit la tirade où il énumère les crimes, délits, ou prétextes, qui entraînent la peine de mort devant le tribunal révolutionnaire. Il est alors interrompu par un cri : « Assez ! » parti des secondes loges. Il continue. Plusieurs coups de sifflet éclatent, venant particulièrement d'une troisième loge d'avant-scène, où l'on reconnaît au premier rang M. Lissagaray. Le vacarme dure un quart d'heure, mais les applaudissements nourris et répétés, finissent par avoir raison des siffleurs.

Le premier acte se termine sans encombre. Le second marche sans incident. Mais c'est au troisième acte que l'orage éclate de nouveau et plus furieux encore. C'est au milieu de la scène entre MM. Coquelin et Marais que les opposants engagent la bataille. Les sifflets portent sur une réplique qui parle de la tyrannie de la canaille. Les tapageurs ne se contentent pas de siffler. Ils hurlent, ils invectivent les acteurs.

M. Lissagaray montre le poing à Coquelin en le couvrant d'injures. Il lui lance une pièce de vingt sous, des sous, un sifflet... La plupart des spectateurs sont debout, montrant la loge de M. Lissagaray. Ils réclament son expulsion. Les gardes municipaux arrivent et lui enjoignent de sortir. M. Lissagaray jette cette apostrophe vers l'orchestre : « Muscadins ! » La salle rit... Les gardes insistent pour que M. Lissagaray les suive. Il sort.

L'acte se termine tant bien que mal. Le tapage qui vient d'avoir lieu continue pendant l'entr'acte.

Au foyer du public les colloques s'engagent. Certains sont assez vifs. Un groupe est formé par les rédacteurs de l'*Echo de Paris*, MM. Valentin Simon, son fils, Bertol-Graivil, Rosati, qui ne dissimulent point qu'ils sont parmi les opposants, les siffleurs, et qu'ils veulent prendre leur revanche de l'interdiction de la *Fille Elisa*, la pièce de leur collaborateur, M. de Goncourt.

M. Lissagaray, qui était descendu, veut remonter par le grand escalier. La foule le reconnaît et le commissaire de police dut s'interposer.

L'agitation n'était pas moins grande sur la scène. Là, depuis le début, MM. Victorien Sardou et Jules Claretie suivaient, dans les coulisses, les péripéties de la lutte engagée entre les acteurs, que soutenait une salle presque entière, et une trentaine de siffleurs... L'émotion était grande, surtout après le troisième acte.

M. Coquelin venait d'être l'objet des invectives de M. Lissagaray, et il avait dans la main les projectiles qu'il avait reçus. Il s'est approché de M. Lozé qui venait d'arriver, et lui a dit : « Monsieur le préfet, je vous prie de me faire protéger. Nul n'ignore mes convictions républicaines. On connaît les amitiés que j'ai eues et celles que j'ai encore parmi les vrais républicains. Je n'aurais jamais joué dans une pièce qui fût hostile à la République... Je vous déclare que je vais déposer une plainte contre M. Lissagaray. »

Il y avait foule au foyer des artistes, comme à tous les entr'actes... Les trois protagonistes de la nouvelle œuvre, Mlle Bartet, MM. Coquelin et Marais, avaient peine à répondre à toutes les marques de sympathie dont ils étaient l'objet.

Enfin, le rideau s'est relevé pour le quatrième acte... Il a passé presque jusqu'au bout sans aucune protestation. Les opposants n'ont recommencé à siffler, et encore bien timidement, qu'à la chute du rideau.

La salle se vide lentement. Au dehors, des groupes assez nombreux se forment. Les protestataires veulent continuer leur vacarme. Ils crient : « A bas les réactionnaires ! A bas les académiciens ! Mort à Sardou ! »

Mais les agents dispersent vite les manifestants et le calme se rétablit autour du Théâtre-Français en quelques minutes.

(28 janvier 1891.)

Thermidor au Conseil de Ministres

Le Conseil des ministres s'est réuni ce matin 27 janvier sous la présidence de M. Carnot.
M. Constans ministre de l'Intérieur, n'assistait pas à la séance.
Le Conseil s'est entretenu des incidents d'hier soir au Théâtre-Français. M. Bourgeois, ministre de l'Instruction publique a fait connaître les conditions dans lesquelles la pièce de M. Victorien Sardou avait été reçue à la Comédie-Française. Le ministre se rendra à la Chambre pour répondre aux interpellations qui sont annoncées.
M. Bourgeois est opposé à l'interdiction de la pièce et le déclarera à la Chambre.

(28 janvier 1891.)

Thermidor interdit

Postérieurement au Conseil des ministres de ce matin, les représentations de *Thermidor* sont suspendues à partir de ce soir.
Cette décision prise à la suite d'une conférence entre le ministre de l'Intérieur, le Ministre des Beaux-Arts et le Préfet de police a été résolue par mesure d'ordre public en dehors de toute autre considération.

(28 janvier, dernière heure.)

L'interdiction et M. Sardou

Nos lecteurs ont vu qu'hier, après que le Conseil des ministres eut maintenu, sur la demande de M. Bourgeois, ministre des Beaux-Arts, l'autorisation de représenter *Thermidor*, la pièce avait été interdite après une conférence, que le ministre des Beaux-Arts avait eue avec M. Constans et M. Lozé. Cette interdiction aussi inexplicable qu'inattendue avait suivi de près l'annonce d'une interpellation de M. Pichon à la Chambre.

Je me suis rendu dans l'après-midi chez M. Victorien Sardou, qui venait d'être avisé de l'interdiction notifiée à l'administrateur de la Comédie-Française, pour lui demander ce qu'il comptait faire :

« Je n'ai rien à faire pour le moment, a-t-il dit, Vous m'apprenez que MM. Joseph Reinach, Francis Charme et Henry Fouquier veulent interpeller, à leur tour, le gouvernement sur l'interdiction. Je suis heureux de cette intervention. On ne dira pas, en effet, que ces messieurs ne sont pas républicains.

« Et ce que je tiens à déclarer, ce que je tiens à faire savoir, c'est que ma nouvelle œuvre est républicaine... Elle peut se résumer en deux mots : Vive la République ! A bas les massacres de la Terreur ! Je proteste en faveur de 1789 contre 1793 !...

« C'est donc avec une insigne mauvaise foi que l'on vient de traiter ma pièce de réactionnaire...

« Un journal, sans doute mal informé, a dit ce matin qu'on avait sifflé sur cette phrase : « Tous les républicains ont les mains sales. » Or, aucune phrase semblable n'existe et ne pouvait exister dans ma pièce...

« Tout le long de mon œuvre, je prends le parti des dantonistes contre Robespierre et ses cinq acolytes... Alors, au dire de M. Lissagaray et de ceux qui aujourd'hui suivent ses indications, c'est Danton, ce sont tous les membres de la Convention qui seraient des coquins.

« Cela n'a pas de nom. C'est d'une bêtise incroyable, extraordinaire...

« Mais encore une fois, je ne ferai rien. Je ne transporterai pas ma pièce autre part. Ma pièce a été acceptée par M. Jules Claretie, par Coquelin, dont certes, les sentiments à tous deux, sont connus pour être nettement républicains. Elle a été trouvée républicaine par la censure, qui est républicaine, par le directeur des Beaux-Arts, qui est républicain, par le ministre M. Bourgeois, qui est un républicain avancé. Je ne la porterai pas ailleurs. »

Je sais, en outre, pertinemment que l'administrateur de la Comédie-Française, après la réception de la pièce par le comité, n'a voulu commander ni un décor, ni un costume, sans avoir eu l'autorisation de l'Administration, qui lui a été donnée.

La pièce a été en même temps portée au ministre qui a donné l'autorisation de la mettre en répétition.

(29 janvier 1891.)

Thermidor et les Mardistes

Le soir, pensant bien que l'interdiction de la pièce aurait quelque influence sur la représentation, nous nous sommes rendus au Théâtre-Français.

A huit heures, tous les « mardistes » étaient à leur poste ; la salle était comble. Aux conversations engagées entre eux, on pouvait juger qu'ils ne laisseraient pas jouer une autre pièce que *Thermidor*. A huit heures trente, le rideau se lève sur le décor du *Dépit Amoureux* et M. Coquelin cadet, semainier, paraît pour faire une annonce. Mais, à sa vue, des clameurs s'élèvent aussitôt de de tous côtés : *Thermidor ! Thermidor !* crie-t-on en détachant les syllabes sur le rythme bien connu des « Lampions ! » Pendant quelques instants M. Coquelin cadet fait de vains efforts pour parler ; enfin le tumulte s'apaise légèrement et on peut l'entendre dire, en s'y reprenant à plusieurs fois et en hachant la phrase :

« Mesdames et Messieurs,

« La Comédie-Française, obligée de changer son
« affiche par ordre supérieur, a dû remplacer par
« le *Dépit Amoureux* et *Tartufe*, *Thermidor*,
« l'œuvre de M. Sardou, dont les représentations
« sont suspendues. »

Des sifflets accueillent cet avertissement. La toile tombe. Aussitôt le bruit cesse. Bientôt on frappe de nouveau trois coups et la toile se relève. MM. Le Bargy (Valère) et Jean Coquelin (Gros René) sont en scène. Ils essayent de parler. Mais des clameurs retentissent derechef : « *Thermidor !* nous voulons *Thermidor*. A bas Lissagaray ! Vive Sardou ! » s'écrie-t-on. Tous les assistants sont debout : « Retirez-vous retirez-vous ! » dit-on encore d'autres parts aux acteurs. Ceux-ci, dans l'impossibilité où ils sont de proférer une parole, saluent profondément et se retirent. La toile retombe. On tente une seconde fois l'épreuve, et Le Bargy et Jean Coquelin reparaissent encore, mais ils sont obligés de s'éloigner devant les cris de réprobation des spectateurs et la toile est baissée de nouveau. Entre temps on se montre M. Ribot, le ministre des Affaires étrangères, qui est dans une loge avec Mme Ribot.

L'animation est très vive. Des colloques s'engagent partout et, chose significative, le consentement est général pour manifester ; depuis les fauteuils d'orchestre et les premières galeries jusqu'aux places des combles, on semble d'accord pour empêcher qu'on joue les pièces annoncées. M. Tirard, ancien président du Conseil, paraît un moment à l'orchestre et salue quelques personnes avec lesquelles il s'entretient. Il blâme la mesure prise par le gouvernement en disant : « C'est odieux ! On cède à une douzaine de braillards. »

Vers neuf heures la toile se lève pour la troisième fois et M. Coquelin Cadet se présente ; mais des cris et des protestations s'élèvent à son aspect. On entend des phrases comme celles-ci : « C'est une honte. C'est M. Lissagaray qui gouverne ! On veut donc nous ramener à la Terreur ! » Enfin on se décide à écouter le semainier, qui ne peut dire que ces mots : « Mesdames et Messieurs, la Comédie-Française vous supplie d'écouter Molière. »

Mais cette invitation n'a aucun succès. Le tumulte reprend aussitôt. « Non, non, *Thermidor !* nous voulons *Thermidor !* » Devant l'impossibilité où l'on est de commencer le spectacle, M. Coquelin Cadet vient faire une dernière annonce :

« Mesdames et Messieurs,

« Par suite de l'impossibilité matérielle de jouer, La Comédie-Française fera relâche ce soir, les personnes qui ne sont pas abonnées n'auront qu'à passer au contrôle, où le prix de leur place leur sera remboursé ; quant aux abonnés, la Comédie leur donnera en compensation un mardi supplémentaire. »

Satisfaits d'être arrivés à leurs fins, les spectateurs applaudissent. On en entend qui disent avec vivacité : « Nous recommencerons encore mardi. » La salle se vide peu à peu et d'une manière bruyante. On s'assemble dans le vestibule, où l'on commente à haute voix les incidents de la soirée. Au dehors, peu de monde.

M. Lozé, préfet de police, se promenait sous le péristyle de la Comédie-Française, tandis que se produisait au théâtre la manifestation que nous venons de raconter. Vers dix heures, tous les spectateurs étaient partis. Quelques instants avant l'heure où on finit d'ordinaire le spectacle, les cochers et les valets de pied, ignorant les incidents de la soirée, se sont présentés selon la coutume, pour rechercher leurs maîtres ; ils ont trouvé portes closes, et l'étonnement qu'ils en ont témoigné a amusé fort les personnes qui en ont été témoins...

A onze heures du soir, M. Coquelin venait raconter ces divers incidents à M. Sardou.

(29 janvier 1891.)

Bruits qui courent

La représentation d'hier soir, à la Comédie-Française, a eu lieu sans incident notable. C'était du reste à prévoir. Le spectacle composé de trois pièces : le *Baiser*, le *Flibustier* et *Une Conversion*, avait été affiché le matin. Les quelques personnes qui avaient loué pour cette représentation (la recette a été de 1.800 francs) étaient venues pour ce spectacle même. Au moment où le rideau se levait sur le premier acte du *Flibustier*, quelques cris assez nourris de : « *Thermidor !* » sont partis des galeries supérieures. Le calme s'est promptement rétabli.

Dans la journée, grande émotion à l'intérieur du théâtre. M. Jules Claretie reçoit de nombreuses visites. Beaucoup de reporters viennent l'interviewer. A tous, il répète la même chose : « Je ne sais rien ; je n'ai rien à dire... Je dois laisser la parole à mes chefs hiérarchiques. » Les reporters n'insistent pas moins. L'un d'eux s'est présenté au domicile même de M. Claretie, l'avant-dernière nuit, à une heure et demie du matin. Il a demandé à la personne qui lui a ouvert la porte : « Est-il vrai que M. Claretie a donné sa démission ? »

Les sociétaires veulent agir. Un certain nombre a l'intention de demander la dissolution de la Société de la Comédie-Française.

Ils fonderaient un théâtre absolument libre de toute tutelle administrative : « le Théâtre-Affranchi ».

On assure que, pour ce théâtre nouveau, que dirigeraient les artistes les plus en vue parmi les sociétaires, les fonds ont été trouvés déjà : 4 millions seraient souscrits par les abonnés et les amis de la maison de Molière.

Ce projet, hier soir, prenait de plus en plus consistance.

Aussi bien, à un autre point de vue, un certain nombre de députés disaient, hier, qu'il n'y avait qu'une solution possible et admissible : « la liberté absolue de tous les théâtres et la suppression de la subvention pour les théâtres actuellement subventionnés ».

Puisque nous parlons des membres du Parlement, ajoutons qu'un certain nombre de sénateurs et de députés avaient l'intention de demander une représentation à huis clos de *Thermidor* pour eux, pour qu'ils puissent juger en connaissance de cause.

Enfin, disons que, si l'interdiction est maintenue et qu'aucun autre incident ne se produit, on mettra prochainement en répétition, à la Comédie-Française, l'*Ami des Femmes*, de M. Alexandre Dumas.

(30 janvier 1891.)

———

Thermidor au Palais-Bourbon

Le jeudi 29 janvier, MM. Henry Fouquier, Joseph Reinach, et Francis Charmes demandaient à interpeller le gouvernement « sur les mesures que le gouvernement compte prendre pour assurer à la fois l'ordre public et la liberté de l'art dramatique ».

M. de Freycinet, président du Conseil, se mettait immédiatement à la disposition de la Chambre.

Aussitôt M. Henry Fouquier prend la parole et prononce un discours souvent applaudi qui se terminait ainsi : « Le Gouvernement semble n'être pas assez fort pour maintenir à la fois l'ordre et la liberté. »

M. Leygues répond à M. Henry Fouquier : « La liberté de l'art, dit-il, n'est nullement en cause : en quoi eût-elle été lésée si on avait envoyé la pièce au théâtre dont M. Sardou est le fournisseur habituel ? Tandis que vouloir la faire jouer à la Comédie-Française sur un théâtre subventionné, constitue un véritable défi. J'approuve l'interdiction. »

M. Léon Bourgeois, ministre de l'Instruction publique, déclare d'abord qu'il est parfaitement d'accord, malgré ce que l'on raconte, avec son collègue de l'Intérieur, M. Constans. C'est sur les renseignements donnés par M. Constans dans la journée qui a suivi le conseil des ministres maintenant l'autorisation que l'interdiction a été formulée, ces renseignements faisant prévoir des troubles graves. « Le gouvernement, dit le ministre, n'a pas cru devoir user de la censure préventive ; il a laissé jouer la pièce sous la responsabilité de l'auteur, et il n'est intervenu que lorsque l'ordre a été menacé. Il a ainsi concilié la liberté de l'art dramatique et les nécessités de l'ordre public. »

M. Joseph Reinach intervient. « Je ne confonds pas, dit-il, les patriotes incomparables qui ont fondé la liberté en France et dans le monde et les hommes qui ont fait peser sur le pays, pendant de longs mois, la plus effroyable et la plus odieuse des tyrannies. »

A l'extrême gauche, M. Emile Moreau interrompt M. Reinach pour dire : « Sans Robespierre, nous ne serions pas Français! »

Poursuivant, M. Reinach se demande en quoi la République serait menacée parce que « sur le théâtre de Molière et de Voltaire on aurait joué ce tartufe politique qui s'appelait Robespierre ».

Il rappelle que Charles X a refusé d'interdire *Marion Delorme* en disant : « En fait de théâtre je n'ai que ma place au parterre » et il conclut en disant que la République doit rester fidèle à son principe qui est, qui doit toujours être la liberté. »

M. Emmanuel Arène dit que tout en approuvant l'interdiction, il n'est pas partisan de la Terreur : il sera toujours pour 89 contre 93.

M. Constans, ministre de l'Intérieur, déclare qu'il revendique la décision qu'il a prise dans l'intérêt de la paix, de la sécurité, et de la tranquillité publique.

M. Maurice Barrès dit qu'il votera pour la liberté des théâtres : il regrette qu'on ait privé les Parisiens de leur soirée au Théâtre-Français pour leur offrir une matinée au Palais-Bourbon.

M. Clémenceau intervient et il prononce ces paroles qui sont restées célèbres :

« Il ne s'agit pas de voter pour ou contre Danton, pour ou contre Robespierre. Il a été joué à la Comédie-Française une pièce incontestablement dirigée contre la Révolution. Voilà le fait ! Les monarchies se sont fait dantonistes et on a entrepris d'éplucher la Révolution française ! eh bien ! il faut qu'on le sache : la *Révolution est un bloc*, dont on ne peut rien distraire. »

M. Albert de Mun somme le gouvernement de déclarer s'il est d'accord avec les théories de M. Clémenceau.

M. de Freycinet, Président du Conseil, répond :

« Est-ce que, quand on vient me demander : « Etes-vous pour les excès de la Terreur ? » vous pouvez supposer un instant que je suis pour les excès de la Terreur ? De pareilles questions ne sont pas même un outrage, tant elles sont puériles. » Le Président du Conseil termine en posant nettement la question de cabinet.

La discussion est close.

M. Félix Faure demande l'ordre du jour pur et simple, que le gouvernement accepte.

L'ordre du jour pur et simple qui a toujours la priorité est voté par 307 voix contre 184.

(31 janvier 1891.)

———

Thermidor et les Jeudistes

C'était le tour des « jeudistes », hier soir, de protester contre l'interdiction de *Thermidor*: ils n'y ont pas manqué. Le spectacle se composait de l'*Autographe*, de *Gringoire*, de l'*Aventurière*.

Le rideau se lève sur l'*Autographe*. La salle est à moitié vide. Le spectacle commence dans un silence absolu... Mais ce calme ne dure point. Un mot du dialogue excite une tempête.

La comtesse (Mlle Nancy Martel) ayant dit à Chastenay (M. Baillet) ces mots :

— Vous n'êtes pas resté longtemps à ce bal ?

Celui-ci répond :

— Le temps de valser avec le ministre... Il valse très bien.

Là-dessus des clameurs s'élèvent. On entend les cris : « A bas le ministre ! Conspuez le ministre ! » Mlle Nancy Martel et M. Baillet veulent continuer le dialogue ; mais leurs voix sont couvertes par les cris : « *Thermidor ! Thermidor !* » Il leur est impossible de poursuivre. Devant l'attitude hostile du public, ils prennent le parti de se retirer... Et la toile tombe. Elle ne tarde pas à se relever et M. Coquelin cadet semainier, se présente pour faire l'annonce suivante : « Mesdames, messieurs, le spectacle de ce soir est affiché depuis deux jours. La Comédie-Française ne peut ni le modifier, ni jouer *Thermidor*, dont la représentation est interdite... »

Mais les spectateurs protestent en demandant *Thermidor*. On essaye de continuer l'*Autographe*, mais le tapage devient tel qu'on doit renoncer à cette tentative. Le commissaire de police apparaît alors et invite le public à écouter la pièce ; mais le bruit continue. Nouvelle intervention du semainier qui vient déclarer qu'on ne peut modifier le spectacle ; nouvelle protestation des spectateurs. Tout à coup quelques personnes s'avisent de demander qu'on joue tout de suite *Gringoire* ; sur quoi, M. Coquelin reparaît pour dire ces paroles :

« Mesdames et messieurs, vous avez demandé

Gringoire. La Comédie-Française vous prie d'écouter *Gringoire*. »

On applaudit et le tumulte cesse. Peu après, le rideau se lève sur le décor de *Gringoire* et le public écoute les acteurs avec tranquillité. L'apparition de Coquelin aîné (Gringoire) donne lieu à une nouvelle manifestation : « Vive Coquelin ! Vive Labussière ! » s'écrie-t-on de tous côtés. Pendant quelques instants, il est impossible à l'éminent comédien de se faire entendre. Enfin le tumulte s'apaise et la pièce peut être jouée jusqu'au bout sans incident. Après la chute du rideau, M. Coquelin a été rappelé trois fois par les spectateurs, qui lui ont fait une ovation triomphale. On a crié alors : « Vive la liberté ! » On a joué ensuite l'*Aventurière*, qui a été écoutée en silence.

Sur la scène une légère agitation n'a cessé de régner toute la soirée. Il y a bien eu quelques explications échangées entre certains sociétaires et les représentants de la force publique, mais le calme s'est, là aussi, promptement rétabli.

« Et maintenant, comme le disait hier un des membres les plus autorisés de la maison de Molière il faut que désormais la paix règne à la Comédie-Française... C'est la chose la plus désirable pour l'honneur même et l'avenir de la maison. Elle a été soutenue par ses nombreux amis lorsqu'il le fallait. Elle n'a plus maintenant qu'à s'incliner devant le fait accompli, quelque regrettable qu'il soit. »

(31 janvier 1891.)

Derniers échos.

On prête à M. Clémenceau ce mot sur *Thermidor*, qui ne faisait pas prévoir les foudres qu'il déchaînerait sur elle. Après le premier acte, le chef de l'extrême gauche disait : « C'est l'histoire de la Révolution racontée par un pêcheur à la ligne qui ne prend pas de goujon. »

M. Antoine, directeur du Théâtre-Libre, vient d'adresser à M. Victorien Sardou la lettre suivante :

Monsieur,

Lorsque le *Pater* de M. François Coppée a été interdit comme votre *Thermidor* vient de l'être, j'ai rappelé au poète qu'il existait à Paris un coin modeste où les artistes avaient pris coutume de dire librement ce qu'ils avaient à dire au public.

La représentation du *Pater* n'a pas eu lieu pour des difficultés d'interprétation auxquelles nous nous sommes heurtés.

A cette heure, j'estime qu'il est de notre devoir de vous rappeler à vous aussi, l'existence du Théâtre-Libre.

Thermidor ne pouvant y être entendu que par les sept cents membres honoraires de notre association et par un millier de nos invités habituels, il ne saurait être question d'une spéculation quelconque.

Si vous le voulez donc, *Thermidor* sera représenté dans un mois au Théâtre-Libre; nous ferons appel à des comédiens jeunes et amoureux de leur art et j'y mettrai tout ce que j'ai d'argent.

Je pense que la maison frappée par l'interdiction d'*Elisa* doit se mettre à vos ordres à l'heure où vous venez de subir les rigueurs officielles.

Je ne vous demanderai qu'une grâce : celle de tenir, si vous m'en trouvez digne, le rôle du gendarme qui devait tuer Marais, et je serai certain ainsi que le coup de pistolet du dénouement ne ratera pas.

Veuillez agréer, Monsieur, l'assurance de mon entier dévouement.

A. ANTOINE.

M. Sardou a écrit à M. Antoine pour le remercier de l'offre qu'il lui avait faite et lui dire en même temps qu'il a le très grand regret de la décliner.

(1er février 1891.)

Parenthèse

Ici, qu'il me soit permis d'ouvrir une parenthèse.

J'ai été personnellement mêlé de la façon la plus directe aux événements de *Thermidor* depuis le premier jour.

A la fois chroniqueur théâtral et rédacteur parlementaire au *Temps*, je suivis jour par jour, heure par heure, les incidents qui se multipliaient, voyant le matin soit M. Léon Bourgeois, ou le président du conseil, et le soir M. Victorien Sardou.

Je pourrais peut-être donner encore quelques renseignements complémentaires sur les intrigues qui s'agitèrent alors autour de *Thermidor* : ce serait réveiller des querelles aujourd'hui tout à fait assoupies.

J'oublie donc ce qui se passa dans les « coulisses politiques » pour ne m'occuper dans ce livre « sur les hommes et les choses de théâtre » que des « coulisses dramatiques » (1).

---

(1) Parisis, M. Emile Blavet, rendant compte d'une conversation qu'il avait eue avec M. Coquelin, écrivait : « Au cours de la conversation, Coquelin est entré dans certains détails qui, livrés en confiance à l'ami n'étaient peut-être pas, dans sa pensée, destinés au public. Je n'hésite pourtant pas à les consigner ici, car ils éclairent d'un jour singulier un point encore obscur de l'histoire artistique contemporaine.

« On n'a pas oublié les dramatiques incidents de *Thermidor*. La pièce interdite à la deuxième représentation appartenait quand même à la Comédie, à moins d'un retrait spontané de l'auteur ou d'une décision ministérielle. Cette décision, M. Bourgeois, alors ministre des Beaux-Arts, hésitait à la prendre... Et avant de s'y résoudre, il dépêcha près de Sardou divers émissaires, dont un académicien touchant

Toujours Thermidor

Plusieurs journaux ayant de nouveau soulevé la question de *Thermidor*, j'ai demandé à M. l'administrateur de la Comédie-Française s'il était vrai qu'il fût question d'autoriser les représentations de la pièce de M. Sardou, M. Jules Claretie m'a répondu : « Je n'ai reçu aucune instruction nouvelle à ce sujet. Je ne puis que me conformer aux indications que les chefs dont je relève m'enverront. Je puis vous assurer qu'aucune instruction d'aucun genre ne m'est encore parvenue. »

Je me suis adressé ensuite à M. Victorien Sardou. L'auteur de *Thermidor* m'a déclaré qu'il avait rendu visite dans l'après-midi de jeudi à M. Bourgeois, ministre de l'instruction publique. Il lui a communiqué les démarches qu'il a faites auprès des divers impresarii de l'étranger, afin d'obtenir d'eux qu'ils ajournent ou retardent la représentation de *Thermidor* sur les scènes qu'ils dirigent. M. Sardou a également montré au ministre les réponses qu'il avait reçues et le texte des traités qu'il avait signés avec ces impresarii, et dont les plus récents remontent à l'année 1889. J'ai demandé alors à M. Victorien Sardou s'il pensait que quelques modifications apportées dans

---

de près à l'Instruction publique et notre confrère Adolphe Aderer. Ces messieurs étaient chargés de dire au châtelain de Marly : « Retirez spontanément *Thermidor* du Théâtre « Français et on vous donnera Coquelin pour le jouer où vous « voudrez, à Paris même... » Sardou refusa, préférant à cette invite, si tentante qu'elle fut, son rôle de victime de ce qu'il considérait comme un « crime de lèse-liberté politique et artistique. » Et Thermidor lui fut *officiellement* rendu. »

son œuvre faciliteraient la reprise des représentations... Il m'a dit :

« Vous m'interrogez sur une question qui n'intéresse que moi seul. Tout ce que je puis vous dire, c'est que je persiste à penser qu'il y a eu au sujet de *Thermidor* un très grand malentendu. En quelque temps, en quelque lieu que *Thermidor* soit joué, ma pièce restera dans son ensemble, ce qu'elle était au premier jour : républicaine, toujours ; terroriste, jamais. J'ai lu hier dans le *Temps* et la *République Française* l'extrait d'un discours de M. Clémenceau. Je ne me le rappelais point. J'y ai retrouvé des expressions mêmes dont je me suis servi à l'occasion de l'échafaud et de la loi de prairial. Donc je le répète, il y a eu un malentendu absolu au sujet de *Thermidor*. Je crois que, pour un grand nombre de ceux qui étaient prévenus contre ma pièce, il commence à se dissiper. Toute retouche qui sera de nature à le dissiper complètement peut être faite dans la limite que je viens de vous indiquer : *Thermidor* est une pièce aussi nettement républicaine que nettement antiterroriste. »

Dans les milieux gouvernementaux, aucune décision n'a été prise. On pense généralement, dans le monde politique, qu'avant de savoir si la question de *Thermidor* pourra être rouverte, il convient d'attendre que l'émotion plus parlementaire que publique, à laquelle la pièce a donné lieu, soit bien et dûment calmée.

(7 février 1891.)

La reprise de Thermidor

Un de nos confrères annonce ce matin que le projet d'une reprise des représentations de *Thermidor*, à la Comédie-Française, est absolument abandonné.

Nous croyons que cette information est aussi prématurée que celle que nous démentions l'autre jour et qui disait que *Thermidor* allait être repris prochainement.

D'après nos renseignements, aucune décision n'est encore prise ni dans un sens ni dans l'autre et l'affaire en demeure au point où elle en était le jour où la pièce de M. Victorien Sardou a été suspendue.

(28 février 1891.)

On lit dans la *Justice*, organe de M. Clémenceau :

« Dans le journal le *Gaulois*, un rédacteur anonyme, qui signe *Un indiscret*, prétend que M. Bourgeois a renoncé à autoriser les représentations de *Thermidor* à la Comédie-Française, parce qu'on lui aurait répété le propos suivant de M. Clémenceau : « Le ministre joue son portefeuille sur cette affaire-là. »

» M. Clémenceau n'a jamais tenu un pareil propos, et notre ami M. Bourgeois est incapable de reculer devant de telles menaces. »

(3 mars 1891.)

Un Procès a la Comédie-Française

Un de nos confrères annonce ce matin que M. Victorien Sardou intente un procès en dommages-intérêts à la Comédie-Française pour la suspension des représentations de *Thermidor*.

La question de *Thermidor* est en effet soulevée depuis quelques jours, mais ce n'est point sous la forme que notre confrère lui prête. M. Sardou n'a point intenté de procès en dommages-intérêts à la Comédie-Française.

M. Sardou a seulement adressé au ministre des beaux-arts une longue lettre dans laquelle il demande à connaître les intentions du gouvernement au sujet des représentations de *Thermidor*.

(27 mars 1891.)

La réponse de M. Bourgeois

M. Bourgeois, ministre des beaux-arts, a chargé M. Jules Claretie d'exprimer tous ses regrets et de répondre à M. Victorien Sardou, qui lui avait demandé, comme nous l'avons dit, l'autorisation de reprendre en ce moment *Thermidor*, qu'il ne lui semblait pas possible de lui donner une réponse favorable.

(28 mars 1891.)

Encore le Procès

L'auteur de la nouvelle relative au procès à la Comédie-Française la maintient ce matin. M. Sardou la dément de nouveau. Il n'y a pas à insister.

Pour l'édification de notre confrère, nous lui dirons l'origine du bruit dont il s'est fait l'écho. Il y a quelques jours, dans un dîner, on parlait de *Thermidor*. Un avocat bien connu et très aimé dans le parti républicain (M. Waldeck-Rousseau), dit alors, en s'adressant à M. Sardou : « Cher ami, vous devriez faire un procès à la Comédie-Française. Je le plaiderais pour vous et je le gagnerais. » On rit et on n'attacha pas d'autre importance à ce propos. Seul, notre confrère, aux oreilles duquel il est parvenu, l'a pris au sérieux.

(28 mars 1891.)

M. Sardou attend

Plusieurs de nos confrères ont annoncé, ce matin, que des pourparlers étaient engagés entre M. Rochard et M. Victorien Sardou au sujet de la représentation de *Thermidor*, à la Porte-Saint-Martin.

Nous avons demandé à M. Victorien Sardou ce qu'il y a de vrai dans cette nouvelle, et voici ce que l'éminent académicien nous a répondu :

« Il est bien exact que M. Rochard m'a fait demander si, le cas échéant, je serais disposé à lui donner *Thermidor* pour le théâtre dont il vient de prendre la direction. Je lui ai fait transmettre mes remerciements, mais aussi mes regrets.

« Je suis toujours, au sujet de *Thermidor*, dans les mêmes intentions.

« Vous connaissez mieux que personne les démarches officieuses qui ont été faites auprès de moi pour que je retirasse ma pièce volontairement prêtée.

« Je veux que la suspension momentanée qui a été ordonnée soit transformée en une interdiction définitive. Je veux qu'il soit dit que je suis exclu du Théâtre-Français...

« Ce jour-là, je verrai ce que j'aurai à faire, Pour le moment, j'attends. »

(28 novembre 1891.)

On parle de Thermidor au Palais-Bourbon

Le mardi 19 janvier 1892, on discutait, au Palais-Bourbon, un projet de loi sur la censure.

M. Hémon, député, fait allusion à l'interdiction de *Thermidor*, « autorisé, dit-il par la censure et interdit par le ministre ».

M. Léon Bourgeois confirme les assertions de M. Hémon. « *Thermidor*, dit-il, peut être représenté partout ailleurs qu'à la Comédie-Française. »

(20 janvier 1892.)

Que pense M. Sardou ?

J'ai demandé à M. Victorien Sardou ce qu'il pense de la déclaration de M. Bourgeois, au sujet de *Thermidor*. Il m'a répondu ceci :

« Je prévoyais cette déclaration, mais je suis heureux qu'elle ait été faite. Je dirai plus. Il fallait qu'elle fût faite. Sans doute, on aurait préféré, en haut lieu, que je renonçasse de moi-même à la Comédie-Française. Quelles facilités ne m'eût-on pas accordées pour que je fisse cette renonciation ! Je ne l'ai pas voulu. J'ai tenu à ce qu'il fût affirmé que ma pièce, qui n'avait été que suspendue jusqu'ici, était définitivement interdite au Théâtre-Français. M. Bourgeois a fait cette affirmation à la tribune de la Chambre.

« C'est ce que je voulais obtenir. Je verrai maintenant ce que j'ai à faire. Plusieurs théâtres, déjà, m'ont demandé *Thermidor* pour l'hiver prochain. Je ne sais encore lequel aura la préférence. Cela dépend de bien des conditions, qui ne peuvent encore être déterminées. »

Thermidor en roman

On a inexactement rapporté la visite que M. Victorien Sardou a faite au lycée Louis-le-Grand. Il n'allait pas y voir le cachot où Robespierre fut enfermé avant d'aller à l'échafaud, pour la bonne raison que ce cachot n'existe pas.

Robespierre, après le décret d'arrestation, a été conduit au comité de sûreté générale, de là au Luxembourg, où le concierge a refusé de l'écrouer, puis à la mairie d'où Coffinal l'a entraîné à l'Hôtel de Ville. A deux heures du matin, on l'a porté aux Tuileries, et enfin à la Conciergerie, dans le cachot voisin de la reine et qui existe encore.

M. Victorien Sardou m'a dit pourquoi il avait visité le collège Louis-le-Grand ancien collège des Jésuites.

« Vous savez que j'ai le projet d'écrire un roman sur *Thermidor*. J'ai voulu voir ce qui reste de l'ancien collège des Jésuites ou du Plessis, dont la façade va être démolie, les dortoirs, les réfectoires où, comme élèves, ont pris leurs repas et dormi, Suleau, Robespierre, Camille Desmoulins, Fréron et, aussi, les cachots où les écoliers indisciplinés étaient enfermés. C'est tout. Le lycée conserve une vieille table, très longue, où on a retrouvé le nom de Robespierre, écrit par lui-même, avec la date de 1774. Il était alors en seconde ; en 1775, il devait haranguer, au nom des rhétoriciens de Paris, Louis XVI et Marie-Antoinette, retour de Reims. On a retrouvé cette table d'une façon assez curieuse. Elle servait dans une classe et était surchargée d'inscriptions : on voulut la retourner, et on retrouva encore plus de noms et plus d'inscriptions, parmi lesquels celui de Robespierre. Le lycée veut l'offrir au musée Carnavalet. Pourquoi ne la garderait-il pas ?

« Sous la Révolution, le collège du Plessis fut transformé en prison. Qui était enfermé à du Plessis était à peu près sûr de son affaire. La prison du collège du Plessis était l'antichambre de la Conciergerie, d'où les condamnés partaient pour l'échafaud. C'est toutes ces choses que j'ai voulu revoir, pour les bien fixer dans mon esprit.

« Il faut voir les choses pour les comprendre. »

Et alors M. Victorien Sardou déploie devant nous un immense plan des Tuileries, telles qu'elles étaient aménagées sous Louis XVI. Il nous montre où était sûrement, selon lui, la fameuse armoire de fer ; il nous fait voir aussi le petit escalier conduisant à une porte de la place du Carrousel par lequel le roi et la reine sont partis la nuit de la fuite à Varennes.

« Comment, nous dit-il auraient-ils pu passer par la porte du quai, alors qu'il fallait traverser d'immenses appartements, de longs couloirs sûrement gardés ? Non, c'est sûrement par ce petit escalier qu'ils sont partis. »

M. Victorien Sardou nous fait suivre du doigt le court chemin parcouru par Louis XVI et Marie-Antoinette et grâce à lui, pendant quelques minutes nous croyons assister à l'une des heures les plus dramatiques de cette époque si passionnante.

(26 novembre 1893.)

M. Victorien Sardou au Luxembourg

M. Victorien Sardou a visité, il y a deux jours, le palais du Luxembourg. Il était accompagné de son fils et de M. Gosselin. Ce sont MM. Louis Favre, archiviste du Sénat et Scellier de Gisors, architecte, qui lui ont fait tous les honneurs du palais. L'auteur de *Thermidor* tenait depuis longtemps à visiter en détail l'édifice qui, entre autres affectations, servit de prison sous la Terreur et de résidence officielle pour le Directoire. On sait combien Sardou connaît cette époque. La Bastille, les Tuileries, le Temple n'ont aucun secret pour lui : il sait exactement où fut enfermé Latude, où travailla Louis XVI, où rêva Marie-Antoinette, où fut gardé Louis XVII.

Pour ce qui est du palais du Luxembourg, il ne pouvait avoir de meilleurs guides que MM. Louis Favre et Scellier de Gisors.

M. de Gisors est le fils de M. Alphonse de Gisors, architecte de la Chambre des pairs, qui publia un livre important, avec plans et dessins, intitulé le *Palais du Luxembourg*. Nous y trouvons au sujet de l'époque chère à M. Sardou, l'anecdote suivante :

« Jacques-Louis David, admirateur fanatique de Robespierre, fut aussi incarcéré au Luxembourg après le 9 Thermidor. On prétend qu'il y conçut le plan et l'esquisse de son tableau des Sabines. Il est certain que pendant la durée de sa détention, il chercha dans le plaisir de son art des distractions aux ennuis et aux rigueurs de la captivité. Il reste de lui une esquisse assez curieuse d'une partie du jardin du Luxembourg prise de la chambre où il était renfermé, à l'étage supérieur de l'ancien pavillon d'angle situé à l'ouest du palais ; au delà sont les allées mises en culture enclos en planches qui devait exister sur l'emplacement qu'occupent actuellement les jardins particuliers du palais; au delà sont les allées mises en culture pendant la Révolution. Plus loin, à travers les arbres, plantés sans symétrie, on voit les bâtiments du café, tels qu'ils sont encore aujourd'hui ; ils avaient été construits depuis peu pour y établir les bureaux d'administration des ateliers d'armes qui furent à cette époque organisés dans l'ancien clos des Chartreux. Dans le lointain se dessinaient les collines de Meudon et de Bellevue. »

De quel café parle l'auteur ? Les contemporains de M. de Gisors, qui écrivait en 1847, pourraient nous le dire. Quant à l'ancien clos des Chartreux il s'étendait à peu près là où est aujourd'hui le petit lycée Louis-le-Grand.

M. Louis Favre est, lui aussi, l'auteur d'un livre — plus récent ; il date de 1882 — qui est intitulé le *Luxembourg, récits et confidences sur un vieux palais*. Il est rempli de renseignements curieux sur l'époque révolutionnaire.

C'est ainsi, par exemple, que M. Favre nous

décrit la transformation du Luxembourg en prison :

« Dans l'intérieur des bâtiments, on fait des cloisons, on condamne, on mure des portes. On place des grilles dans les escaliers, des barreaux de fer aux fenêtres, on crée des cachots dans les caves. Puis, un matin, un commissaire de section, muni d'un ordre de la sûreté arrive ; on convoque dans la cour les hommes de service qui, déjà ont caché leurs riches livrées ; on leur signifie l'ordre de départ et on installe à leur place le bataillon des guichetiers en bonnet rouge. »

Longue est la liste de tous les détenus enfermés au Luxembourg. Le 11 germinal y arrivaient Camille Desmoulins, Danton, Fabre d'Eglantine, Hérault, etc..

« Avant 1870, écrit M. Favre, on retrouvait encore dans les couloirs dans certains combles du second étage, des inscriptions tracées par les prisonniers de 1793 tantôt sur les murs, tantôt sur les poutres ou pièces de bois soutenant les toitures. Quand la préfecture de la Seine, chassée de l'Hôtel de Ville par les incendies de la Commune, vint occuper le Luxembourg, elle envahit tous les étages et les souvenirs disparurent. D'après la tradition et les indices recueillis, Camille Desmoulins fut enfermé au second étage, dans le pavillon de droite, une première fois dans des chambres entresolées, plus tard dans une pièce située au-dessus du cabinet occupé aujourd'hui par le président du Sénat et prenant jour sur l'allée des platanes. C'est là que la veille de son exécution, il vit Mme Duplessis; c'est de là qu'il écrivait à Lucile : « Ma destinée ramène dans ma prison, mes yeux sur ce jardin où je passai huit années de ma vie à te voir. Un coin de vue sur le Luxembourg me rappelle une foule de souvenirs de nos amours. Je suis au secret; mais jamais je n'ai été par la pensée, par l'imagination, presque par le toucher, plus près de toi, de ta mère, de mon petit Horace... »

Au Luxembourg furent conduits aussi Couthon, Saint-Just, Lebas, les deux Robespierre...

Après le 9 thermidor, le Luxembourg ferma ses portes et redevint désert. « Dans l'intérieur, on brisa les cloisons postiches, les portes bâtardes, les judas et les guichets, on arracha les barreaux des fenêtres, on lava, on nettoya, on balaya les vestiges du triste passé. »

Avec le Directoire, le décor change. Le temple de la mode est au Luxembourg, chez Barras. Le costume des femmes est plus que léger.

> Grâce à la mode,
> Une chemise suffit,
> Une chemise suffit.
> Oh! que c'est commode!
> Une chemise suffit :
> C'est tout profit.

C'est au Luxembourg que fut donnée l'une des fêtes les plus brillantes de l'époque, en l'honneur du général Bonaparte revenant de la première campagne d'Italie.

Après le 18 fructidor, la garde du Directoire arrêta dans le palais même du Luxembourg le directeur Barthélemy, Carnot s'échappa par le jardin.

C'est le théâtre de tous ces événements que M. Sardou vient de visiter, étonnant ses guides par la sûreté de son érudition, l'abondance de ses souvenirs, la certitude de ses renseignements. Un de ses amis, qui est aussi des nôtres, nous racontait qu'un soir, pendant le siège, M. Sardou apporta dans une maison où ils se réunissaient quelquefois une « Bastille en miniature », une des pierres de Palloy, que connaissent tous les collectionneurs de souvenirs révolutionnaires; et alors il se mit à refaire l'histoire du célèbre château, dans tous ses coins et recoins, avec une extraordinaire précision et une verve intarissable.

(29 avril 1894.)

La dernière Charrette

La Porte-Saint-Martin va reprendre *Thermidor*, de M. Victorien Sardou. Nous avons tracé ici même, il y a cinq ans, la silhouette du comédien Labussière, le héros principal du drame, imaginé par l'auteur et qui se déroule pendant la journée du 9 thermidor. Nous avons pu alors donner, grâce à l'obligeance de M. Sardou, quelques renseignements inédits sur ce curieux personnage. Nous avons enfin conté par le menu les incidents auxquels donna lieu la représentation de *Thermidor* au Théâtre-Français et les négociations dont ils furent la suite. Tous ces événements sont encore trop près pour avoir besoin d'être rappelés.

Nous préférons aujourd'hui suivre l'auteur dramatique dans la transformation qu'il a fait subir à sa pièce, en la portant sur une scène plus vaste, plus populaire. Deux tableaux sont ajoutés : « la séance de la Convention », où fut prononcée la mise hors la loi de Robespierre et « la dernière charrette », celle qui emporta les derniers condamnés du tribunal révolutionnaire. C'est, du reste, sous cette forme primitive que M. Sardou avait conçu sa pièce, il y a vingt-cinq ans, pour la Gaîté, où il devait donner sous le titre de la *Dernière Charrette*. Nous avons dit cela.

La séance de la Convention est racontée dans ses plus grands détails par les historiens; nul doute que l'ingéniosité dramatique de M. Sardou n'en tire de saisissants effets. L'histoire de la dernière charrette est peut-être moins répandue.

Nous essayerons de la refaire ici rapidement.

Le 9 thermidor, à midi, une des sections du tribunal révolutionnaire, composée du président Dumas, des juges Maire, Deliège et Félix, de l'accusateur public Fouquier, du greffier Pesme et des jurés Specht, Magnien, Potheret, Masson, Devèze, Butins, Gauthier, Fenaux et Laurent, procédait au jugement de vingt-quatre accusés. Le même jour, la seconde section du tribunal, composée du président Scellier, des juges Lohier et Paillet, du substitut Grébeauval, du greffier Ducray, des jurés Desboisseaux, Prieur, Lumière, Chatelet, Brochet, Laurent, Butins, Didier, Gannery et Lafontaine, condamnait à mort vingt et un accusés.

Mme de Maillé mère du jeune de Maillé, condamné quelques jours auparavant comme complice de la conspiration de Lazare, était parmi les accusés. A la vue des hommes qui avaient condamné son fils, la malheureuse mère fut prise de convulsions si violentes que le président Scellier n'osa pas la faire mettre en jugement dans cet état et la renvoya à la Conciergerie. De là elle fut transportée à l'hospice de l'Evêché. Le lendemain la chute de Robespierre la sauva.

Le 9 thermidor, le tribunal avait donc condamné à mort quarante-cinq individus. On sait qu'à la première section, pendant l'audience même, des agents du Comité de salut public, porteurs d'un décret de la Convention, vinrent mettre en état d'arrestation le président Dumas. Le tribunal n'en continua pas moins à siéger... et à condamner.

Les condamnés furent entassés dans les charrettes. Ils allaient partir pour l'échafaud. Quelqu'un vint trouver Fouquier et lui fit observer qu'il y avait des troubles dans Paris et qu'il était peut-être humain de remettre cette exécution :

« Rien ne peut retarder le cours de la justice », répondit Fouquier.

Les dernières charrettes contenaient (nous nous reportons aux pièces publiées par l'historien Campardon) :

— Lhuillier, 45 ans, né à Bruyères, Vosges, ex-agent des biens de Condé ; Sébastien Labrenne, 42 ans, né à Moulins, ex-trésorier de France ; Gabriel Sallé, 35 ans, né à Moulin, ex-noble ; Jean Larcher-Latouraille, 75 ans, né à Ploërmel, ex-noble, ex-chevalier de l'ordre du Tyran ; Perronet Brillon-Bussé, 45 ans ; Jérémie Saint-Hilaire, 45 ans, né à Rocroi ; Philibert Coqueau, 39 ans, né à Dijon, architecte ; René-Vauquelin Vrigny, ex-constituant, ex-noble, 72 ans ; Jacques Watrin, 65 ans ; né à Saint-Pierre, Meuse, juge de paix, ex-maître de pension ; Pierre Foicier, ex-noble, 70 ans, né à Rouen ; Nicolas Guérin, 58 ans, ex-caissier de la manufacture des glaces ; Guillaume Vallot, 51 ans, professeur d'astronomie ; Joseph Mongelchotte, 34 ans, tapissier ; Nicolas Duval, 28 ans, quincaillier ; Jean Gillet, 53 ans, né à Villeneuve-d'Agen, négociant ; Guillaume Loison, 47 ans, directeur du petit théâtre des Marionnettes des Champs-Elysées et aussi poêlier-fumiste ; Anne, femme Loison, 33 ans ; Charpentier, 30 ans, soldat ; Legay, 31 ans, né à Montluçon, capitaine au 23e chasseurs à cheval ; Lavoisien, 36 ans, commis ; François Sommesson, 51 ans, valet de chambre, « tapissier des tantes de Capet » ; Pierre Marche, 48 ans, huissier ; Puy de Vérine, 69 ans, ex-maître des comptes ; Marie Barcos, femme de Vérène, 55 ans (audience présidée par Dumas d'abord, puis après son arrestation par Maire).

Marie Aucane, 45 ans, ex-capitaine de cavalerie au ci-devant régiment ; Béchon d'Arquien, 47 ans, ex-comte, ex-mousquetaire, ex-chevalier de Saint-Louis ; Courlet-Beaulop, ex-comte de Vermandois, 31 ans ; Lejeune, 41 ans, officier de paix ; Rouvière Bois-Barbeau

« ex-secrétaire du tyran », 60 ans ; de Monterif, 74 ans, « ex-conseiller de l'infâme d'Artois » ; Maurice de Monterif, 46 ans, « survivancier chez d'Artois » ; Jacques Sèvres de Saint-Roman, 55 ans, ex-noble ; Philiberte d'Aulier, 60 ans ; Barton de Montbas, 50 ans, ex-noble ; Brillon, 20 ans, étudiant, ex-noble ; Séguin, 35 ans, chimiste, « ex-secrétaire du ci-devant duc de Montpensier » ; François Aubertin, 45 ans, plumassier ; Jea pensier » ; François Aubertin, 45 ans, plumassier ; Jean Cluny, 41 ans, chapelier ; Brumeau-Beauregard, 45 ans, ex-grand-vicaire à Luçon ; Clément Bernard, prêtre, 38 ans ; du Rijoux, ex-chanoine, ex-noble ; Girard, 46 ans, notaire à Paris ; Arfelièvre, 37 ans, menuisier ; Blaise Perrel, 26 ans, limonadier ; Louis Merry, 41 ans, ex-huissier.

Il convient d'ajouter à cette liste Thérèse-Françoise de Stainville, princesse de Grimaldi-Monaco, « la femme Monaco », comme disait Fouquier. Condamnée le 8 thermidor, elle se déclara enceinte ; mais, dès le lendemain, elle écrivit à Fouquier-Tinville pour retirer sa déclaration. Elle lui disait (nous respectons l'orthographe de la lettre) :

Citoyen,

Je vous préviens que je ne suis pas grosse. Je voulais vous le dire ; n'espérant plus que vous veniez, je vous le mande. Je n'ai point sali ma bouche de ce mensonge dans la crainte de la mort ni pour l'éviter, mais pour me donner un jour de plus, afin de couper moi-même mes cheveux, et de ne pas les donner par les mains du bourreau.

C'est le seul legt que je puisse laisser à mes enfants : au moins faut-il qu'il soit pur.

CHOISEUL-STAINVILLE-JOSÈPHE GRIMALDI-MONACO, *princesse étrangère, et mourant de l'injustice des juges français.*

Et au dos :

Au citoyen Fouquet de Tinville. — Très pressé.

Elle coupa ses cheveux avec un morceau de verre, elle y joignit des lettres pour ses enfants, pour leur gouvernante, et c'est Fouquier-Tinville qu'elle chargeait encore de l'envoi, par un nouveau billet qui est conservé aux archives nationales : la place nous manque pour le reproduire. Fouquier a-t-il envoyé les cheveux à leur adresse ? Nous ne le savons. Quant aux billets, « il les plaça, dit M. Campardon, parmi les papiers de sa correspondance ordinaire, et ils y sont encore ». L'arrêt qui déclare la princesse non enceinte et ordonne que l'exécution ait lieu dans les vingt-quatre heures est du 9 thermidor. Elle se trouva donc sur la dernière charrette : si elle n'eût pas rétracté sa déclaration, elle était sauvée. Les récits de l'époque racontent un trait qui, s'il est vrai — M. Wallon a l'air d'en douter — serait bien de son temps : avant de partir pour l'échafaud, la princesse aurait mis du rouge afin de dissimuler sa pâleur, si elle avait un moment de faiblesse.

Les charrettes partirent et traversèrent Paris. Campardon raconte que rue du Faubourg-Saint-Antoine, le peuple voulut délivrer les prisonniers, mais que Hanriot et son état-major, étant venus à passer, dégagèrent les gendarmes et remirent les charrettes en marche.

M. Victorien Sardou ne croit pas que les choses se soient passées ainsi. Voici ce qu'il nous disait, hier même : « Il avait fait très chaud. Le temps était orageux. Au moment où les charrettes montaient le faubourg une grosse averse tomba. Les gendarmes se mirent à l'abri sous des auvents ou des portes. Et déjà, sans que les gendarmes — qui, sachant l'arrestation de Robespierre, étaient d'ailleurs très hésitants — eussent l'air de s'en apercevoir, les prisonniers se demandaient s'ils n'allaient point tenter de profiter de cette occasion, lorsqu'une patrouille ordinaire passa. Le chef du détachement, qui n'était pas Hanriot, occupé ailleurs, gourmanda vivement les gendarmes. Les charrettes se remirent en marche et les victimes, qui avaient conçu un moment d'espoir, furent immolées à la barrière de Vincennes ».

M. Sardou me disait encore : « On peut supposer, dans un drame, que la tentative de la délivrance réussit totalement ou partiellement. Mais, historiquement, les faits doivent être établis de la façon que vous connaissiez et que je viens de vous compléter. »

(27 février 1896.)

~~~~~~

Le 9 Thermidor a Paris

Les recherches des historiens et des érudits ont établi, heure par heure, presque minute par minute, les événements et incidents politiques qui se sont déroulés, à Paris, tant à la Convention qu'à la Commune, depuis le 8 jusqu'au 10 thermidor. Il y aurait peut-être une autre monographie à constituer : celle de la physionomie de la ville même pendant ces tragiques événements. Les renseignements, à ce sujet, sont fort rares, très disséminés. La place et le temps nous manquent pour composer ici un vrai travail d'érudition, qui tentera sans doute, un jour, quelque patient chercheur. Nous nous bornerons à recueillir brièvement les détails les plus significatifs.

M. Victorien Sardou, qui a réuni pour son œuvre un volumineux dossier, qu'il a bien voulu feuilleter devant nous, nous disait : « Il y a une chose sur laquelle tout le monde est d'accord, c'est qu'il faisait, à Paris, pendant ces jours, une chaleur accablante. (Le 9 thermidor correspond en vieux style au 27 juillet.) Ce détail a son importance. Il est certain que les troupes de la commune, qui n'étaient pas très sobres, burent plus que de coutume. Un léger petit coup de vin monte des soldats : trop de petits coups les accablent. Hanriot, lui-même, ne disposait pas de tous ses moyens, de toute son énergie. Il a montré pendant toute la journée beaucoup d'hésitation, de mollesse. Cela a certainement contribué à la débandade de ses troupes et à la victoire des forces de la Convention. Dans Paris, on arrosait abondamment les rues et les trottoirs. Aux abords de la Convention, beaucoup de monde. Les partisans de Robespierre, les « dévotes » même avaient passé toute la nuit devant les portes afin d'entrer dans la salle, le plus tôt possible, et d'y prendre les bonnes places. Les théâtres, sans être remplis, avaient des spectateurs assez nombreux. Aussi bien, jamais il n'y eut plus de monde au théâtre que pendant l'hiver de la Terreur. Et cela presque pour une raison d'économie : comme il faisait très froid et qu'on n'avait que peu ou pas de bois ou de charbon — les approvisionnements qui arrivaient au port Saint-Paul étaient immédiatement pillés — les Parisiens allaient se chauffer, s'éclairer et oublier la guillotine au théâtre pour vingt sous. Paris s'était habitué à la guillotine. Je ne sais plus qui raconte quelque part qu'en rentrant chez lui il a rencontré dans la rue Saint-Honoré la sinistre charrette : il s'est arrêté, a regardé et a reconnu parmi les condamnés un ami. Le condamné et le passant ont échangé un discret salut. Et tout cela le plus naturellement du monde. Sans doute, pendant la journée du 9 et la soirée, il y eut foule aux terrasses des cafés. Les mémoires ne relèvent aucun incident particulier. »

Il nous a paru intéressant, d'autre part, de rechercher quel était le programme des spectacles donnés le 9 thermidor. Le voici :

Opéra : *Armide*, opéra en cinq actes, et le ballet de *Télémaque*.

Opéra-Comique national, rue Favart : la *Métomanie* et *Paul et Virginie*, en attendant la première représentation des *Épreuves d'un républicain*.

Théâtre de la République, rue de la Loi (rue Richelieu :) *Epicharis et Néron* ou la *Conspiration pour la liberté*, tragédie nouvelle.

Théâtre de la rue Feydeau : *Roméo et Juliette*, précédé de la *Partie quarrée*, en attendant les *Visitandines*.

Théâtre de l'Egalité, section de Marat : aujourd'hui, *Guillaume Tell*, tragédie en cinq actes, les *Chœurs de Marathon* et le *Retour du mari*, en attendant le *Fermier républicain*, ou *le Champ de la liberté*.

Théâtre de la Montagne, au jardin de l'Egalité : relâche.

Théâtre des Sans-Culottes, ci-devant Molière : relâche.

Théâtre lyrique des Amis de la Patrie, ci-devant de la rue Louvois, *Geneviève*, en attendant la première représentation du *Mariage civique*.

Théâtre du Vaudeville : le *Divorce*, l'*Alarmiste* et la *Fête de l'égalité;* demain, la *Nourrice républicaine*.

Théâtre de la Cité : relâche. Demain, *Arlequin imprimeur*. Incessamment, le *Combat des Thermopyles* ou l'*Ecole des guerriers*.

Théâtre du lycée des Arts, au jardin de l'Egalité : *Adèle de Sarcy*, pantomime en trois actes, à spectacle précédée d'*Apollon au lycée*.

Amphithéâtre d'Astley, faubourg du Temple : relâche. Le citoyen Franconi donnera demain la *Fête civique*. Cette fête sera célébrée avec toute la pompe dont elle est susceptible et terminée par l'entrée d'un char en forme de tente nationale, illuminé et traîné par quatre coursiers, richement harnachés ; précédée de plusieurs exercices d'équitation, d'émulation, danses sur les chevaux et entr'actes très amusants.

La *Gazette nationale (Moniteur)* du 9 thermidor, à laquelle nous empruntons ce programme, comporte ensuite l'avis suivant : « Lycée des Arts. Le 10 thermidor, à onze heures précises du matin, il y aura séance publique, distributions de prix, lecture et concert. » On couronnait les jeunes lauréats, presque à l'heure où l'on guillotinait Robespierre et ses amis.

Chose assez curieuse, le numéro du 10 thermidor annonce la condamnation de Robespierre en quelques lignes seulement, perdues au haut de la quatrième page, après le compte rendu de la séance du *huit* thermidor; la séance du 9 n'est racontée que deux jours après.

Voici la note en question :

N. B. — Dans la séance du 9, Robespierre l'aîné, Robespierre jeune, Couthon, Saint-Just et Lebas ont été mis en état d'arrestation, ainsi qu'Hanriot, commandant général de la force armée. Dumas, président du tribunal révolutionnaire, et l'état-major de l'armée.

Ce qui est égalemnt curieux, c'est que c'est seulement le 6 fructidor, c'est-à-dire vingt-six jours après, que le *Moniteur* annonce que Robespierre, Couthon, Saint-Just, etc., ont été jugés et exécutés. En revanche, dans le numéro du 10 thermidor, nous lisons que « le 9 thermidor, à dix heures du matin, il a été brûlé dans l'ancien local des ci-devant Capucines la somme de 20 millions de livres en assignats provenant de la vente des domaines nationaux et recettes extraordinaires, lesquels joints aux 2 milliards 224 millions déjà brûlés forment un total de 2 milliards 244 millions » et nous lisons dans le numéro du 9 une note émanant de la commission de l'instruction publique qui, à elle seule, peint toute l'époque. En voici un court extrait :

« La Convention a décidé qu'un groupe de poètes républicains joindrait ses chants aux efforts des arts pour exprimer, devant les mânes de Barra et de Viala les regrets de la patrie.

Poètes, vous tous dont l'âme est embrasée du double enthousiasme des vers et du patriotisme, saisissez vos lyres : quels plus riches tableaux d'histoire offrit-elle jamais aux muses ?...

Chantez, vous aurez pour juge le peuple; soyez brûlants comme ses combats, soyez sublimes comme ses triomphes et vous irez avec le peuple à l'immortalité... »

Pour être complet sur l'histoire de cette journée, il faudrait rechercher aussi ce qui se passait dans les prisons, où l'alarme était grande.

Au Luxembourg et dans les autres lieux, écrit M. Wallon, les prisonniers songeaient à vendre chèrement leur vie. Au Plessis, il fut décidé qu'au premier signal du danger ils s'armeraient de bois des lits; les femmes et les enfants seraient placés au milieu de la cour, protégés contre les premiers coups par une muraille de matelas, tandis que les hommes chargeraient les assassins.

Et le tocsin redoublait... Cependant, à l'hôtel Talaru, un des prisonniers qui avait pu descendre dans la cour entendit un colporteur crier : « La grande arrestation de Catilina Robespierre et de ses complices ! » Le 10 au matin, les guichetiers du Plessis avaient l'air embarrassés. A la maison des Oiseaux, on entendit le concierge dire, avec un trouble visible, que les choses étaient bougrement changées. A Sainte-Pélagie, un porte-clefs dit à son chien : « Va te coucher, Robespierre ! » Bientôt la vérité fut partout connue. Au Plessis, les hommes, les femmes du voisinage étaient montés sur les toits, d'où l'on avait vue dans la cour, et par leurs signaux annonçaient aux prisonniers leur prochaine délivrance.

On me permettra de terminer cette rapide esquisse par cet extrait des Mémoires de Barras.

« Je vis de mes yeux partir les charrettes des condamnés et prendre la direction de la rue Saint-Honoré pour se rendre à la place de la Révolution. La foule immense qu'il fallait traverser ne permettait aux voitures que de marcher fort lentement; mais le sentiment qui régnait n'était pas seulement celui de l'allégresse unanime, c'était celui de la délivrance et cependant ce sentiment si universel n'osa éclater encore et sortir des poitrines si longtemps oppressées que lorsqu'il fut bien constaté que la tête de Robespierre était décidément tombée sur la place de la Révolution. Les paniers du bourreau furent alors transportés et versés au cimetière de la Madeleine à l'endroit désigné de la tombe capétienne. Moins de deux heures après, greffiers, huissiers, gendarmes et Fouquier-Tinville, encore à leur tête, étaient arrivés au Comité de salut public et tous, parlant presque à la fois, avec un empressement disputé, ils me rendaient compte de l'exécution comme d'un triomphe accompli. Le terrible Robespierre était lancé dans la nuit éternelle et dormait côte à côte de Louis XVI. »

La dernière phrase est pompeuse : elle veut marquer la place qui, pour ses contemporains, est assignée à Robespierre parmi les hommes de la Révolution. Le récit, est saisissant en sa brièveté.

(29 février 1896.)

LA DUCHESSE D'ATHÈNES

M. Victorien Sardou a lu, devant Mme Sarah Bernhardt et les artistes qui doivent l'interpréter à la Renaissance, sa nouvelle pièce intitulée la *Duchesse d'Athènes*.

La pièce se déroule, en 1551, à Athènes, pendant la période qu'on a appelée le duché d'Athènes.

Athènes, en effet, après la domination romaine et les invasions des Barbares, qui l'avaient respectée, était tombée sous la domination des empereurs d'Orient, qui eurent pour elle moins de considération : car ils ne se gênèrent point pour porter le marteau sur les monuments et pour envoyer à Constatinople tout ce qui leur sembla beau. Perdant dès lors toute supériorité littéraire et artistique, Athènes tomba au rang de ville secondaire, très rarement mentionnée par les historiens.

Au commencement de l'année 1205, à la suite de la prise de Constantinople par les croisés, Athènes, conquise par Boniface de Montferrat sur l'archonte grec Sgoaros, devint l'apanage d'un des chevaliers de l'armée française, Othon de la Roche, sire de Ray, fils aîné de Pons de la Roche-sur-Ougnon, en Franche-Comté. Le domaine d'Othon de la Roche fut organisé féodalement. La population grecque ne paraît pas avoir été réduite à une condition inférieure : elle continua à posséder des terres, à vivre tranquillement à côté des conquérants qui, tout en la soumettant à certains devoirs féodaux, ne lui imposèrent ni leur législation, ni leurs rites. De la famille des de la Roche, le duché d'Athènes passa, par mariage, à la famille des de Brienne, puis dans la maison de Sicile, d'où il passa dans celle d'Aragon, et c'est ainsi que le titre de duc d'Athènes est porté de nos jours par les souverains de l'Espagne. La plupart des ducs faisaient administrer leur duché par des vicaires.

En 1387, le Florentin Acciainoli, seigneur de Corinthe, qui avait pris Mégare précédemment, s'empara d'Athènes. Il eut souvent maille à partir avec les Turcs et avec la sérénissime république de Venise. Il mourut en 1435. Sous le règne de Nério II, les Turcs recommencèrent de plus belle leurs invasions et ils obtinrent la soumission du duc. Les Grecs se soulevèrent contre lui ; il appela à son secours les Turcs qui le rétablirent dans ses droits et possessions. Il meurt en 1451. Nous arrivons à l'époque choisie par M. Victorien Sardou.

En mourant, Nério II laissa le duché à son neveu Franco (fils de son frère Antonio), sous la tutelle de sa femme. Celle-ci s'étant remariée avec un jeune Vénitien, Barlomeo Contarini, fils du gouverneur de Nauplie, partagea la régence avec son nouvel époux, qui chercha à supplanter Franco et à se faire nommer duc titulaire par le sultan. Mais ce dernier n'y consentit pas et confirma la possession du duché à Franco pour lequel, disent les historiens, « il avait une affection tout orientale ». Franco ne se borna pas à prendre la place de la régente sa tante, il la fit de plus mettre à mort (1454.) Aussitôt le sultan prit prétexte de ce meurtre pour envahir la Grèce, assiéger

Athènes et placer celle-ci sous la domination directe de la Porte ottomane.

Voilà pour les faits historiques. C'est dans cette époque si curieuse et si peu connue, dans ce milieu si intéressant, que M. Victorien Sardou a placé sa nouvelle œuvre, dont l'héroïne est la duchesse d'Athènes, Gismonda.

La *Duchesse d'Athènes* comprend quatre actes. Le dernier acte est divisé en deux tableaux. Au premier acte, le décor représentera l'Acropole avec la vue du Parthénon et du palais ducal dans les Propylées. Le deuxième acte se passe au couvent de Dafni, près d'Athènes. Le troisième acte a lieu dans le palais ducal. Au premier tableau du quatrième acte, l'action se passe sur la colline des Nymphes, et enfin au dernier tableau, nous sommes dans l'église Sainte-Marie, l'ancien Erechtheion.

Le choix des lieux n'est point de fantaisie. En effet, le document le plus intéressant qui soit venu jusqu'à nous sur l'état dans lequel se trouvait Athènes au quinzième siècle, et qui est une description anonyme conservée à la bibliothèque de Vienne, nous apprend que les ducs d'Athènes avaient fait leur palais des Propylées et leur chancellerie de la Pinacothèque. En 1460, ces deux bâtiments conservaient encore leurs couvertures et leurs dallages intacts... Il y a donc matière, cette fois, à l'une de ces reconstitutions où M. Victorien Sardou est passé maître.

(8 septembre 1894.)

GISMONDA

OU LA « DUCHESSE D'ATHÈNES »

Lorsque M. Victorien Sardou lut devant les artistes de la Renaissance sa nouvelle pièce, je pensai qu'il 'était pas inutile de donner un aperçu de ce qu'était ce duché d'Athènes au milieu duquel elle se déroulait. Je rappelai à ceux de nos lecteurs qui les avaient oubliés des événements comme l'arrivée du Franc-Comtois Othon de la Roche à Athènes en 1205, le gouvernement de Gautier de Brienne, la conquête du duché par les Catalans et enfin la venue, vers 1381, d'un Florentin, Nicolas Acciainoli. Ce sont les derniers descendants de cette famille des Acciainoli, les derniers ducs d'Athènes, dont il est question dans la pièce de M. Victorien Sardou.

L'auteur a dépouillé les livres et les documents historiques racontant cette époque, aussi bien les *Recherches pour servir à une histoire de la domination française dans les provinces démembrées de l'empire grec*, par Buchon, que l'*Achaïe féodale*, par la baronne de Guldencrone, née de Gobineau ou l'*Histoire du duché d'Athènes* de Grégorovius. Il lui a fallu démêler les contradictions des historiens, combler les lacunes, car il voulait arriver à une précision aussi grande que possible pour les faits historiques comme pour les lieux géographiques au milieu desquels il plaçait son drame. Que de notes accumulées ! Nous avons eu l'occasion de les parcourir avec l'auteur : on en pourrait aisément tirer une nouvelle histoire de ces temps troublés, qui ne serait ni la moins piquante ni la moins documentée. Au risque de paraître un peu *laudator temporis acti*, nous demanderons combien parmi les « jeunes » auraient cette conscience et cette patience.

M. Victorien Sardou, me montrant ses liasses, me contait, comme si les choses étaient d'hier, les événements qui se déroulaient à Athènes, au commencement du quinzième siècle :

« A la fin du quatorzième siècle, un Florentin, Renier ou Nerio Acciainoli, réussit à ressaisir sur les Catalans la réalité du domaine et du titre de duc d'Athènes. Ce domaine comprenait l'Attique, la Béotie, la Mégaride, l'Argolide, Sicyone, Corinthe, Patras. Il mourut, après un règne assez agité, au château de Corinthe. Un fils bâtard de Nerio I, à qui celui-ci n'avait donné en mourant que la Seigneurie de Thèbes, Antoine, réussit à son tour à s'emparer du duché d'Athènes, malgré ses oncles et tantes, et les Vénitiens qui les soutenaient. Il avait lui, le secours du sultan Amurat ou Mourad. Il meurt sans postérité : deux neveux sont ses successeurs. Tandis que l'aîné Nerio, s'attarde à Florence, Antoine s'installe à Athènes de telle façon que son frère n'ait pas envie d'y venir; il meurt bientôt laissant un fils, Franco Zaccaria. A peine Nerio, qui était encore à Florence, apprend-il la mort de son frère, qu'il accourt et se fait reconnaître comme duc d'Athènes, sous le nom de Nerio II. Son neveu Franco Zaccaria s'éloigne et s'en va vivre à Andrinople.

« Ce Nerio II épousa une femme, belle et ambitieuse qui s'appelait Chiara Gismonda — c'est mon héroïne — de la famille des Contanini. Nerio eut d'elle un fils, qui était encore enfant au moment où lui-même mourut, et ce fut la duchesse qui s'empara du pouvoir. Pouvoir bien chancelant, car Mourad venait de s'emparer de Patras et de la Morée... Gismonda s'éprend d'un jeune Vénitien Pierre Almerio, le fils du gouverneur de Nauplie. C'était son conseiller, son ministre. Elle aurait voulu l'épouser. Mais il était marié; il chercha à faire casser son mariage. Pendant l'instance, sa femme mourut. La fît-il assassiner ? comme le disent certains historiens. Rien ne le prouve.

« Pendant ce temps, Zaccaria, qui vivait auprès du successeur de Mourad, Mahomet II, et qui était son favori, intriguait fort pour rentrer en possession du duché. Almerio vint à Bysance, qui venait de tomber au pouvoir des Turcs, pour se justifier, avec le fils de Gismonda : Mahomet les retint tous deux prisonniers. Zaccaria, lui, se rendait à Athènes, se faisait ouvrir les portes de l'Acropole et envoyait la duchesse au château de Mégare, où, par son ordre, elle fut bientôt mise à mort. Il ne profita pas longtemps de son crime : car trois mois après, son protecteur Mahomet lui enlevait Athènes et, pour plus de sécurité, le faisait assassiner. »

Ce ne sont point ces événements tragiques que M. Sardou a mis en scène, mais les amours légendaires d'Almerio et de Gismonda et leur mariage au dénouement de la pièce, qui, toute dramatique qu'elle est, ne se termine pas par la mort des héros. S'il y a quelques entorses à la partie historique, elles sont volontaires de la part de l'auteur, et cela avec d'autant plus de raison que ses héros appartiennent autant à la légende qu'à l'histoire, car la plupart des historiens ne sont pas d'accord sur leur vrai nom.

Une des choses qui ont tenté l'auteur de *Gismonda*, c'est, à coup sûr, la reconstitution du milieu où son drame évolue. Les ducs d'Athènes, en effet, demeuraient sur la colline de l'Acropole.

Le duc Antoine, écrit la baronne de Guldencrone (elle parle du second) transforma en un somptueux palais florentin la demeure des gouverneurs aragonais dans l'Acropole. Ce palais s'élevait sur la Pinacothèque, et l'on distingue encore les poutres transversales qui soutenaient l'étage supérieur, s'étendant le long de la façade septentrionale de la forteresse... Au temps du duc Antoine, Parthénon n'avait perdu ni son fronton ni ses frises ; la plupart des temples et des monuments anciens subsistaient à l'entour; « surmonté d'un campanile à l'italienne », orné de portes revêtues d'argent, il portait le titre de basilique de la Mère de Dieu... Devant les Propylées, debout dans leur magnificence, un énorme bastion masquait l'entrée antique, que l'on retrouva cinq siècles plus tard à quatorze mètres de profondeur, et tous ces ouvrages fortifiés faisaient de la citadelle de l'Erechteion une place forte de premier ordre. Ce mélange de constructions pittoresques et hardies du moyen âge florentin avec les chefs-d'œuvre de l'art antique devait former un ensemble plein d'originalité, de grandeur et de vie, bien différent de la désolation actuelle, qui fait ressembler l'enceinte de l'Acropole à un champ de bataille jonché de morts.

Tous les actes de *Gismonda* ne se déroulent pas sur l'Acropole. L'un d'eux a pour cadre le monastère de Daphni, situé sur l'antique voie sacrée, à moitié chemin entre Athènes et Eleusis et où étaient ensevelis les ducs français d'Athènes. La route d'Athènes à Daphni et à Eleusis passe devant les restes d'un aqueduc dans lequel les femmes d'Athènes viennent laver leur linge « et se répéter, comme au bon temps d'Aristophane, tous les caquets de la plus bavarde des villes ». De là on peut faire une rapide excursion sur l'emplacement de l'ancien village de Colonne, dont on n'est pas éloigné que de quelques pas. Combien le doux paysage chanté par Sophocle a changé !

Ce nom seul de Daphni, écrit Buchon, éveille le souvenir d'un lieu consacré à Apollon. Le lit du torrent desséché, qui est creusé à gauche de la route, est encore parsemé de lauriers roses. Un puits est tout près, destiné probablement aux lustrations dans les temps antiques... Ce lieu, consacré jadis à Apollon, était devenu un monastère de moines grecs. Il est aujourd'hui abandonné... Du monastère il ne reste plus que l'église encore debout et quelques restes de murs helléniques, byzantins et latins et, tout à côté d'une des deux grandes chapelles de l'église, sont les deux tombeaux des ducs français d'Athènes... En faisant quelques pas seulement au delà du monastère de Daphni on jouit d'une fort belle vue : la mer apparaît comme un vaste lac clos par l'île de Salamine et les montagnes de Mégare. C'est ici que se tenait la flotte grecque au moment où la flotte du grand roi se présenta pour l'attaquer.

On devine avec quel souci de l'exactitude, au prix de quelles recherches, avec quel amour M. Victorien Sardou s'est efforcé de reconstituer, pour le cadre de son drame, des lieux si pittoresques en un temps si curieux.

Il ne va pas cependant jusqu'à préférer, comme l'a fait la baronne de Guldencrone, le temps où l'Acropole était chargé de monuments hétéroclites à la « désolation actuelle ». Que ne parle-t-elle aussi de l'époque où un officier turc ne permit pas à deux voyageurs de visiter l'Erechteion parce qu'il y avait établi son harem ? Si l'on doit condamner le vol de lord Elgin, emportant à Londres les frises du Parthénon — *quod non fecerunt Gothi, Scotus fecit* — écrivait lord Byron, on peut moins regretter la disparition du campanile à l'italienne qui surmontait le temple ? Le Parthénon, ainsi orné, l'Acropole ainsi défigurée donneraient-ils l'impression de poésie et de grandeur qui saisit tous ceux — je fus de ceux-là — qui gravissent la colline sacrée ? Eussent-ils inspiré à Renan ces pages sublimes qu'il intitula lui-même la « Prière sur l'Acropole » !

« Le monde ne sera sauvé qu'en revenant à toi, ô Athènes, en répudiant ses attaches barbares.

Courons, venons en troupe. Quel beau jour que celui où toutes les villes qui ont pris des débris de ton temple, Venise, Paris, Londres, Copenhague, répareront leurs larcins, formeront des théories sacrées pour rapporter les débris qu'elles possèdent, en disant : « Pardonne-nous, déesse ! c'était « pour les sauver des mauvais génies de la nuit », et rebâtiront tes murs au son de la flûte, pour expier le crime de l'infâme Lysandre » !

(*23 octobre 1894.*)

DON QUICHOTTE

La pièce que le Châtelet va reprendre peut-être jeudi, en tout cas avant la fin de la semaine, *Don Quichotte*, de M. Victorien Sardou, fut représentée pour la première fois sur la scène du Gymnase, non pas le 25 juin, comme le dit la brochure imprimée, mais le lundi 25 juillet 1864, c'est-à-dire en plein été. Quel est l'auteur de la plus petite saynète en un acte, aujourd'hui, qui consentirait à affronter les chaleurs caniculaires ?

Dès ses débuts, M. Victorien Sardou avait songé à tirer une pièce de l'œuvre de Cervantès. D'autres, du reste, y avaient songé avant lui. Un érudit, M. Henry Lecomte, a fait le relevé des pièces qu'inspira le roman de l'écrivain espagnol, paru complet en 1616. Il en compte, depuis cette époque jusqu'à nos jours, quarante-deux. Dans cette liste figurent beaucoup de ballets et pantomimes, une comédie arrangée par Madeleine Béjart et représentée par la troupe de Molière au théâtre du Palais-Royal vers 1670, Molière qui jouait Sancho, y eut avec son âne une plaisante aventure.

C'est alors qu'il n'était encore que l'auteur de la *Taverne* et des *Premières armes de Figaro*, que M. Victorien Sardou pensa pour la première fois à tirer un ouvrage dramatique du roman de Cervantès. Il signa même un traité avec Eugène Déjazet, directeur du théâtre Déjazet, dans lequel il s'engageait à écrire pour ce théâtre une opérette en trois tableaux « dont le sujet sera *Don Quichotte et Sancho* ». La musique devait être composée par M. A. Vogel. Le théâtre Déjazet comptait alors parmi ses pensionnaires un acteur, grand, fluet, qui semblait réaliser l'idéal du rôle de Cervantès : c'était José Dupuis. Le traité en question resta lettre morte. A la date fixée, *Monsieur Garal* remplaçait sur l'affiche du théâtre Déjazet le *Don Quichotte* abandonné.

Un certain nombre d'années plus tard, Gustave Doré publiait un *Don Quichotte* illustré qui, par son éclatant succès, ramenait l'attention sur l'œuvre de Cervantès. Paul Dalloz, causant un jour avec M. Sardou, lui disait : « Quelle belle féerie on ferait avec *Don Quichotte !* Gustave Doré nous dessinerait les costumes et les décors. Voulez-vous que je lui en parle ? »

M. Sardou ne dit ni oui ni non, mais quelque temps après il recevait la visite de Montigny, le directeur du Gymnase, qui venait lui demander, pour son théâtre, également un *Don Quichotte*. Un *Don Quichotte* sur le théâtre du Gymnase, c'était une gageure ! M. Sardou hésitait ; Montigny insista, en faisant valoir le fait que le fameux artiste Lesueur jouerait le rôle de Don Quichotte, et que c'était une aubaine dont on devait profiter.

M. Victorien Sardou se laissa convaincre et il écrivit la pièce en trois actes et huit tableaux qui fut représentée sur la scène du Gymnase. Il l'écrivit dans sa propriété de Marly, qu'il venait d'acheter, il ne s'adjoignit aucun collaborateur, ni pour la pièce, ni pour les costumes. La pièce fut faite par lui seul ; les costumes et les décors furent dessinés au Gymnase. Paul Dalloz demanda seulement à assister aux répétitions. La première représentation — malgré la chaleur — fut très brillante. Quelques critiques se montrèrent assez revêches. Les retentissants succès que M. Victorien Sardou avait obtenus avec les *Pattes de mouche*, *Nos intimes*, les *Ganaches* et les *Femmes fortes*, n'étaient pas sans lui avoir acquis quelques jalousies. « C'est à propos de *Don Quichotte*, nous disait-il, que je lus dans un journal de l'opposition que je n'avais fait la pièce que pour plaire à l'impératrice. Il est vrai que quelques années après, je lus dans un journal du gouvernement que je n'avais écrit *Patrie* — où l'Espagnol duc d'Albe est assez malmené — que pour déplaire également à l'impératrice. C'est toujours la même chose : loué par ceux-ci, blâmé par ceux-là. »

« Un critique théâtral — alors très connu — nous disait encore M. Victorien Sardou, me fit un reproche bien singulier. Il s'étonna de ce qu'au premier acte, pendant le rêve de Don Quichotte, le moulin figuré sur la scène se transformât en géant aux grands bras. Il prétendait que ce qui se passait dans l'esprit du chevalier de la Manche ne devait pas être figuré sur le théâtre. Je me suis toujours demandé comment une pareille observation avait pu être formulée par un homme de bon sens. Et d'ailleurs, n'avait-il jamais entendu parler du spectre de Banco, du spectre d'Hamlet ?... »

Tous les articles ne furent pas de cet acabit. Les grands critiques d'alors étudièrent la pièce avec soin. C'est ainsi que dans le *Temps*, Louis Ulbach — on était en 1864 — trouvait l'époque peu favorable au récit des aventures de Don Quichotte. Il évrivait :

En politique, Don Quichotte est désarçonné ; en littérature, Rossinante est attelée au char d'osier de ces petites dames, c'est le règne de Sancho tout seul. Mais, entendons-nous de Sancho plat, poltron, coquin, avare, sans un seul proverbe et sans esprit. — Don Quichotte n'est plus qu'un personnage de tapisserie, qu'un prétexte à décor.

Parlez des hommes de 1830 ou de ceux de 1848 aux jeunes satisfaits de 1864 : ils vous diront que Lafayette était un chevalier de la triste figure, que tous ceux qui ont suivi le fameux cheval blanc comme la Rossinante du Gymnase étaient des fous. Et les Don Quichottes de la barricade Saint-Merri, les Don Quichottes même du catholicisme : Montalembert, Lacordaire, Lamennais ; les Don Quichottes de l'histoire : Michelet, Quinet ; les Don Quichottes de la poésie : Lamartine, Victor Hugo, toutes ces silhouettes admirées, haïes, discutées autrefois, semblent des fantasmagories absurdes aux Sanchos prudents de nos jours et n'obtiennent plus même l'honneur d'une injure.

M. Louis Ulbach analysait ensuite la pièce de M. Victorien Sardou. il rendait justice aux efforts faits pour la mise en scène par le directeur du Gymnase. *Don Quichotte* fut joué jusqu'au 16 octobre.

Veut-on savoir ce qu'on jouait le lundi 25 juillet dans les autres théâtres ? A l'Opéra, on donnait les *Huguenots;* au Théâtre-Français, le *Gendre de M. Poirier;* au Châtelet, la *Case de l'Oncle Tom;* au Vaudeville, le *Roman d'un jeune homme pauvre;* à la Porte-Saint-Martin, *Tartufe*, les *Fourberies de Scapin* et le *Dépit amoureux (?)*

Que, si on nous permet une courte incursion dans le domaine de la politique, le *Temps* du 25 juillet contenait un article de M. Henri Brisson sur le fameux procès des Treize, qui étaient, comme on sait, MM. Garnier-Pagès, Carnot,

Dréo, Herold, Clamageran, Floquet, Ferry, Durier, Corbon, Jozon, Hérisson, Melsheim et Bory.

Mais revenons à *Don Quichotte*.

Longtemps après la représentation du Gymnase, Offenbach vint, pour le théâtre de la Gaîté, demander à M. Victorien Sardou de transformer la comédie du Gymnase en une grande pièce à spectacle. M. Sardou, qui l'avait toujours rêvée telle, accepta et se mit au travail. Des couplets furent même écrits à cette occasion par M. Nuitter ; mais Offenbach ayant changé d'avis, l'affaire en resta là... M. Bertrand aussi, en prenant la direction de l'Opéra, pensa à tirer de *Don Quichotte* un grand ballet : il y a provisoirement renoncé... La pièce transformée par M. Sardou dormait dans ses cartons, lorsque M. Floury père est venu la lui demander. L'auteur ne la refusa point, et c'est ainsi que, dans la forme que M. Sardou avait toujours imaginée pour elle, elle va être représentée sur la vaste scène du Châtelet avec le déploiement de mise en scène qu'un tel sujet comporte. M. Victorien Sardou déclarait, il y a quelques jours, publiquement, qu'il avait rarement rencontré autant de bonne volonté chez les directeurs et les artistes que pour les répétitions et la mise au point de *Don Quichotte*.

Nous aurions fini si, en parcourant la liste des premiers interprètes de la pièce du Gymnase, nous n'avions remarqué une chose quelque peu triste : presque tous les artistes, comédiens et comédiennes sont morts aujourd'hui. Morts Lesueur, Fradeau, Berton, Deshayes, Landrol, Dalbert, Godfrin, Blaisot, Derval, Lefort, le premier mari de Mme Céline Chaumont. De Victorin, il vaut mieux ne pas parler. Il n'y a de survivant que Francès. Mortes également Mmes Chéri-Lesueur, Fromentin, Céline Montaland. Il n'y a de survivantes que Mmes Blanche Pierson et Céline Chaumont.

Et ces souvenirs attristaient fort Mme Blanche

Pierson lorsque je causais avec elle, il y a quelques jours, de cette première représentation. Elle y faisait ses tous premiers débuts rayonnante de jeunesse et de beauté. « Ce furent, me disait-elle, des répétitions bien gaies. Que Lesueur était drôle ! Sardou était déjà très méticuleux, très exigeant. Les dernières répétitions eurent lieu le soir, et comme on recommençait souvent les mêmes scènes, elles se prolongeaient fort tard. Une fois, nous sortîmes du théâtre et nous nous trouvâmes sur le boulevard en plein jour. Il était six heures du matin. Nous nous en allâmes tous manger des brioches à la pâtisserie de la Lune. En rentrant à leur logis, quelques-unes de mes camarades — moi aussi peut-être — nous fûmes sévèrement grondées... » Sans doute les reproches ne furent pas très sérieux et la pénitence fut douce ; mais cela, Mme Blanche Pierson ne nous l'a pas raconté.

(6 février 1895.)

SPIRITISME

M. Victorien Sardou, médium

On sait que M. Victorien Sardou, dans la nouvelle pièce qui sera donnée le 8 février à la Renaissance, affirme sa foi dans les expériences du spiritisme. Indépendamment des déclarations orales que l'auteur du *Spiritisme* a pu faire dans des conversations, il existe déjà deux documents écrits des convictions de M. Sardou.

Il y a d'abord une lettre qui servit de préface à un livre publié en 1888 par Yveling Rambaud sur la force psychique.

Il y a aussi et il y a surtout une lettre, courte, décisive, que M. Sardou écrivit en 1863, alors qu'il était « médium ». J'ai retrouvé cette lettre et je vais la transcrire ; mais, auparavant, quelques explications sont nécessaires.

En 1863, le journal *l'Autographe* publiait un dessin médianique obtenu par M. Victorien Sardou. Le directeur de l'*Autographe* accompagne la publication des commentaires suivants :

Dès l'origine du spiritisme, M. Victorien Sardou, qui étudiait alors la médecine, s'est occupé dans un but exclusivement scientifique des manifestations anormales dont s'émouvaient autrefois l'Europe et l'Amérique. Entre autres résultats, il a obtenu des dessins sur papier ou sur cuivre à l'aide de la plume ou du burin. Que ces dessins aient été produits par l'intervention des esprits — si esprits il y a — M. Sardou se garderait bien de l'affirmer; ce qu'il certifie, c'est qu'ils ont été exécutés sous une inspiration indépendante de sa volonté, par un phénomène dont il constate la réalité sans avoir la prétention de l'expliquer.

Telle était la note du rédacteur en chef de l'*Autographe;* mais après la note venait une lettre très nette, très affirmative de M. Victorien Sardou. Voici cette lettre :

Mon cher Bourdin,

Je ne vous donnerai pas sur ce dessin extravagant les explications que vous me demandez. Il faudrait vous dire en trois mots le résultat de plusieurs années d'études, distinguer ce que je crois, ce que je ne crois pas, et surtout réfuter toutes les sottises que l'on a débitées sur mon compte à ce propos. Ce serait trop long, et ce n'est d'ailleurs ni le lieu, ni l'heure. Pour dire mon modeste avis sur des phénomènes très curieux et encore inexplicables dans l'état actuel de nos connaissances, j'attendrai le jour où ils ne seront plus écrasés entre deux excès également déplorables : la crédulité ignorante, qui accepte tout, même le charlatanisme ; l'incrédulité savante qui n'admet rien. Et ce jour-là ne sera pas demain: car nous trempons en pleine superstition de la science, comme nos ancêtres barbotaient dans l'autre.

Nous excellons à nous persuader que nous savons ce que nous ne savons pas, à nier ce qui passe notre entendement en prouvant d'un fait, par A + B, qu'il ne saurait être, encore qu'il soit..., tant que le savoir officiel n'a pas autorisé la nature à le produire.

Et maintenant, mon cher ami, si quelqu'un vous dit encore que je n'ai vu dans le spiritisme qu'une façon nouvelle de couper la queue de mon chien, répondez-lui de ma part que mon chien n'avait pas besoin de cette opération. Il aboyait assez haut dans la rue pour attirer un peu l'attention des passants, tout comme il saurait mordre au besoin les jolis railleurs, si leurs innocentes plaisanteries en valaient la peine.

Mille bonnes amitiés.

Victorien SARDOU.

J'ai vu les dessins médianiques obtenus par M. Victorien Sardou. Il a bien voulu me les montrer il y a quelques jours : C'est la représentation d'architectures singulières, entremêlées de fleurs et de feuilles, très savamment coordonnées, très finement exécutées. On croirait voir les avenues de quelque palais enchanté, où habiteraient des personnages mystérieux ; les « symbolistes » éprouveraient, à les regarder, des joies infinies.

M. Sardou m'a raconté un épisode assez singulier de l'histoire de ces dessins. Il était devant sa table et, après s'être mis en communication avec les esprits par les moyens ordinaires, il attendait devant son papier leurs volontés. L'esprit trouva le papier choisi trop petit. M. Sardou s'étonna et répondit que son marchand n'en avait pas de plus grand. L'esprit répondit : « Il faut aller place Saint-André-des-Arts. » — « Place Saint-André-des-Arts? Mais il n'y a pas de marchand de papier. » — « Si ! Vas-y ! » M. Sardou, quoique intimement persuadé de l'erreur de l'esprit, sortit (il demeurait alors sur le quai Saint-Michel) ; après bien des recherches, il découvrit enfin, dans un coin de la place indiquée, un marchand de papier en gros. Il lui acheta du papier grand format et revint à la maison. Il se remit à sa table et l'esprit lui dit : « C'est cela ». M. Sardou suivit alors son impulsion et il obtint l'un des dessins médianiques qu'il nous a montrés, le plus grand, le plus beau de tous.

J'avoue que l'accent de conviction avec lequel M. Sardou parle de ces choses est singulièrement troublant. Il me disait encore : « Oui, moi j'ai vu une gerbe de roses tomber du plafond de la chambre où nous « médianisions », et des amis qui étaient là l'ont vue comme moi. Oui, il y a des phénomènes spirites. Il y a aussi des fraudes du spiritisme, et ce serait une histoire — non encore faite — qu'il serait curieux d'écrire. Mais les fraudes n'altèrent en rien l'authenticité des faits réels et positifs, que bien d'autres, avant et après après moi, ont constatés. »

(29 janvier 1897.)

~~~~~~

M. Victorien Sardou

et les Enquêtes sur le Spiritisme

A mesure que se rapproche la date de la première représentation de la nouvelle œuvre de M. Victorien Sardou, *Spiritisme*, chacun dit son mot sur la question et chacun y va de sa petite enquête.

Mon collaborateur Adolphe Brisson a, le premier, interviewé M. de Rochas ; puis le *Figaro* alla trouver M. Sully-Prudhomme ; MM. Duquesnel et Caliban racontent leurs souvenirs « spirites » dans le *Gaulois ;* enfin, le *Journal* se livre à de longs interrogatoires de celui-ci ou de celui-là.

J'ai déjà eu l'occasion de reproduire, il y a quelque temps, les affirmations bien nettes que M. Sardou m'avait faites sur cette passionnante question. J'ai voulu avoir aussi son avis sur toutes les déclarations, quelque peu confuses et surtout contradictoires, qui s'égrènent, depuis plusieurs semaines, dans tous les journaux.

J'ai donc demandé d'abord à l'auteur de *Spiritisme* ce qu'il pensait de toutes ces enquêtes :

« Jusqu'à présent, me répond M. Victorien Sardou, le résultat de la dernière enquête ouverte par notre confrère est médiocre. On n'a publié que l'interrogatoire de deux abbés, et celui du docteur Dumontpallier qui aurait mieux fait de les imiter, car, il déclare qu'en fait de spiritisme il n'a rien vu, n'a fait aucune expérience personnelle, n'a assisté à aucune séance, et que, par conséquent, il va tout expliquer. Et quelle explication ! Trois colonnes de rêveries que le moindre petit fait constaté par des milliers d'opérateurs, le simple déplacement d'un bibelot transporté sans contact d'une commode sur un buffet, et séjournant à cette dernière place, démolit comme un château de cartes s'envole sous une chiquenaude ! Mon excellent ami Dumontpallier ne m'en voudra pas si je dis que sa réponse m'a fait passer un bon quart d'heure de gaieté !

« D'ailleurs, à quoi bon une enquête ? Voilà des années qu'on la fait, cette enquête. Elle n'a pas cessé ! On la poursuit en ce moment. J'admire les gens qui ne voyant plus le guéridon tourner dans les salons, comme au bon temps où étaient à la mode les expériences ridicules, en concluent que le spiritisme est en discrédit. Chez les mondains, oui, grâce à Dieu. Mais imprimer, comme on l'a fait, que personne n'y songe plus, cela me rappelle le mot du commis-voyageur à qui l'on montre le château des Papes, à Avignon, et qui s'écrie : « Les papes à Avignon ! quelle blague ! S'ils y « avaient demeuré cela se saurait ! »

« Il y avait mieux à faire que d'aller déranger inutilement Dumontpallier et ces bons abbés. L'enquête était toute faite et par les gens les plus compétents, qui dans leurs écrits et leurs procès-verbaux ont consigné le résultat d'investigations qui souvent ont duré des mois, des années entières. »

Et M. Victorien Sardou de me citer de mémoire les noms des savants suivants :

« Le docteur Gally, professeur honoraire à Cambridge, le docteur Robert Hare, professeur de chimie à l'Université de Pensylvanie, Nassau William senior, professeur d'économie politique à l'Université d'Oxford, Willian Howitt, Thackeray, le capitaine Burton, Troloppe, Robert-Job Owen, le physiologiste Herbert Mayer, le chimiste Reitter, Morgan, professeur au Collège de l'Université de Londres, le docteur Hœfer, le naturaliste sir Russel Wallace, l'aliéniste Rockart Robertson, le géologue Backas, le docteur Cyriak, de Berlin, le professeur Elliot Coves, de New-York, le professeur Bontlerov, de Pétersbourg, les professeurs Chiaia, Schiaparelli, Lombroso, Fechner, Aksakof, le professeur Wagner, Ollivier Lodge, de Liverpool, le docteur Myers, Podmore, Zellner, professeur d'astronomie à l'Université de Lepzig, de Rochas, Flammarion, Ch. Richet, le juge Edmonds, président du Sénat de Washington, Samuel Guppy, les docteurs Haddock, Nicholls, Dexton, professeur de géologie à New-York, le philosophe Charles Bray, Lord Lyndurst, William Crookes, le plus fameux chimiste d'Angleterre, Varley, ingénieur en chef du câble transatlantique, etc., etc.

J'écris au vol ce que M. Sardou me jette en arpentant sa chambre, après quoi, il me dit :

« En voilà une trentaine ! Je pourrais vous en citer trois cents ! Tous, en faisant leurs réserves sur les causes, tous attestent la réalité des phénomènes inexplicables dans les données actuelles de la science. La voilà, l'enquête ! Il suffisait de citer une phrase de Crookes : « Je ne dis pas que « cela est possible, je dis que cela est », ou cette autre de Lombroso : « Je suis confus d'avoir nié la « réalité des faits ».

— Et, demandé-je alors, c'est la réalité de ces faits que vous affirmez dans votre nouvelle œuvre?

— Il y a, me répond M. Sardou, trois choses très distinctes dans le spiritisme : les faits, les causes, la doctrine.

Les faits, je les affirme avec la conviction d'un homme qui ne les a pas seulement vus, mais produits, au temps où j'étais médium.

Les causes, je les discute et j'en laisse l'appréciation au gré des spectateurs, me bornant à leur présenter les données du problème.

La doctrine, je l'expose et la résume.

— Et à propos de doctrine, dis-je, que pensez-vous de l'affirmation de M. Jules Bois, qui dit que Naundorff est l'inventeur de la doctrine, avant Allan Kardec ?

M. Sardou éclate de rire.

« Ce n'est pas sérieux, dit-il. Naundorff, pas plus que Vintras et qu'Allan Kardec lui-même n'ont inventé la doctrine du spirite, des incarnations et des réincarnations successives. Elle est vieille comme le monde ! Vous la trouverez chez les philosophes grecs, chez les Alexandrins, jusque chez les pères de l'Eglise.

« Quant à la façon dont Allan Kardec, de son vrai nom Rivaille, a conçu et rédigé son *Livre des esprits*, personne ne le sait mieux que moi, qui assistais rue Tiquetonne, chez une dame Japhet, à la séance où fut baptisé de ce nom Allan Kardec. »

Je pose à M. Sardou :

— Et le public qui viendra écouter *Spiritisme* ? Espérez-vous le convaincre de la réalité de ces faits ?

— Bon ! me croyez-vous si naïf ? C'est tout au plus si j'espère donner à quelques esprits sérieux la curiosité de s'en instruire par eux-mêmes.

— Et vous vous attendez alors à être vivement discuté ?

— Discuté ! Je m'attends à pis que cela ! Je m'estimerai bien heureux si je ne suis traité que de visionnaire ! Vous voyez que du moins, ce sera en bonne compagnie. Ayant été des premiers à être convaincu de la réalité des phénomènes spirites, je n'ai voulu laisser à personne l'honneur d'affirmer avant moi ce qui, contesté aujourd'hui, sera la vérité demain.

(5 février 1897.)

Les Livres sur le Spiritisme

Un certain nombre de nos lecteurs après avoir lu notre article d'hier sur la pièce nouvelle de M. Victorien Sardou, *Spiritisme*, nous ont fait la remarque suivante : « Nous savons que M. Victorien Sardou est un des mieux armés qui soient sur toutes les questions qui ont piqué sa curiosité et nous avons lu avec intérêt la longue nomenclature de savants auxquels il se réfère ; par là, il nous a mis encore davantage en goût de poursuivre cette recherche sérieuse à laquelle il convie le public ; et ne vous aurait-il pas indiqué quelques-uns de ces ouvrages, scientifiquement écrits, dans lesquels nous pourrions trouver l'exposé de faits spirites bien et dûment observés et la discussion de ces phénomènes ? »

A ces lettres, il est facile de faire une réponse. M. Sardou, en effet, m'a montré, dans sa bibliothèque, les principaux ouvrages français et étrangers qu'il a consultés :

C'est la traduction française, ou plutôt le résumé de l'ouvrage de sir Russel Wallace, *Miracles du moderne spiritualisme* (M. Sardou me fait remarquer que l'original anglais est plus complet et plus intéressant encore) ;

Les deux volumes de M. de Rochas : *Extériorisa-*

tion de la sensibilité, Extériorisation de la motricité ;

La Force psychique, de William Crookes ;

Animisme et spiritisme, de Aksakof, qui est l'ouvrage le plus complet sur la matière, car il relate tous les faits acquis ;

Et encore : Psychisme expérimental, de A. Erny; les Phénomènes spirites et le spiritisme devant la science, de Gabriel Delarue ; Choses de l'autre monde, par Eugène Nus ; Spiritisme scientifique, de Metzger ; les Phénomènes psychiques occultes, du docteur Albert Coste, et surtout, les Annales des sciences psychiques, du docteur Dariex, un périodique des plus sérieux qui publie dans son dernier numéro le récit des expériences de Dariex et Rochas avec Eusapia Palladino.

Toujours sur le même sujet, je reçois la lettre suivante :

    Monsieur,

Dans votre article d'hier vous enregistrez la réponse de M. Victorien Sardou à mes recherches sur l'initiative du spiritisme. Je n'ignore point, ainsi que l'illustre dramaturge, que les idées spiritualistes sont éternelles et ne datent pas plus d'Allan Kardec que de Naundorff. Mais ce qu'il fallait établir au point de vue historique, c'est que, *dans ce siècle,* celui qui fut appelé « l'imposteur Naundorff » précéda d'une vingtaine d'années, comme médium écrivain et comme théoricien du « néo-spiritualisme », l'auteur du *Livre des esprits,* Rivail Allan Kardec, à qui on a attribué jusqu'ici d'une façon erronée la découverte dans les temps modernes des phénomènes spiritiques et la synthèse des doctrines appuyées sur ces phénomènes. Ce n'est qu'un détail, mais ce détail est inédit et « sérieux ».

Veuillez, etc.

                                        Jules Bois.

(6 février 1897.)

LOUIS XVII

Au moment où il est si souvent question de Louis XVII, je trouve dans un journal de Gand, *la Flandre libérale*, une lettre intéressante :

Etterbeck, le 18 février.

Mon cher Directeur,

Les journaux d'hier annoncent cette grosse nouvelle artistique : Victorien Sardou travaille à un drame qui sera intitulé Louis XVII.

Vous savez que ce sujet a préoccupé aussi Paul Verlaine. Sa pièce, à lui, devait s'appeler *Vive le roi!* et se terminer par la mort du dauphin sur son grabat du Temple.

Victorien Sardou — grâce à M. Otto Friedrichs, avec qui j'ai la bonne fortune de fraterniser à l'*Intermédiaire des chercheurs et curieux*, je puis donner la primeur de cette information à la *Flandre libérale* — Victorien Sardou a adopté une toute autre idée maîtresse. Comme Villiers de l'Isle-Adam, comme Léon Bloy, ces illustres confrères de Verlaine, il croit à la « survivance » et il soutiendra dans son drame la thèse de l'évasion du dauphin — que vous connaissez bien à Gand par une conférence de M. Georges Laguerre.

Remarquez que M. Victorien Sardou n'est pas seulement l'habile arrangeur dramatique que tout le monde connaît ; les érudits savent quelle science profonde il a acquise dans ce qui se rattache à la Révolution française. Or, il écrivit naguère à M. Otto Friedrichs : « Depuis que j'étudie la Révolution, j'ai lu à peu près tout ce qui est relatif au dauphin et je ne crois pas à sa mort au Temple. Toutes les prétendues preuves n'ont aucune valeur. Le livre de M. de Beauchesne est ridicule, celui de Chantelauze n'est pas plus sérieux ». Ceci sans qu'il ait, toutefois, exprimé jusqu'ici son opinion sur la question infiniment plus embrouillée de l'identité du dauphin évadé avec Naundorff ou tout autre prétendant.

Bien à vous.

A. BOGHAERT-VACHÉ.

(21 février 1895.)

L'ÉVASION DE LOUIS XVII

On sait que la pièce de M. Victorien Sardou, qui sera jouée la semaine prochaine, sur la scène du Vaudeville, sous le titre de *Paméla*, présente, sous la forme dramatique, l'histoire ou, si l'on veut, la légende de l'évasion de Louis XVII de la prison du Temple. Qu'est devenu le dauphin, après son évasion ? Là n'est pas la question pour le moment. Ce que M. Sardou croit pouvoir affirmer, avec documents et preuves à l'appui, c'est que l'enfant enterré au cimetière Sainte-Marguerite n'était pas le dauphin, fils de Louis XVI et de Marie-Antoinette, mais un jeune enfant de son âge, moribond, mis à sa place dans son cachot et dans son lit.

L'opinion n'est pas nouvelle et, en dehors des intéressés qui, en produisant successivement de faux Louis XVII fondaient sur leurs révélations l'espoir d'une fortune, des historiens très sérieux ont, avant M. Sardou, adopté la croyance d'évasion. Faut-il citer Louis Blanc? Nombre d'écrivains ont soutenu la même thèse et contesté la valeur des témoignages officiels, que le gouvernement de la Restauration, plus que tout autre, avait intérêt à confirmer.

Je résumerai rapidement les principaux arguments des partisans de la survivance du dauphin.

Les deux gardiens Gomin et Lasne déclarèrent avoir recueilli les derniers soupirs de l'enfant royal. Mais ces déclarations sont-elles bien recevables? Il est avéré, en effet, que Gomin et Lasne étaient pensionnés par la Restauration. Comment n'auraient-ils pas répondu aux représentants du gouvernement selon leurs vœux ? On les surprend d'ailleurs, à tout propos, en flagrant délit d'erreurs et de mensonges.

Un autre gardien du Temple—Caron—qui lui n'était pas pensionné par Louis XVIII, affirmait au contraire l'évasion à laquelle il disait avoir contribué. Son fils, machiniste au Théâtre-Historique, a bien des fois conté que son père ne variait jamais sur ce point et n'en faisait aucun mystère. Or, disait ce Caron à qui voulait l'entendre : « Mon père fut appelé chez M. Decazes, sous la Restauration ; il revint de cette entrevue fort soucieux. Quelques jours après, il disparaissait ; on ne l'a jamais revu, et, aux instances de ma mère, la police répondit en l'invitant à se taire. »

Le 21 prairial (9 juin), à huit heures du matin, quatre membres du comité de sûreté générale, avisés par Gomin, vinrent pour vérifier le décès du prince. M. de Beauchesne, l'historien légitimiste de Louis XVII, qui le croit mort au Temple, dit qu'« introduits dans la chambre funèbre, ils affectèrent la plus profonde indifférence et ils ajoutèrent : « L'événement n'a aucune importance. » Ces quatre personnages n'ont pas dû regarder avec soin s'ils avaient devant eux la personne du dauphin.

Un procès-verbal a été signé par les officiers et soldats de la garde montante et descendante, qu'on fit entrer dans la chambre mortuaire. On y lit les noms de Bourgeois, commandant de la section de la Fidélité ; Lucas, adjudant ; Ratreaux, capitaine ; Séguin, lieutenant des Droits de l'homme ; Normand, sous-lieutenant, de l'Homme-Armé ; Vuillaume, sergent des Arcis. Ce procès-verbal fut inséré dans le journal-registre de la tour du Temple, qui, plus tard fut déposé au ministère de l'Intérieur. La plupart de ces officiers ou soldats n'avaient jamais vu le dauphin. Quelques-uns l'avaient aperçu aux Tuileries avant le 10 août. Comme ce témoignage est probant ! Ces hommes qui avaient entrevu le dauphin, tout jeune et bien portant, pouvaient-ils le reconnaître dans l'enfant aux traits décomposés par la mort, qu'on leur présentait ?

...Et les médecins ?... Le médecin commis à la personne du dauphin était M. Desault. Ce fut lui qui soigna l'enfant, avec le plus grand dévouement. Si un procès d'autopsie, un certificat de décès avait été signé par M. Desault, on pourrait y ajouter foi. Mais M. Desault mourut subitement. Le *Moniteur* du 16 prairial an III (4 juin 1795) lui consacra un pompeux article nécrologique : « La France, l'Europe entière, vient de perdre le citoyen Desault, officier de santé en chef de l'hospice de l'Humanité. Le premier dans la pratique, comme dans l'enseignement de l'art qu'il a professé..., Desault fut un excellent citoyen ; nos derniers tyrans l'avaient persécuté. Leurs derniers complices ont causé sa mort. »

Un de ses amis écrivait ces vers sur son cercueil :

>   Portes du temple de mémoire
>   Ouvrez-vous ! il l'a mérité.
>   Il vécut assez pour sa gloire,
>   Et trop peu pour l'humanité.

La mort de Desault, presque subite et dans une pareille circonstance, ouvrit un vaste champ aux conjectures. Ce qui est sûr, en tout cas, c'est qu'il n'était plus là le 8 juin et son témoignage si précieux manque. Sa femme a toujours prétendu qu'il était rentré chez lui, affirmant qu'il n'avait pas reconnu le dauphin dans l'enfant moribond qu'on lui avait présenté.

Un autre médecin fut appelé, M. Pelletan, chirurgien en chef du grand hospice de l'Humanité. Celui-là n'avait jamais soigné le dauphin. Il arriva au Temple le 5, et il trouva « un enfant en si fâcheux état qu'il demanda instamment qu'il lui fût adjoint une autre personne de l'art pour le soulager d'un fardeau qu'il ne voulait pas porter seul ». On lui adjoignit, le surlendemain, M. Dumangin, premier médecin de l'Unité qui était dans le même cas que lui.

Ce sont eux qui firent l'autopsie et rédigèrent le procès-verbal. Le document est curieux. En dehors des observations faites sur l'intérieur du corps, sur le ventre, sur les intestins, sur l'estomac, il ne renferme au point de vue de l'extérieur que les remarques suivantes : « Nous avons remarqué, avant de procéder à l'ouverture du corps, une maigreur générale, qui est celle du marasme. Au côté interne du genou droit, nous avons remarqué une tumeur sans changement de couleur à la peau, et une autre tumeur moins volumineuse sur l'os radius, près le poignet du côté gauche. » Or, il y avait bien d'autres choses à signaler sur le corps du dauphin. L'enfant avait notamment la lèvre inférieure fendue en une sorte de bec de lièvre ; une marque de vaccine très particulière sur la cuisse gauche, un signe très apparent formé de plis de la peau et qui figurait une sorte de saint-esprit, caractères distinctifs, que des médecins attentifs n'auraient pas manqué de consigner. Le procès-verbal était muet.

Voilà pour l'autopsie. Et comment admettre que, puisque l'on prenait tant de précautions pour faire constater l'identité du mort, on n'ait pas fait descendre la sœur du défunt, la jeune Marie-Thérèse, logée à l'étage supérieur ? On ne l'appela pas ; on ne l'avertit de rien. Et qui ne sait que, dans la suite, Madame royale exprima à plusieurs reprises, et devant témoins qui l'ont affirmé, tantôt des doutes sur la mort de son frère, tantôt la conviction qu'on l'avait enlevé du Temple ?

Enfin, il faut parler des exhumations faites à diverses reprises, la dernière récemment.

Or, qu'a-t-on trouvé en dernier lieu dans le cercueil où étaient les restes de Louis XVII ? Des os qui peuvent appartenir à un enfant de dix ans et d'autres qui ne peuvent être que ceux d'un adulte de dix-huit ans à vingt ans.

Je me garderai bien de conclure. Mais on conçoit que, dans l'état de la question, M. Victorien Sardou se soit dit : « J'ai le droit de considérer que la mort de Louis XVII, au Temple, n'est pas un fait certain, dûment authentique, nettement établi. Ce n'est pas, en un mot, « un fait historique » comme la mort de Louis XVI et de Marie-Antoinette sur l'échafaud. Le romancier ou l'auteur qui feraient mourir Louis XVI et Marie-Antoinette dans leur lit seraient, au moins ridicules. Mais là où il y a doute, pour ne pas dire plus, le romancier et l'auteur dramatique reprennent leurs droits et ils peuvent produire leurs propres convictions. »

(5 février 1898.)

UNE POLÉMIQUE SUR PAMÉLA

La nouvelle pièce de M. Victorien Sardou, *Paméla*, donne lieu à de nouvelles discussions historiques sur la mort et l'évasion de Louis XVII du Temple. J'ai déjà donné sur ce thème l'opinion de Victorien Sardou. Le *Gaulois* publie aujourd'hui une lettre du comte Urbain de Maillé. La voici :

Monsieur le Directeur,

Je lis dans le *Gaulois* du 13 février : « Histoire d'une Relique ; le dauphin s'est-il évadé du Temple ? »
Oui, conclut M. Sardou, dans *Paméla* la nouvelle pièce qu'il vient de faire représenter au Vaudeville.
Les affirmations de Pelletan, de Lassus qui avait été le médecin de Mmes Sophie et Victoire de France et qui avait connu le dauphin aux Tuileries, et autres témoins comme Gomin et Lasne, témoins qu'il serait trop long d'énumérer dans cette note, prouvent de façon incontestable que le dauphin est bien mort au Temple.
Longtemps les partisans de la soi-disant survivance ont affirmé que l'on trouverait la preuve de l'évasion dans les mémoires de Barras. Or, ces mémoires concluent à la mort de Louis XVII. Voici ce qu'on y lit en effet :

« Rendu au comité de Salut public, je leur parlai de ma visite au Temple, de la négligence, même de la mauvaise tenue des appartements qu'occupaient le prince et la princesse, de la maladie grave dont était atteint le premier, qu'il était urgent d'envoyer des médecins et de redoubler de soins dans l'état de faiblesse où il se trouvait, que j'en rendrais compte à la Convention. — Garde-toi bien, me répondit-on, nous allons donner des ordres pour que les prisonniers soient bien traités et bien soignés ; je m'assurai que ces ordres fussent donnés et exécutés. Mais le jeune prince était travaillé par une maladie humorale qui avait déjà fait des progrès. De sorte que, malgré tous les soins qu'on lui porta, *il succomba.* »

D'un autre côté, si le dauphin évadé du Temple avait trouvé asile auprès de Charette et des Vendéens, comment expliquer que ceux-ci l'aient abandonné après, pour se rallier à un roi qui, pour eux comme pour tous, n'aurait été qu'un usurpateur ?

On est donc en droit de dire que la pièce de M. Sardou ne repose sur aucun fait historique.

C'était d'ailleurs l'opinion du tribunal civil en 1851, et de la cour d'appel de Paris en 1874, qui ont refusé, faute de preuves, l'annulation de l'acte de décès de Louis XVII, malgré les éloquentes plaidoiries de Jules Favre. Il y a donc depuis longtemps « chose jugée ». Je vous envoie, ci-joint, un extrait du jugement auquel je viens de faire allusion.

Veuillez agréer, Monsieur le Directeur, avec mes remerciements anticipés, l'assurance de mes sentiments très distingués.

Comte Urbain DE MAILLÉ,
24, rue de l'Université.

M. Victorien Sardou ne pouvait manquer de répondre à l'attaque de M. de Maillé. Il l'a fait dans le *Figaro* par la lettre suivante, où l'on retrouve les principaux arguments dans la chronique théâtrale donnée dans le *Temps* du 5 février.

Mon cher Directeur,

Je vous prie d'insérer ma réponse à la lettre par laquelle M. le comte de Maillé me prend à partie, à propos de *Paméla* et de l'évasion du dauphin.

Pour établir que Louis XVII est bien mort au Temple, M. de Maillé invoque les témoignages des docteurs Pelletan et Lassus, des gardiens Lasne et Gomin.

Or, le docteur Pelletan, appelé au dernier moment à soigner l'enfant moribond qu'on lui donnait pour le dauphin, ne connaissait pas le dauphin.

Et le docteur Lassus, qui ne fut requis que pour l'autopsie, ne l'avait pas vu depuis des années, et n'était plus en état de le reconnaître.

Quant à Lasne et Gomin, que l'on prend à tout propos en flagrant délit d'erreurs grossières et de contradictions et qui, sous la Restauration, avaient tout intérêt à déguiser la vérité, il y a beau jour que l'on a réduit à néant la valeur de leur témoignage.

M. de Maillé invoque aussi le passage des *Mémoires* de Barras, qui constate en deux mots très secs le décès de Louis XVII au Temple.

Il me serait facile d'opposer Barras à lui-même et de rappeler qu'en 1808, à Bruxelles, à sa propre table, il avouait l'évasion, devant témoins, au nombre desquels la marquise de Broglio-Solari, qui a certifié le fait par écrit.

Mais à quoi bon ?

Les paroles de Barras ne méritent pas plus créance que ses écrits.

C'est un impudent menteur qui falsifie la vérité au gré de ses intérêts et dissimule avec soin tout ce qui pourrait nuire à l'attitude de républicain intègre qu'il se donne effrontément dans ses « Mémoires ».

Parle-t-il de ses négociations secrètes avec Louis XVIII qui ne sont pas douteuses. Et de ce qu'il n'en dit rien, M. de Maillé conclura-t-il qu'elles n'ont pas existé ?

Laissons-là ce charlatan politique et passons à des arguments plus sérieux.

« Si le dauphin, évadé du Temple, dit M. de Maillé, a trouvé asile auprès des Vendéens, comment ceux-ci l'ont-ils abandonné pour se rallier à un roi qui, pour eux comme pour tous, n'aurait été que l'usurpateur ! »

C'est que le dauphin était dans un état de déchéance morale et physique qui déconcertait les projets de ses sauveurs. Entre ce malheureux enfant dont la fin semblait prochaine et le régent, valide, actif, intelligent, qui exerçait déjà les fonctions de roi, les royalistes, dans l'intérêt même de leur cause, n'avaient pas le droit d'hésiter. Il fut convenu que l'on admettrait la mort officielle au Temple, comme fait accompli et qu'on laisserait le dauphin s'éteindre paisiblement dans un lieu sûr, en Allemagne, où son existence, pendant cinq années, est attestée par des documents qui seront produits un jour.

A l'égard des décisions des tribunaux civil et d'appel saisis par les héritiers Naundorff et refusant l'annulation de l'acte de décès de Louis XVII, M. de Maillé me permettra de lui faire remarquer :

Que je n'ai pas prononcé le nom de Naundorff, et que Naundorff n'a rien à voir à ma pièce.

Et qu'en fait de procès politiques, le plus fort a trop facilement gain de cause.

En 1794, le tribunal révolutionnaire condamnait à mort « comme conspirateur » le jeune de Maillé, âgé de quinze ans, pour avoir jeté un hareng pourri à la tête du geôlier.

M. de Maillé est-il d'avis que l'historien doit s'incliner devant ce jugement-là ?

Agréez, mon cher Directeur, mes meilleures amitiés.

Victorien SARDOU.

Réponse de M. Urbain de Maillé

M. Urbain de Maillé adresse alors au directeur du *Gaulois* une nouvelle lettre où il écrit :

M. Victorien Sardou me permettra de lui dire que je n'ai jamais eu l'intention de le prendre à partie. J'ai seulement voulu empêcher par ma protestation que son grand talent ne servît à soutenir une cause que je considère comme mauvaise et qui tend à fausser l'histoire.

Je suis donc heureux de constater que M. Sardou sépare sa pièce de la cause naundorfiste. Dans ces conditions, si le prétendu Louis XVII, évadé du

Temple, est mort cinq ans plus tard en Allemagne, la pièce de M. Sardou n'a plus aucun intérêt politique : elle ne relève que de la critique littéraire et cela ne me regarde plus.

Mais, si ce Louis XVII était sorti du Temple dans cet état de déchéance physique et morale dont parle M. Sardou et qui rendait sa royauté, comme son existence impossible, pourquoi Louis XVIII ne l'a-t-il pas montré mourant à l'Europe entière ? Deux motifs devaient l'y décider : exciter l'opinion contre les bourreaux de ce malheureux petit prince et donner à sa royauté future et certaine une légitimité indiscutable ; s'il avait fait disparaître son neveu, il ne gagnait rien et s'exposait à laisser toujours un doute sur la réalité de ses droits.

Enfin comment ceux qui risquaient leur tête tous les jours pour la monarchie auraient-ils souffert que son représentant allât mourir misérablement en Allemagne, quand il leur était si facile de le laisser s'éteindre au milieu d'eux ?

M. Sardou repousse les témoignages que j'invoque ; là-dessus, il n'y a pas de discussion possible. Pour moi, je n'en doute pas plus que les magistrats de 1834, 1837 et 1840, que le tribunal civil en 1851 et la cour d'appel en 1874, et M. Sardou me permettra de lui dire qu'il ne me serait jamais venu à l'idée de comparer les tribunaux de l'Empire et de la troisième République à l'infâme parodie de la justice que fut le tribunal révolutionnaire.

Un dernier mot, à propos de Barras : au témoignage de la marquise de Broglio-Solari, qu'invoque M. Sardou, j'opposerai seulement ce passage de l'arrêt de 1874 :

« Considérant qu'au rapport d'un honorable magistrat de la cour de Metz, qui était l'ami et le conseil de Barras, celui-ci a toujours affirmé que le dauphin, fils de Louis XVI, était mort au Temple... » .

Réplique de M. Victorien Sardou

M. Victorien Sardou répond de nouveau par la lettre suivante adressée au directeur du *Gaulois* :

Mon cher Directeur,

Encore un mot de réponse, je vous prie, à M. le comte de Maillé, le dernier, je l'espère.
Je n'ai pas dit que le dauphin était mort en Allemagne cinq ans après son évasion. J'ai dit que sa présence y était constatée pendant cinq ans. Rien de plus, ni de moins.
Cela, je le sais ; le reste, je l'ignore.
« Mais alors, dit M. de Maillé, pourquoi les royalistes ont-ils laissé le dauphin mourir misérablement en Allemagne quand il leur était si facile de le garder au milieu d'eux ? »
Au milieu d'eux ! Il y était, au milieu d'eux, dans l'Allemagne peuplée d'émigrés ; — et non pas misérablement ; mais dans les meilleures conditions du monde.
Où eût-il été mieux ? En Bretagne, en Normandie, où les royalistes tenaient la campagne, vaincus, traqués, décimés ? La belle villégiature pour un malade !
M. de Maillé ne conçoit pas que Louis XVIII n'ait pas songé à promener, par toute l'Europe, son neveu déprimé et rachitique, pour émouvoir la pitié des passants.
Félicitons-le plutôt de n'avoir pas eu cette idée-là, et de n'en avoir pas tiré profit pour la caisse royale.
M. de Maillé m'oppose encore les arrêts de 1834, 1837, 1840, etc., et dans l'arrêt de 1874, le rapport de l'honorable magistrat, ami de Barras, qui lui a affirmé que le dauphin était mort au Temple.
C'est exactement le contraire de ce qu'il certifiait à la marquise de Broglio-Solari, ancienne dame au service de Marie-Antoinette et, à ce titre, plus digne

de foi pour M. de Maillé que l'honorable magistrat ami de l'honorable Barras !

Je crois avoir assez dit ce qu'il fallait penser de la sincérité du personnage, pour n'avoir pas à faire la balance entre ces deux affirmations contradictoires.

Enfin, M. de Maillé s'étonne que je compare les tribunaux de l'Empire et de la seconde République au tribunal révolutionnaire de 1794.

Mais oui, dans certains cas.

Tout tribunal qui juge un procès politique le fait sous la pression du pouvoir établi, république, empire ou monarchie ;

Les tribunaux qui, sous la pression de Bonaparte, faisaient fusiller le duc d'Enghien et condamner Moreau, George et Aréna pour des complots fabriqués par Fouché ;

Les tribunaux de la Restauration qui condamnaient le maréchal Ney au mépris de la foi jurée, et Lavalette contre toute équité, pour obéir aux ordres du roi ;

Ces tribunaux-là, avec des formes moins brutales et moins de victimes à leur actif, ne procédaient pas autrement que celui de Fouquier-Tinville.

Quant à l'arrêt de 1874, il n'est pas féroce. Oh ! non ! il ne pouvait pas l'être.

Mais il pouvait être ridicule ! Et il l'est bien !

Agréez...

Victorien SARDOU.

LES ORIGINES DE PATRIE

Depuis le jour où *Patrie* fut représentée, pour la première fois, sur le théâtre de la Porte-Saint-Martin — c'était le 18 mars 1869 — on a publié sur le drame de M. Victorien Sardou des anecdotes nombreuses, évoqué des souvenirs curieux, raconté bien des choses, exactes ou non. Nulle part, je n'ai vu parler de ce qu'on pouvait appeler, d'un mot un peu ambitieux, la genèse de *Patrie*, en d'autres termes de la façon dont l'auteur trouva et conçut son drame. C'est un petit point de l'histoire dramatique de notre temps qui vaut, sans doute, la peine de fixer l'attention : la célébrité de l'œuvre et de son auteur justifiaient, en tout cas, une recherche que j'ai pu mener à bonne fin.

M. Victorien Sardou me racontait récemment ceci : « Un jour que je m'habillais pour aller dîner chez Najac, je fus frappé, tout à coup, par une idée qui me vint sous cette forme : Un homme a été absent toute la nuit de chez lui. Il est accusé d'un crime ou seulement d'une escapade. Il peut prouver son alibi. Surviennent des personnes qui affirment l'avoir vu chez lui cette nuit-là, et qui donnent des preuves de leur assertion... Alors, qui donc était chez lui, tenait sa place, alors qu'il était absolument sûr, lui, d'avoir été absent de sa maison ? »

Pendant toute la soirée, M. Sardou rumina l'idée qui avait surgi tout à coup dans son cerveau, se demandant s'il en tirerait un drame ou un vaudeville : car l'alibi pouvait devenir tragique ou gai. Il se décida pour le drame, et alors, rentré chez lui, il écrivit cette petite note, dont l'original a été donné, par la suite, à M. Philippe Desforges et que j'ai copiée.

Voici cette note :

Un homme conspire. Il est arrêté. Prouver son alibi : on le prouve. Il a été vu chez lui toute la nuit de la conspiration. Il a fait ceci, cela, et c'est prouvé par des voisins, des amis. On le relâche. Seul avec sa femme. Donc, cette nuit-là, un amant était avec sa femme. Quel amant ? S'il confirme le dire, il accepte son déshonneur ; s'il dément, il le dévoile. Tourment. L'amant est de la conspiration.

C'est de cette petite note qu'est sortie *Patrie*. Bientôt, l'idée première s'élargit et elle devint celle-ci (c'est M. Sardou qui l'a dit lui-même dans sa préface de la *Haine*) : « Quel est le plus grand sacrifice qu'un homme puisse faire à l'amour de la patrie ? » Cette formule trouvée, la pièce en découlait toute seule, et elle s'échafaudait sur « l'alibi » primitivement imaginé.

Le scénario conçu, il fallait le « situer ». M. Sardou songea d'abord à le placer à Venise, au temps de l'occupation autrichienne, ou même à Londres, au temps des Stuarts. Sur ces entrefaites, son ami M. Gevaërt lui communiquait des documents sur l'histoire des Pays-Bas, et notamment sur le siège de Leyde. La décision de M. Sardou fut immédiatement prise : « Patrie, promenée d'abord de Venise à Londres, s'installa définitivement dans les Flandres, à croire qu'il y avait pris naissance. »

Dans un livre qui a pour titre *Mémoires anony-*

mes sur les troubles des Pays-Bas (1565-1580), M. Sardou trouva la note suivante :

Au commencement de l'année 1568, quelques nobles fugitifs, parmi lesquels se trouvaient Gaspar Vander Noot, seigneur de Carloo, et son frère Walter, seigneur de Risoir, qui tous deux avaient servi sous les ordres d'Egmont, formèrent le projet de s'emparer du duc d'Albe, pendant qu'il serait à Gronendaël le vendredi de la semaine sainte ; ils devaient, à la suite de ce coup de main, surprendre Bruxelles. Ils réunirent, à cet effet, environ 500 fantassins et un grand nombre de cavaliers dont la plupart se tinrent cachés longtemps dans le château d'Ohain. Mais l'entreprise avait été confiée à trop de monde pour qu'elle pût réussir. Les conjurés furent trahis et ne parvinrent qu'à grand' peine à se sauver.

Cette note donnait à M. Sardou la conspiration dont il avait besoin. La façon réelle dont cette conspiration fut découverte est assez curieuse.

Les conspirateurs avaient enrôlé dans leurs rangs un certain nombre de soldats du duc d'Albe, non point certes des Espagnols, mais bien des lansquenets allemands. Ceux-ci, en tant que protestants, n'exécutaient qu'à contre-cœur les ordres barbares qui leur étaient donnés contre leurs coreligionnaires. L'un de ces soldats était lié d'affection envers son capitaine. Il croyait que celui-ci resterait à Bruxelles, tandis que le duc d'Albe irait à Gronendaël. Le vendredi il voit que le capitaine s'apprête à suivre le gouverneur. Aussitôt il s'approche de lui et il lui dit : « Ne partez pas ! N'allez pas là-bas ! Il y va de votre vie ! » Étonnement du capitaine. Le soldat est interrogé, questionné. Il fait les aveux les plus complets. Le duc d'Albe reste à Bruxelles. On dépêche de la cavalerie contre les conspirateurs qui attendaient le passage du général espagnol. Quelques-uns se sauvèrent; d'autres furent pris et mis à mort.

De ce nombre, fut un nommé Jean de Beausart d'Armentières qui mourut de la façon suivante : « Beausart, disent les mémoires que j'ai cités plus haut, fut mis sur ung bancq en croix sur un eschaffault, où luy fut comenché à rompre d'ung bareau de fer les brachs, cuisses et jambes ; et après fut icelluy povre patient mis sur une roue, et il receut plusieurs aultres coups du dit bareau de fer sur le ventre ; après, aultres luy furent donnez sur le dos, tellement qu'il n'avait membre entier ; de manière que plusieurs regardant ung tel martir inhumain pleuraient de compassion ; après avoir ainsi martirizé et tiranizé l'espace de trois heures, ung capitaine espagnol, passant, meu de pitié, luy feist donner ung aultre coup sur le col, qu'estait le 37e coup dont il mourut. »

Telle était la justice du « tribunal de sang » dont il était question dans *Patrie*.

———

J'ai sous les yeux tous les articles qui furent écrits, en 1869, après *Patrie*. A cette époque, il n'y avait guère que des feuilletons du lundi.

M. Sardou nous a même raconté, à propos de la dernière répétition de son drame, un souvenir assez amusant. Comme les chroniqueurs n'opéraient que le lundi, c'est-à-dire quelques jours après la première représentation, il n'y avait pas de répétition générale pour la critique. Il n'y avait donc que quelques personnes dans le théâtre, une vingtaine tout au plus, lorsque commença la dernière répétition. Mais les portes du théâtre étaient restées ouvertes. Après le premier acte, les rares assistants se répandirent au dehors et dirent à ceux qu'ils rencontraient leur émotion. Dans tous les cafés voisins se répandit la nouvelle d'acte en acte ; de telle sorte qu'au milieu de la répétition toute la salle se trouva pleine de spectateurs imprévus, qui eurent la primeur de ce succès triomphal.

Francisque Sarcey écrivit dans le *Temps*: « Nous avions plus d'une fois souhaité que Sardou appliquât à un genre qui allait se mourant ses admirables facultés dramatiques, et le renouvelât. La chose est faite et bien faite. *Patrie* est un des plus vifs succès qu'ait obtenus Sardou sur aucune scène et, disons-le aussi, un des mieux mérités. »

Etienne Arago dans l'*Avenir national*, Amédée Achard dans le *Moniteur universel*, Paul Foucher dans la *France*, de Biéville dans le *Siècle*, Jules Janin dans les *Débats*, Théophile Gautier dans le *Moniteur universel*, Henry de Pène dans le *Gaulois*, Gustave Claudin dans le *Petit Moniteur*, Roqueplan dans le *Constitutionnel*, Edouard Fournier dans la *Patrie*, M. Henry Maret dans la *Presse libre*, Monselet, dans l'*Etendard* louent tous l'œuvre nouvelle.

M. Ranc écrivait dans le *Journal de Paris*: « M. Victorien Sardou a pleinement réussi du premier coup. Il a montré que le drame était sa vraie voie ; il a prouvé encore que le drame historique n'est point mort quoi qu'on eût dit. Que faut-il pour qu'il revive ? Simplement qu'on en joue un bon ; c'est fait ».

Seuls, ou à peu près, Théodore de Banville, dans le *National*, et surtout Paul de Saint-Victor, dans la *Liberté*, et Barbey d'Aurevilly, dans le *Nain jaune*, regimbèrent. Ce dernier se livra à un « éreintement » en règle et de l'auteur et de la pièce. Il écrit notamment : « M. Victorien Sardou, le Scribe convulsé, le souple et prestigieux grimacier dramatique, a-t-il passé ce soir du petit Molière de l'époque au petit Shakespeare de l'époque ?... M. Sardou, ce croissant aiguisé, cette coupante figure en serpette, va-t-il être enfin une lune entière, un visage plein, un poète dramatique complet qui a tout à la fois le côté qui rit et qui pleure, le double masque, comme l'avait la Muse du théâtre dans l'antiquité ? Je ne le crois pas. » Et Barbey se met à défendre la mémoire du duc d'Albe qui, selon lui, a été complètement travesti par l'auteur.

Le succès fut donc immense, le mot n'est pas excessif. Le soir de la première représentation, les assistants réclamaient à grands cris Sardou, qui ne parut pas. Le directeur, Raphaël Félix, dut venir dire qu'il avait quitté le théâtre. Quelques jours après, il assistait, aux Bouffes-Parisiens, à la première représentation d'une opérette de Meilhac, Halevy et Offenbach, la *Diva*. On le reconnut; toute la salle se leva et cria : « Vive Sardou ! » Les journaux de l'époque relatent tous cette anecdote.

L'auteur de *Patrie* nous disait encore, non sans une certaine ironie : « Que de choses on voulut voir dans *Patrie*. La presse libérale me remercia d'avoir réveillé l'idée républicaine ; la presse gouvernementale m'en fit un reproche. D'aucuns insinuèrent que la pièce m'avait été commandée et payée par l'empereur pour faire opposition au grand nom de Victor Hugo : on a publié récemment la lettre qu'Hugo m'écrivit pour me témoigner son estime. Mais ce qui est plus fort, c'est ce que l'on raconta lorsque la pièce fut jouée, quelques mois après, à Bruxelles. On assura aux Belges que la pièce avait été commandée et faite pour préparer l'annexion de la Belgique à la France. Du diable, si j'avais pensé à tout cela, n'est-ce pas ? »

Un souvenir encore et j'ai fini. Avant *Patrie*, on avait joué à l'Ambigu une pièce de MM. Jules Claretie et Petrucelli della Gatina, les *Gueux*, qui se déroulait, comme de juste, dans *les Flandres*. Une polémique assez vive s'engagea, à son propos, entre M. Jules Claretie et M. Sardou, qui allait faire répéter *Patrie*. Il s'agissait du droit de priorité sur le sujet. La querelle s'envenima, au point qu'il y eut échange de témoins. Ceux de M. Sardou étaient de Najac et Alfred Mayrargues ; ceux de M. Claretie étaient Jules Amigues et Hector Pessard. L'affaire fut arrangée. Les quatre témoins sont disparus. Les deux anciens adversaires seuls restent, et, aujourd'hui, M. Jules Claretie, administrateur du Théâtre-Français, y fait reprendre le drame de M. Sardou, dont il est devenu le collègue à l'Académie française et l'ami.

(26 février 1901.)

Le duc de la Trémoïlle a communiqué à M. Victorien Sardou la très curieuse lettre de Guillaume de Nassau, prince d'Orange, à sa fille Charlotte de Nassau, laquelle épousa, en 1597, Claude de la Trémoïlle, duc de Thouars. Il y a là, indépendamment de l'originalité du fait qui rapproche du Taciturne le la Trémoïlle de *Patrie* une éloquente familiarité à la Henri IV, qui donne du prix à ce document historique.

Le voici :

« Je serois bien malade, ma chère fille, si je perdois une seule occasion de vous renouveller la mesmoyre de votre pauvre bon homme de père, quy est réduict à faire la diette cependant que les autres vont à la guerre. Qu'en dirés-vous, ma chère fille, mais qu'en penserés-vous ? En serais-je pour cela banny de vos bonnes grâces ? Non, je m'assure trop de votre jugement quy vous fera croire que je ne me suis résolu à cela qu'à l'extrême nécessité, outre ce bon naturel que j'ay reconnu en vous, lequel ne vous peut permettre, je présume, de conserver nulle sinistre opinion de votre père et serviteur très humble quy baise mille fois vos mains en toute humilité. Je vous envoyerai des confitures de Paris, mais je vous demande une escharpe blanche que je porteray en bon lieu sy vous me faictes cest honeur de me la donner. Je la vous demande come un père à sa fille l'aismant et honorant de tout son cœur. A Dieu, ma belle fille ! à Dieu, mon cher enfant que j'aime tendrement, à Dieu.

« G. C. G. C. ce 3° octobre (1583 ?) »

(Chartrier de Thouars.)

(12 avril 1901.)

ÉDOUARD PAILLERON

(Né à Paris en 1834; mort en 1899)

CABOTINS

La répétition générale de *Cabotins!* a lieu aujourd'hui, au Théâtre-Français, devant une salle de privilégiés qui est absolument pleine.

On ne m'en voudra pas de parler ici de l'auteur si souvent applaudi et de recueillir quelques-uns des souvenirs qu'il me conta, soit aux lundis où il réunit quelques amis, soit, le matin dans les allées du Bois, où il va chaque jour faire une longue promenade à pied.

M. Edouard Pailleron, qui aimait passionnément le théâtre, fit ses premières observations sur les mœurs des hommes dans une étude de notaire et ensuite chez un avoué chez qui, tout en étudiant le droit, il était clerc. « Milieu excellent, nous disait-il, pour l'étude de l'homme et de la femme. Un jour mon patron m'emmène pour un inventaire dans la demeure d'un riche négociant qui venait de mourir du côté du boulevard de l'Hôpital. Nous commençons. Quelques minutes après, les héritiers qui étaient beaux-frères, se flanquaient devant nous des coups de poing... Cela me donna une idée singulière des affections de famille. Combien de fois je revis des spectacles aussi peu édifiants ! »

La première pièce de M. Pailleron a été jouée en 1860, sur le théâtre de l'Odéon. L'auteur sut qu'elle était reçue avant de l'avoir présentée. Il l'avait, en effet, lue à un ami, Amédée Rolland, qui lui demanda de lui confier le manuscrit. Quelques semaines après, le jeune auteur recevait une lettre des directeurs de l'Odéon — de la Rounat et Tisserant, croyons-nous bien — qui lui écrivaient : « Nous recevons le *Parasite* ». C'était le titre de l'acte en vers que l'auteur avait remis à son ami Rolland. Le *Parasite*, où jouait Thiron, eut beaucoup de succès, et il avait déjà atteint un nombre assez considérable de représentations, lorsqu'un sénateur s'avisa de le trouver immoral. Il exprima, à la tribune même du Sénat, sa surprise de ce que l'autorité laissait jouer sur une scène subventionnée des œuvres aussi scabreuses. Voici ce qui scandalisait le pudique sénateur : il s'agit, en l'espèce, d'une substitution. Une femme a accueilli la nuit son mari, tandis qu'un autre personnage a remplacé celui-ci ou réciproquement. Un interrogatoire a lieu qui, occasionnant des réparties assez vives, des quiproquos égrillards, alarma le Caton du Luxembourg. La pièce fut suspendue. Du coup, M. Pailleron était célèbre.

Il donna au même théâtre, l'année suivante, le *Mur mitoyen* où l'on voyait un séminariste — c'était encore Thiron — aux cheveux longs et à la longue redingote. Le jour de la répétition générale, pour que les censeurs ne s'aperçussent de rien, on épingla la redingote de l'artiste et le coiffeur raccourcit, en la frisant, sa perruque : il avait presque l'air d'un homme ordinaire. Les censeurs ne protestèrent point. Le soir de la première représentation, on ôta l'épingle de la redingote qui tomba sur les talons de l'acteur, et ses cheveux, défrisés, descendirent sur ses épaules : le public reconnut tout de suite à qui il avait affaire. Madame Anastasie avait été jouée.

En 1863, M. Edouard Pailleron arrive au Théâtre-Français avec le *Dernier quartier* qui est encore au répertoire. A propos de cette pièce, l'auteur reçut d'Henry Monnier une lettre bien amusante : « Mon cher ami, écrivait à peu près l'auteur de *Joseph*

Prudhomme, je tiens à vous féliciter de votre bonheur. Le *Dernier quartier* sera joué au Théâtre-Français. Je suis heureux de vous voir arriver sur une scène qu'ont illustrée Brifaut et Luce de Lancival, etc. » Quelques années après, le Théâtre-Français jouait une autre comédie en vers de M. Pailleron, les *Faux ménages*, avec une distribution hors ligne : Bresant, Delaunay, Mmes Favart, Nathalie, etc.

On sait que dans l'*Age ingrat* qui, déjà, est plus près de nous, l'un des personnages principaux est une étrangère, une de ces aventurières qu'attire surtout la Côte d'Azur. M. Montigny, le directeur du Gymnase, garda quelque temps la pièce en son tiroir : on ne trouvait point l'interprète voulue pour ce rôle difficile. L'auteur venait au Gymnase. Il voyait jouer les différentes comédiennes de la troupe. Aucune ne lui paraissait remplir les conditions nécessaires. Enfin on donna le rôle à Mme Tessandier... timidement.

Montigny demanda à l'auteur une semaine de répétition pour « préparer » l'interprète. Au bout des huit jours, M. Pailleron revenait accompagné de Henry Lavoix, qui était, on le sait, l'ami et le conseiller des principaux écrivains dramatiques de notre temps. Mme Tessandier plut à chacun d'eux et elle plut tout à fait aussi au public. Avant la pièce, Montigny avait offert à M. Pailleron pour l'*Age ingrat* une asez forte prime : l'auteur l'avait refusée. Quelques jours après la première, le caissier du théâtre vint le voir et lui offrit de nouveau ladite prime : « Gardez cela pour la centième », dit en riant M. Pailleron. La centième eut lieu, en effet, et elle fut joyeusement fêtée à la campagne.

Il était dit que l'*Age ingrat* rapporterait toutes sortes de bonnes choses à son auteur. Un jour, il reçoit un superbe pâté de foie gras... signé d'un des marchands les plus connus de Paris. Il s'étonne, il s'informe et il apprend que ce distingué fournisseur lui témoignait sa reconnaissance du fait qu'il l'avait nommé dans la comédie. Un envoi semblable lui fut fait par un fleuriste, également nommé dans l'*Age ingrat*, et qui demeure aujourd'hui rue Royale.

« Si j'avais su, nous disait M. Pailleron, j'aurais aligné l'un après l'autre, tous les fournisseurs utiles dans ma pièce, et je n'aurais manqué de rien de toute l'année. » Le marchand de comestibles et le fleuriste ne firent pas, du reste, une très mauvaise affaire, car ils eurent des commandes pour la centième.

Après l'*Age ingrat* vint l'*Etincelle*, puis *Pendant le bal*, petit régal littéraire, donné en primeur aux invités de M. Jules Ferry, alors ministre de l'Instruction publique. Il fut joué par Mmes Reichenberg et Jeanne Samary, qui annoncèrent toutes deux le nom de l'auteur, la première disait : « Mesdames », la seconde disant : « Messieurs », etc. A Mme Samary échut le prénom : « Edouard » et à Mme Reichenberg le nom : « Pailleron ». On a quelquefois renouvelé depuis cette anodine plaisanterie.

Enfin, le *Monde où l'on s'ennuie*, qui fut une soirée triomphale... Il nous semble que nous voyons encore, parmi les notabilités de la salle, dans deux baignoires voisines, Gambetta et Henri Rochefort. Un rôle avait été, dans cette pièce, difficile à distribuer : celui de l'estimable personne dont il est dit « qu'elle porte lunettes » et « qu'elle manque de gorge ». Il ne fut définitivement accepté que lorsque l'auteur se fut engagé de remplacer les lunettes par un lorgnon et à faire dire par quelqu'un que le second reproche était de pure invention et que la personne calomniée était une « fausse maigre ». Il faut quand on est auteur dramatique savoir ménager toutes les susceptibilités...

(12 février 1894.)

ÉDOUARD PAILLERON

C'est avec un profond sentiment de tristesse que nous avons appris, hier, la mort d'Edouard Pailleron. Depuis le jour où il avait quitté son bel appartement du quai d'Orsay, d'où les travaux de la nouvelle gare d'Orléans l'avaient éloigné, sa santé, jusque-là très solide, s'était altérée. Il aimait passionnément le quartier où il habitait : primitivement, il occupait l'une des ailes de l'hôtel Chimay, où s'est installée depuis l'Ecole des beaux-arts. Je serais assez disposé à penser que les fatigues d'un déménagement qui l'agaçait ont développé chez M. Pailleron l'affection cardiaque dont il souffrit tout l'hiver et qui a fini par l'emporter. Ses proches et ses amis espéraient que la venue des beaux jours remettrait complètement le malade. Malheureusement, le printemps n'est arrivé que tardivement : Edouard Pailleron n'a pas pu l'attendre et, après deux jours d'agonie, il est mort entouré de ses enfants, son fils et sa fille, et de quelques parents.

L'auteur du *Monde où l'on s'ennuie* occupe une des meilleures places dans le groupe des auteurs dramatiques dont la carrière se développa ou s'ouvrit sous le second Empire. De cette brillante pléiade, Emile Augier, Alexandre Dumas fils, Henri Meilhac ont disparu ; Edouard Pailleron parti — il meurt à soixante-cinq ans — il ne reste plus que M. Victorien Sardou et M. Ludovic Halévy, d'un âge voisin.

. . . .
. . . .

Remarqué à l'Odéon, Edouard Pailleron s'achemine vers la Comédie-Française, qui reçoit et joue, non sans succès le *Dernier Quartier*. C'est dans cette pièce, du genre aimable, que se trouvait le vers restait fameux :

> Ta cousine,
> Je l'aime ! Son château de ta terre est voisine.

Ni l'auteur, ni les acteurs, ni le directeur, ni le souffleur, ni le copiste, ni l'imprimeur, ni le correcteur, personne, à l'origine, ne remarqua cet extraordinaire lapsus. Pour sa punition, Edouard Pailleron dut retourner à l'Odéon avec le *Second Mouvement*. Il s'échappe ensuite vers le boulevard, où il donne au Gymnase le *Monde où l'on s'amuse*. Mais ces essais, en somme, ne constituaient qu'un bien mince bagage. En 1869, Pailleron revenait à la Comédie-Française avec un drame en vers, les *Faux-Ménages*. Pièce à thèse, sorte de tragédie bourgeoise, la nouvelle œuvre se recommandait par la sincérité et l'émotion; l'auteur sortit du rang.

La guerre survient et lorsque Pailleron reparaît sur l'affiche, à la Comédie-Française, avec un tout petit proverbe, l'*Autre motif*, il semble qu'il a enfin trouvé sa vraie route, celle où il rencontrera successivement *Petite pluie*, *l'Age ingrat*, l'*Etincelle*, ce petit chef-d'œuvre et enfin, en 1881, le *Monde où l'on s'ennuie*. Je ne crois pas qu'il y ait eu, dans l'histoire du théâtre, beaucoup de premières représentations aboutissant à un succès aussi éclatant, aussi étourdissant que le *Monde où l'on s'ennuie*. Je commençais à les suivre et je me rappelle encore Gambetta et Henri Rochefort qui, dans deux baignoires voisines, applaudissaient à tout rompre. Depuis, Pailleron donna la *Souris*, *Cabotins* et deux proverbes, *Mieux vaut douceur*...

Et violence : il reste après ces nouvelles et dernières œuvres, l'auteur du *Monde où l'on s'ennuie.*

Et comme cette pièce, sans doute, subsistera seule et qu'elle durera, Pailleron apparaîtra dans l'avenir comme un railleur de bon ton, gai et sain, un peu superficiel, mais plein d'esprit et capable, parfois, d'une certaine tendresse de sentiment. Ai-je besoin de rappeler que l'Académie française l'avait de bonne heure appelé chez elle ? il y remplaça Charles Blanc. Il fut chargé dans la suite de recevoir M. Ludovic Halévy : il y eut, ce jour-là, une jolie séance au palais de l'Institut.

Edouard Pailleron, dans ses dernières années, vivait presque retiré. Il travaillait beaucoup. Tous les matins, il s'en allait au bois dans une voiture bien fermée, ayant auprès de lui son grand caniche noir. Arrivé à la Cascade, il descendait de voiture : il se promenait dans les allées écartées, réfléchissant, méditant, notant, et il ne rentrait que lorsque son chien fidèle l'avertissait que l'heure du retour et du déjeuner avait sonné. Tous les lundis, il recevait à dîner une douzaine d'amis conviés à tour de rôle : des artistes surtout : quelques écrivains et deux ou trois intimes qui étaient de presque toutes les réunions.

Dans ces dîners, Edouard Pailleron, qui, à l'ordinaire, restait sur la défensive, s'abandonnait volontiers. Il avait l'anecdote facile, le mot prompt, de nombreux souvenirs. Quelle ample moisson aurait recueillie, celui qui aurait pu retenir tout ce qui s'est dit, depuis vingt ans aux lundis de Pailleron ! Pendant l'été, Pailleron partait pour sa maison de Ronjoux, en Savoie : elle lui fut apportée par sa femme, qui est, comme on sait, la fille de Buloz, le fondateur de la *Revue des Deux Mondes*. De son cabinet de travail, situé au second étage, il apercevait Chambéry et les cimes neigeuses des Alpes. En face de lui, il avait la petite colline où, dans les feuilles se cachent les Charmettes. Certes, entre l'auteur révolté du *Contrat social* et l'écrivain bourgeois du *Monde où l'on s'ennuie*, on ne saurait établir aucune comparaison ni distinguer le moindre trait de ressemblance. Et, cependant, quelquefois, à ceux qui ne le connaissaient point... ou qu'il voulait écarter, Pailleron apparaissait comme un bourru quelque peu rébarbatif. Ce bourgeois cossu, ce mondain soigné se donnait volontiers des allures de sauvagerie.

Au demeurant — et l'auteur dramatique mis à part — un homme très intelligent et très spirituel, sceptique et pratique, narquois et sentimental : un enfant de Paris.

(Gaulois.)

MEILHAC ET HALÉVY

(Henri Meilhac, né à Paris, le 21 février 1831; mort en 1897)
(Ludovic Halévy, né à Paris, le 1ᵉʳ janvier 1834)

FROUFROU

Au moment où *Froufrou* se joue au Théâtre-Français, il est intéressant de savoir comment Desclée concevait ce rôle où elle a laissé des souvenirs si vivants.

Voici une lettre, que publie Gautier-Garguille, dans laquelle la pensionnaire du Gymnase donnait des conseils sur ce sujet à une jeune artiste de province :

Cette lettre est datée de 1869.

Ma chère enfant,

Ah bien, vous aurez une vraie courbature après *Froufrou !* Sept changements ! Les deux premiers actes, ce que vous êtes : vive, jeune, gaie, calme, insouciante. Je vous recommande la répétition ; il faut être gauche, très maladroite et dire tout sur le même ton, comme les amateurs, enfin. Après avoir donné la brochure à la baronne, dites : *Je commence ;* vous vous éloignez comme pour aller à la fenêtre imaginaire ; ouvrez la bouche comme pour répéter et dites encore en vous reprenant : *Je commence.* Nous avons trouvé ça un soir ; faites-le bien, ça fait rire.

Au troisième acte, depuis le lever du rideau jusqu'à la grande scène, des nerfs, des nerfs et des renerfs. Chiffonnez votre robe, votre mouchoir, tapez sur le piano ou sur les meubles à portée de votre main, la physionomie agacée ; enfin préparez la violence de la fin ; qu'on l'attende ; et, pas un instant en place. Exigez, comme mise en scène du mouvement, beaucoup de mouvement. Marchez, agitez-vous tout le temps. Pelotonnée sur la chaise longue, suivez des yeux votre sœur et votre mari, jouez avec vos mains, ayez l'air de vous briser les doigts en contenant la fureur qui éclate un peu après ; et avec Louise, tout ce que vous trouverez dans votre petit être, de fureur, de rage, de violence, les yeux hors de la tête, un petit démon enfin. La folie seule peut excuser les infamies qu'elle débite.

Au quatrième, je vous recommande le petit récit de l'avant-scène. Adoptez une inflexion un peu monotone, une sorte de psalmodie, le regard vague, pas de mouvement, et que les larmes vous montent à la gorge aux derniers mots seulement.

Au cinquième, pas de voix du tout, un grand cri en recevant l'enfant, puis les paroles sortant difficilement, les phrases entrecoupées. Grand peignoir de laine noir et grand manteau à capuchon également noir. Le capuchon sur la tête en entrant, du noir autour des yeux, les lèvres blanches, les joues creusées. Si vous voulez d'autres détails, demandez !

Merci pour votre gentil cadeau, ma chère petite Fanfan ; je vous souhaite de la santé, du bon travail, un bon engagement pour l'année prochaine. Je vous embrasse comme je vous aime.

A vous,

Aimée Desclée.

(28 juin 1892.)

ARMAND SYLVESTRE

(Né à Paris, avril 1837 ; mort à Toulouse, février 1901)

LA HARPE D'OR

Tristan de Léonois

Sur les rochers noirs de l'Arvor,
La harpe se taisait, la belle harpe d'or ;
Elle gisait là sous les nues,
Son corps tout entr'ouvert et ses cordes rompues.
Hélas ! à voir tant de malheur,
Je sentis de pitié se fendre aussi mon cœur.
Et pleurant, j'arrachai la fibre,
Cette fibre d'amour qui dans moi toujours vibre ;
Puis sur la harpe j'attachai
Le nerf mélodieux de mon cœur arraché.
Tour à tour plaintive et joyeuse,
Elle sonne à présent, cette bonne chanteuse.
Ça donc ! ma harpe, à nos chansons,
Et qu'un peu de bonheur entre dans vos maisons.

C'est dans ces vers — qui n'auraient pas suffi pour établir sa gloire — que le mélancolique Brizeux célèbre l'instrument sur lequel s'accompagnaient jadis les bardes de son beau pays de Bretagne. C'est aussi sur l'une des fictions inventées par les « harpeurs » du sol celtique que M. Armand Sylvestre a exercé sa verve poétique, dans la pièce que la Comédie-Française représentera prochainement : *Tristan de Léonois*.

La légende de *Tristan et Iseult*, que Wagner réchauffa des sons de sa musique, nous appartient en propre. Cette affirmation n'est pas une nouveauté pour ceux qui ont des lettres, ne fût-ce qu'un peu. Il n'est peut-être pas inutile de la rappeler à ceux qui l'ignorent ou qui l'oublient, dans un temps où nous nous inclinons si facilement devant ce qui est étranger.

Dans les premiers siècles de notre littérature, tandis que les « trouvères » popularisaient, au nord et au sud de la Loire, la légende de Charlemagne dans ces œuvres que l'on appelle les chansons de Geste, et dont la « chanson de Roland » est le modèle le plus complet, un monde poétique d'une nature étrange et mystérieuse naissait dans les solitudes de l'Armorique, dans les rochers du pays de Galles, sur les montagnes de l'Ecosse et les promontoires de l'Irlande. C'était l'œuvre du génie celtique, dont les traditions, conservées par une race fidèle, allaient bientôt enfanter des poèmes destinés à rivaliser d'influence avec les chansons de Geste. Comme l'a dit un savant critique, M. Aubertin, les éléments les plus disparates se mêlent dans les fictions de cette poésie : souvenirs lointains des druides et des bardes, guerres soutenues contre les Romains, les Francs et les Saxons, résistance et conversion au christianisme, dévotion exaltée à la Vierge, triomphes et malheurs des héros de l'indépendance nationale, tristesses de l'isolement et de la défaite aggravées par le sévère aspect du ciel et de l'Océan. Ces inspirations mélancoliques accueillirent aisément le merveilleux, les vagues féeries, les prodiges, toutes les inventions chères à la crédulité surexcitée des natures rêveuses. Un cycle épique, d'origine celtique et chrétienne, résume ces légendes dans l'histoire d'Artus et des héros de la Table-Ronde, opposant aux rudes barons féodaux ses rois aimables et brillants, entourés d'enchanteurs et de chevaliers amoureux : une galanterie mystique, une délicatesse raffinée, mise à la mode par les romans en vers, se répandit dans toute l'Europe et adoucit les mœurs sauvages peintes avec tant d'énergie par nos épopées carolingiennes.

Successeurs immédiats des bardes gaulois, les harpeurs bretons transmirent de générations en générations les légendes nationales, les augmentèrent, en créèrent de nouvelles ; leur travail fut recueilli par les auteurs de romans et de poèmes au-dessus desquels brillent de l'idéal le plus vif l'histoire de « Tristan de Léonois » et celle de « Perceval le Gallois ».

L'histoire de Tristan a été résumée d'une façon aussi brève que claire et spirituelle, il y a quelques mois, par un savant mathématicien. Qu'on ne s'étonne pas : il s'agit de M. Bertrand, membre de l'Académie Française. Il recevait son nouveau collègue, M. Gaston Paris, auteur de nombreuses études sur les littératures du moyen âge, et il lui disait : « Vous avez raconté les amours de Tristan et d'Yseult, légende de grand renom et d'éternelle fraîcheur. La belle Yseult, de race royale et de gentil esprit, disciplinée dès son jeune âge à toute élégance et honnêteté est accordée puis mariée à un roi que son cœur n'a pas choisi. Un doux philtre l'égare et l'enivre. Yseult aime son mal et n'en veut pas guérir. Sans lutte ni remords, presque sans mystère, sans s'attrister du blâme des gens de bien et sans comprendre les sourires moqueurs, elle rejette le joug importun du devoir, voulant vivre et mourir en douce émulation d'amoureuse ivresse avec Tristan, son ami tant aimé... Cette épopée celtique, dites-vous, morte elle-même en créant sa postérité a charmé tout le moyen âge ; la poésie moderne est imprégnée de son esprit ; elle lui doit deux de ses éléments essentiels, l'aventure et l'amour, c'est-à-dire la recherche du bonheur. » Ici, M. Bertrand fait remarquer au récipiendaire que la recherche du bonheur exista de tout temps et que, « vingt siècles avant

Yseult aux blonds cheveux, l'admiration des Grecs pardonnait à la belle Hélène, sa sœur aînée et son charmant modèle ». Sans doute ; mais l'amour grec n'est pas, comme l'amour de Tristan et d'Yseult, un amour sentimental. »

Tristan, ainsi que l'a fort bien remarqué M. Kufferath dans son livre sur « Tristan et Yseult », est le premier en date des amoureux qui rêvent, il est le premier amant sentimental.

Quand il est loin d'Yseult, il pleure et il se lamente. Rien ne peut le consoler :

> Mainte douloureuse journée
> En ai depuis eue et soufferte.

Ce qui le tourmente, c'est l'indifférence de celle qu'il aime :

> Je meurs pour elle, elle ne le sent.

Et il erre de-ci, de-là, en tous pays :

> Dolent, morne, triste, pensif.

Risquant sa vie qui lui est à charge et ne pensant qu'à la mort :

> Mieux vault en une fois mourir
> Que tout temps en peine languir.

Tristan, en un mot, porte déjà dans l'âme cette grande mélancolie, qui, plus tard, inspirera le désespoir de Werther et la tristesse d'Olympio.

La belle Yseult ne possédait pas moins que Tristan l'art de dire et d'accompagner sur la harpe les lais bretons :

> Bons lais de harpes vous appris,
> Lais bretons de votre païs.

Elle aussi improvisait :

> La reine chante doucement,
> La voix s'accorde à l'instrument.
> Les mains sont bels, le lais est bon,
> Douce la voix, et bas le ton.

Marie de France, comtesse de Champagne, qui écrivit vers la fin du douzième siècle et qui mit en vers français, pour le roi Henri II d'Angleterre, un grand nombre de lais bretons, nous a conservé un des lais attribués à Tristan, le *Lai du chèvrefeuille;* cette adaptation (on adaptait déjà au douzième siècle) est un des récits les plus charmants de notre vieille littérature.

Marie raconte comment Tristan, affligé d'être séparé depuis un an de sa mie Yseult, fait un voyage en Cornouailles, s'y cache dans le bois, près de l'allée où il sait qu'Yseult se promène d'ordinaire, taille une branche de coudrier, y inscrit son nom et avertit la reine de sa présence. La reine, ne tarde pas à passer par là ; elle remarque les lettres sur la branche de coudrier et bientôt :

> Dedanz le bois celui qui trouva
> Qui plus l'aimait que rien vivant.

La rencontre des deux amants est pleine de réserve. Yseult fait espérer à Tristan sa grâce et son rappel à la cour ; puis, sans plus, ils se séparent en pleurant. Marie ajoute que, pour se souvenir mieux de ce que la reine lui avait fait, Tristan « qui bien savait harper » fit un nouveau lai, dit de chèvrefeuille, et elle explique pourquoi ce lai a été appelé ainsi : Tristan dans une lettre qu'il avait adressée à Yseult, se comparait, lui et elle, au chèvrefeuille enlacé au coudrier, et qui meurent dès qu'on tente de les séparer.

> D'eux deux fut tout pareillement,
> Comme de chèvrefeuille était
> Qui au coudrier se prenait :
> Quand il est enlacé et pris
>   Et tout entour s'est mis.
> Ensemble peuvent bien durer ;
> Mais qui ensuite les veut séparer,
> Le coudrier meurt hâtivement
> Et chèvrefeuille ensemblement.
> « Belle amie, ainsi est de nous :
> Ni vous sans moi ni moi sans vous. »

« Ne vuz sanz mei, ne mei sanz vuz. » Ce trait n'est-il pas délicieux ?

Les citations pourraient être multipliées. Toutes montreraient le charme subtil des anciennes poésies de notre langue. C'est chez elles, encore une fois, que Wagner trouva l'inspiration de ses deux œuvres les plus belles, *Tristan et Yseult* et *Parsifal*. Au moment où notre première scène lyrique s'apprête à glorifier les « Maîtres chanteurs » allemands, il doit être permis de donner un souvenir, quand l'occasion se présente, aux harpeurs de la terre celtique, aux trouvères du pays de France.

(19 octobre 1897.)

ÉMILE ZOLA

(Né à Paris en 1840; mort en 1902)

UNE PAGE D'AMOUR

L'Odéon donnera samedi la première représentation d'*Une page d'amour*, pièce tirée par M. Samson du roman de M. Emile Zola. M. Samson n'est pas un inconnu au théâtre : il soutient dignement le nom qu'il porte. Il a signé avec M. Cressonnois, une *Marie Stuart* qui a été remarquée. Il fut présenté par l'artiste Philippe Garnier à M. Emile Zola, alors qu'on répétait *Germinal*, et c'est alors qu'il demanda au maître l'autorisation de tirer une pièce d'*Une page d'amour*. M. Zola l'accorda à une condition qu'il n'aurait point à prendre part à la collaboration, car d'autres travaux le retenaient en ce moment.

« C'est bien M. Samson qui a la responsabilité, nous disait hier encore M. Zola, de l'œuvre qui va être représentée sur la scène de l'Odéon et c'est à lui que, au point de vue dramatique, en reviendra l'honneur si le succès répond à ses efforts. Je lui ai donné carte blanche. Il m'a montré le plan de son œuvre. Je crois que, depuis, ce plan a été un peu modifié. Je verrai la pièce pour la *première* fois à la répétition générale. J'y assisterai comme un quelconque du public. J'ai été heureux d'aider un jeune à être représenté sur une scène littéraire et je serai heureux de l'applaudir. »

M. Emile Zola a souvent collaboré d'une façon

plus active. Sa part de travail était plus grande dans les drames tirés de ses romans qui ont été représentés sous la signature Emile Zola et William Busnach. Quelle était, au juste, cette part ? M. Emile Zola nous l'a définie très exactement :

« Nous arrêtions ensemble le plan général, le scénario de la pièce. Et quand le scénario était bien décidé, Busnach se mettait à l'œuvre. Il écrivait d'un premier jet tout le drame. Il avait soin de partager la page sur laquelle il écrivait en deux parties égales. L'une m'était réservée. Quand Busnach avait terminé, je me mettais alors à l'œuvre et j'écrivais en marge de la « copie » de mon collaborateur. »

M. Emile Zola juge avec une grande impartialité les œuvres qu'il a faites de cette manière. « Sans doute, nous disait-il, au point de vue littéraire, ce travail n'est pas d'un mérite extraordinaire. D'abord, en principe, je suis tout à fait opposé au système qui consiste à tirer une pièce d'un roman. Il arrive toujours qu'une des œuvres tue l'autre. C'est ce qui est arrivé par exemple, pour la *Dame aux Camélias*. Une vraie œuvre d'art a une forme unique : elle n'en peut et n'en doit point changer.

« Mais, outre les difficultés qui m'empêchaient, moi et nous tous alors, de faire représenter, à cause de nos théories dramatiques, nos pièces originales sur des scènes parisiennes, j'avoue que j'ai cédé au plaisir de voir défiler, remuer et vivre sur le théâtre, les personnages que j'avais créés. Je crois d'ailleurs, que les personnages de mes romans vivront plus longtemps que ceux des drames qu'ils ont inspirés. Cependant il est tel personnage qui, actuellement, dans l'opinion populaire, conserve plutôt le caractère que lui a donné le théâtre : Mes-Bottes, par exemple. Eh bien, le Mes-Bottes que le public a dans l'esprit est, à l'heure actuelle, celui de l'Ambigu, celui qu'a incarné Dailly beaucoup plus que celui de mon roman de l'*Assommoir*...

« Je suis donc loin de me repentir de ce qui a été fait. Après tout, il faut être de son temps, il faut vivre. L'artiste et l'écrivain doivent-ils s'enfermer dans une tour d'ivoire? Ce fut un peu l'attitude de Flaubert. Qu'y a-t-il gagné (je parle au point de vue intellectuel) ? »

C'était toute la question de « l'art et la vie » de l'écrivain que M. Zola soulevait ainsi devant nous. Elle pourrait donner lieu à de longues discussions. Mais il faut laisser M. Zola au travail qui l'occupe en ce moment. On sait qu'il termine le *Docteur Pascal*, le roman qui doit clore la grande série — nous allions dire l'épopée — des Rougon-Macquart, commencée il y a 24 ans. L'idée que cette œuvre immense va être terminée n'est point sans causer une certaine émotion à l'écrivain. Il revoit tout ce qu'il a écrit car il faut qu'il conclue. Il consulte l'arbre généalogique qu'il publia précisément dans une *Page d'amour*, qui nous occupait tout à l'heure. « Tout cela, nous disait-il, me donne un peu de fièvre, je revis avec tous les personnages de mes vingt volumes. Ils me tiennent. »

Il était intéressant encore de savoir de M. Emile Zola si, après les travaux commencés, il écrirait de nouveau pour le théâtre.

« Le théâtre ? Oh ! je n'en sais rien. J'avoue que les pièces que l'on joue ne me passionnent point. Je m'y ennuie plutôt... Je suis toujours pour la réalité au théâtre... Mais il faut selon moi, que cette réalité soit intéressante, très intéressante... »

(2 mars 1893.)

EMILE ZOLA ET LA MUSIQUE

Il était permis de penser que prenant part avec assiduité aux répétitions de *Messidor*, M. Emile Zola trouverait matière à des observations et à des réflexions. En effet, lorsque je demandai à l'auteur du livret de *Messidor*, il y a quelques jours, si, par exemple, il avait une opinion sur les rapports de la poésie et de la musique, il me répondit aussitôt :

« Certainement, j'ai la conviction que le poème et la musique sont intimement liés ensemble. A ce point qu'à mon avis c'est le compositeur qui devrait écrire lui-même son livret. Il n'en était pas ainsi lorsque le librettiste se contentait de trouver et joindre ensemble un certain nombre de situations dramatiques ou comiques, qui fournissaient au musicien l'occasion de « morceaux à effet », cavatines, duos, chœurs, quatuors, que le public pouvait entendre à heure fixe. Aussi bien, certains librettistes ne furent pas si maladroits. Le nommé Scribe n'a pas été inutile, croyez-le, à Meyerbeer. Quoi qu'il en soit, cette coupe d'ouvrage est aujourd'hui condamnée. Il n'y a pas à y revenir. Nous avons le drame lyrique, il faut le garder.

« Notez que je suis persuadé que la formule actuelle est un progrès sur la formule précédente. La musique prétend décrire, aujourd'hui, des états d'âme, dessiner des caractères, développer des passions avec détail : j'y consens. Et je conçois aussi que la formule wagnérienne s'applique à cet objet. Le fait est, par exemple, que, si la musique a la noble ambition de me montrer les divers sentiments d'un héros, la déclamation chantée, que souligne et vivifie une savante orchestration, s'impose. Si vous voulez que je m'intéresse aux personnages que vous avez choisis, il faut que je puisse les entendre. Pour ma part, dès que je ne comprends plus exactement ce que « dit » le chanteur, je cesse de le suivre et de m'intéresser à son sort. Que dans des moments particulièrement émouvants, dans des élans de tendresse ou de passion, les paroles se perdent un peu, soit. Mais pas tout le temps, comme il arrive presque toujours.

« Mon opinion est moins arrêtée en ce qui concerne la substitution de la prose au vers, pour l'écriture du livret. *Messidor* est en prose. Bruneau estime que le vers a le tort d'introduire un rythme particulier dans un autre rythme. Il s'y connaît mieux que moi. Il doit avoir raison.

« D'ailleurs, je crois qu'une question plus importante se pose : celle du sujet du livret. Je crois que, si depuis quinze ans, la jeune école française, si ardente, si sérieuse, si savante, n'a pas récolté plus de succès et de plus éclatants, la faute en est aux deux causes suivantes : elle a eu devant elle des livrets d'un médiocre intérêt et, de plus, peut-être elle s'est trop laissée emprisonner dans la formule victorieuse.

« Wagner ayant usé de la légende, nos librettistes en ont abusé à tort et à travers. Chacun veut découvrir la sienne et le même en déniche plusieurs successivement. Eh bien, pour que la légende nous captive, il faut qu'elle se fonde sur des sentiments largement humains ; si elle n'est que la mise en œuvre de croyances plus ou moins superstitieuses, ou de traditions plus ou moins compliquées, elle apporte avec elle un inévitable ennui. Lorsque, au Théâtre-Français ou à la

Renaissance, un artiste me conte, dans des vers ciselés, une légende gracieuse ou terrible, je goûte, à écouter son récit, un plaisir de dilettante ; je ne suis pas ému. Je le suis, quand un auteur me dit, dans une langue forte et sobre, les tourments les craintes, les espoirs, les ambitions, les passions de l'homme et de la femme modernes. Que l'on ne s'y trompe pas. L'art de la musique ne me passionnera, ne m'intéressera que si elle apporte à mon oreille l'écho des désirs et des souffrances qui troublent les hommes et les femmes d'aujourd'hui. C'est de ce côté, je crois, que doivent se tourner nos compositeurs, au lieu de s'attarder dans des sujets vieillots et languissants. Qu'ils prennent les sentiments fondamentaux de l'âme humaine, qu'ils nous montrent comment les contemporains, ou tout au moins les « modernes » les subissent et les expriment. Ils verront le public s'intéresser à leurs œuvres, s'y échauffer. De là, aussi, pour le compositeur la nécessité d'écrire son livret lui-même, à moins qu'il ne trouve un collaborateur qui soit en complète union d'idées et de sentiment avec lui, et qui consente à « vivre » avec lui l'œuvre commune.

« Le sujet choisi selon le vœu que je forme, je demande que nos compositeurs secouent un peu les chaînes qu'ils se sont volontairement données. La formule wagnérienne est, je le répète, la meilleure qui soit ; elle est, de beaucoup, supérieure à celle qui l'ont précédée. Mais elle correspond à un tempérament particulier. Nous avons notre tempérament nous aussi, les Latins. Est-ce que le vieux sol gaulois est à ce point épuisé qu'il est obligé d'aller quérir de « l'engrais », si l'on peut ainsi parler, de l'autre côté du Rhin ? Est-ce que nous ne pouvons pas tirer de la formule wagnérienne ce qui en fait l'incontestable supériorité et la transformer, la modifier, l'améliorer dans le sens de notre génie national ? Les opéras de Wa-

gner ont beaucoup de succès et réalisent de belles
recettes. La chose est certaine. Mais les opéras
selon Wagner n'ont guère de succès et ne réalisent
que de maigres recettes. Il faut en convenir aussi.
J'admire Wagner plus que quiconque. Mais je
crois qu'à l'imiter servilement, nos compositeurs
perdent leur temps, leur peine et leur talent.
Qu'ils s'inspirent de son faire, mais qu'ils ne le
copient pas. En un mot, on peut dire de la formule
wagnérienne ce qu'on dit quelquefois du journalisme. Le journalisme, assure-t-on, est le meilleur
des métiers, à condition d'en sortir. Eh bien, la
formule wagnérienne est la meilleure des for-
mules..., à condition d'en sortir — également. »

(16 février 1897.)

FRANÇOIS COPPÉE

(Né à Paris en 1842)

POUR LA COURONNE

Vers inédits

On a souvent décrit la demeure paisible du poète des *Intimités* et du *Reliquaire*. Dans un quartier retiré, où les édifices publics ou privés sont peu élevés, où les voitures sont rares, M. François Coppée habite une petite maison aux volets gris, entre deux jardins. C'est là qu'il rêve et qu'il écrit, et sa méditation n'est troublée, au printemps, que par les chansons des oiseaux dans les feuilles, en hiver, que par les cloches mélancoliques d'un couvent voisin.

Lui-même, il racontait un jour sa vie dans le petit billet que voici :

« Je suis né à Paris, en 1842, de parents parisiens. Mon père était un employé du ministère de la Guerre. La famille était nombreuse, on n'était pas riche ; mais on s'aime mieux à vivre à l'étroit, les uns serrés par les autres. Mon père avait une nature de rêveur, adorait les lettres ; il m'apprit à les bien aimer, et dès les premières années du collège — j'étais externe au lycée Saint-Louis — j'ai aligné des lignes inégales avec une rime au bout...

« J'étais encore bien jeune quand une de mes sœurs se maria ; puis une autre mourut, puis le père s'en alla à son tour, et je restai seul avec ma mère et ma sœur aînée. Chef de famille à vingt ans, c'était dur et doux à la fois. A mon tour, j'étais devenu commis de la guerre, et comme le père, pour faire aller le ménage. »

M. François Coppée rappelle alors ses débuts littéraires et il ajoute :

« Quant à ma vie privée elle est sans intérêt. Il ne se passe rien dans l'existence des poètes que des rêves et des feuilles de papier noirci.

« Je ne me suis pas marié et je vis avec ma sœur aînée, ma chère Annette qui est restée fille, elle aussi, et qui a remplacé ma mère morte il y a peu d'années. J'habite au fond du faubourg Saint-Germain, dans une maison paisible avec des livres et des fleurs. »

C'est dans cette maison que M. François Coppée nous contait hier quelques souvenirs à l'occasion de son drame nouveau, *Pour la Couronne*, qui va être joué le 19 janvier sur la scène de l'Odéon. Nous avons dit déjà comment la pièce, reçue par M. Porel, avait séjourné un moment au Théâtre-Français pour revenir définitivement chez MM. Marck et Desbeaux. Nous avons dit aussi comment cette œuvre qui, ayant l'unité de lieu et de temps, est plutôt une tragédie qu'un drame, emprunte à certains événements récents une actualité que l'auteur, certes, n'avait pas prévue. Il s'agit, en effet, d'un fils profondément patriote, qui apprend tout à coup que son père prépare avec l'ennemi une trahison contre leur patrie commune. Situation dramatique s'il en fut, et que le poète a placée dans un imaginaire royaume des Balkans, c'est-à-dire dans un pays sauvage et pittoresque où les hommes ont les passions vives, et cela à l'heure où les Slaves défendent la chrétienté contre l'invasion des Turcs et de la barbarie.

« Ce dont j'aime surtout à me souvenir en tant qu'auteur dramatique, nous disait M. François Coppée, c'est que mes œuvres ont servi de début à des jeunes gens, hommes ou femmes, et les ont mis en lumière. De même que Mme Agar et aussi les frères Lionnet — dites bien cela pour ces derniers au moment où ils ont tant besoin qu'on ne les oublie pas — ont été mes premiers porte-parole, de même je me rappelle avec une joie sincère que c'est le *Passant* qui a attiré l'attention de Paris sur une jeune femme qu'il avait tort de dédaigner, sur Mme Sarah Bernhardt. Comment ne dirais-je pas que j'ai eu les prémices de la « voix d'or » qui chante encore dans mes oreilles ?... Il est vrai que j'eus aussi les restes « d'une voix qui tombe » avec Beauvallet, quand il récita la *Grève des forgerons*. Mais je reviens à mes jeunes amis, à Mlle Weber, que les *Jacobites* ont signalée, à Albert Lambert fils, que *Severo Torelli* a lancé... J'ai l'espoir, je vous l'avoue, qu'il en sera de même pour deux jeunes artistes qui sont de l'interprétation de *Pour la Couronne* : M. Jacques Fenoux et Mlle Wanda de Boncza. Certes, ils furent déjà remarqués tous les deux. Mais, comme je voudrais que ma pièce les rendît célèbres. M. Fenoux qui a le rôle principal s'y met de si grand cœur, et elle est si charmante Mlle Wanda... Que vous dirai-je ? J'aime l'Odéon et sa jeune troupe qui ne demande qu'à bien faire : je me plais dans ce théâtre si riche en bons et beaux souvenirs. »

Ce n'est pas nous qui blâmerons M. François Coppée de cette dernière pensée. Et nous avons profité de ce moment d'enthousiasme pour demander à M. François Coppée s'il n'avait pas quelque

part, dans un tiroir, certaines « pages oubliées ».
Il voulut bien chercher et voici ce qu'il trouva :

(Datant des Intimités*).*

Vous voyez d'ici le petit roman :
Un affreux jaloux chez la dame veille,
Et l'amoureux loge avec sa maman.
Où se voir ? Mais tout s'arrange à merveille.

Sortir le matin vous est bien permis.
Vite un fiacre. On est en simple toilette.
Souriant d'avance au plaisir promis,
Vos yeux sont brillants sous votre voilette.

Déjà votre amant est au rendez-vous,
« Hôtel du Brésil et de la Corrèze ».
Il avait au cœur des battements fous,
En prenant la clef du numéro treize.

Le tapis est laid, les fauteuils sont durs.
C'est un mobilier de chambre garnie ;
Et quatre tableaux disent sur les murs
Les amours de Paul et de Virginie.

Tout cela d'abord vous répugne un peu ;
Madame est assez petite maîtresse.
Mais le lit est blanc ; on a fait du feu,
Et la table avec des cristaux se dresse.

Poussons le verrou, c'est l'essentiel.
Etre libre, il n'en faut pas davantage.
— Garçon, s'il vous plaît, le chemin du ciel ?
— Corridor à gauche, au troisième étage.

(Datant du Siège de Paris.)

L'été, sous la claire nuit bleue,
Galopant le long des moissons,
Les omnibus de la banlieue
Rentraient, le soir, pleins de chansons.

Les grisettes sur ces voitures
Grimpaient avec les calicots.
On avait mangé des fritures
Et cueilli des coquelicots.

Les moustaches frôlaient les joues,
Car dans l'ombre on peut tout oser,
Le bruit des grelots et des roues
Etouffant le bruit d'un baiser.

Et l'on revenait, sous les branches,
De Boulogne ou de Charenton,
Les bras noirs sur les tailles blanches,
Tout en jouant du mirliton.

— Or j'ai revu ces voitures
Mais non plus telles que jadis
Par les amusantes soirées
Des dimanches et des lundis.

Le drapeau blanc de l'ambulance
Pendait, morne, auprès du cocher.
C'est au petit pas, en silence,
Que leurs chevaux devaient marcher.

Elles glissaient comme des ombres,
Et les passants, d'horreur saisis,
Voyaient, par les portières sombres,
Passer des canons de fusils.

Ceux de la bataille dernière
Revenaient là tristes et lents,
Et l'on souffrait à chaque ornière
Qui secouait leurs fronts ballants.

Ils ont fait à peine deux lieues,
Ces ironiques omnibus
Pleins de blessés aux vestes bleues
Qu'ensanglanta l'éclat d'obus.

Ce convoi de coucous qui passe
Semble vous faire réfléchir
A l'étroitesse de l'espace
Qui nous reste encore pour mourir.

Et malgré mes pleurs de souffrance,
J'ai pu lire sur leurs panneaux
Les noms des frontières de France :
Courbevoie, Asnières, Puteaux...

(12 janvier 1895.)

CATULLE MENDÈS

(Né à Bordeaux en 1841)

MÉDÉE

Médée, non moins qu'Andromaque, a souvent tenté les auteurs dramatiques. Cela se comprend facilement. Avec ce personnage, cruellement énigmatique, un problème se pose tout de suite devant la pensée : comment, à la suite de quels événements, par quels sentiments poussée, une mère arrive-t-elle à commettre le crime le plus horrible, à tuer ses enfants ?...

Il y aurait la matière d'une étude instructive dans la comparaison des diverses Médées qu'ont représentées les poètes. On y verrait ce que l'imagination de chacun d'eux a inventé, sinon pour justifier, au moins pour expliquer le forfait de la femme de Jason. Mais cette étude dépasserait les limites d'une courte chronique. Je veux seulement, au moment où Médée va encore revivre dans les vers de M. Catulle Mendès et sous les traits de Mme Sarah Bernhardt, rappeler, parmi les Médées du passé, les principales.

La première tragédie complète qui nous reste de l'antiquité sur Médée est la tragédie d'Euripide. Avant Euripide, d'autres tragiques avaient traité le même sujet : Eschyle et Sophocle notamment. Il semble que les prédécesseurs d'Euripide avaient vu surtout dans Médée la « magicienne ». Le titre de la pièce de Sophocle, à ce point de vue, est significatif : elle s'appelle les *Rizotômes* ou les *Coupeuses de racines*. La magie se trouve à l'aurore de toutes les civilisations — à leur fin aussi, quelquefois. Quoi qu'il en soit, Euripide, le premier aborde de front la peinture d'une passion dominante, qui mène la victime de cette passion jusqu'au plus abominable des crimes. Dans Euripide, Médée est, comme l'a écrit celui que les universitaires appelaient le père Patin, maîtrisée, subjuguée, par la toute-puissante suggestion de sa jalousie et de son désespoir. « Un invincible ascendant entraîne sa volonté au crime qu'elle prévoit, qu'elle craint. Spectacle terrible, où, par une révolution qui change la face de la scène grecque, nous voyons succéder à l'antique fatalité du destin la fatalité nouvelle de la passion ; au sentiment de la grandeur morale l'émotion pathétique ; pour tout dire en un mot, à Sophocle Euripide. » L'art se renouvelle, mais ce qu'il gagne en mouvement et en vie, il le perd en élévation, et, sans doute les Athéniens avaient le sentiment de cette transformation, puisque dans le concours où parut *Médée*, ils placèrent la pièce d'Euripide après la pièce présentée par Sophocle, pièce qui ne nous est pas parvenue.

Euripide écrivit une œuvre « moderne » et, si l'on peut ainsi parler, beaucoup plus « moderne » que la plupart des tragédies ou drames qui furent composés sur le même sujet dans la suite des siècles. Quoi de plus beau dans cette œuvre magnifique que les paroles adressées par Médée à ses enfants ? Le morceau est connu de tous ceux qui ont des lettres :

« O mes enfants, mes enfants, vous avez donc une ville, une maison à habiter et pour toujours loin de moi, malheureuse ! sans votre mère. Et moi, je m'en vais dans l'exil, vers une autre terre, avant d'avoir pu jouir de vous, de vous avoir vus heureux ; je n'ordonnerai point votre mariage ; je ne parerai point l'épouse, la couche nuptiale ; je ne porterai point le flambeau sacré !... Hélas ! hélas ! mes enfants pourquoi ce regard ? pourquoi ce sourire, ce dernier sourire ?... Que ferai-je, malheureuse ? Tout mon cœur s'en va sitôt que je rencontre l'œil serein de mes enfants... Non ! je ne puis. Loin de moi ce barbare dessein... Donnez, mes chers enfants, donnez-moi votre main ; que votre mère la baise ! O chères mains, lèvres chéries, aimable aspect, nobles traits de mes enfants... Délicieux embrassements ! Ces fraîches et tendres joues, cette douce haleine... Sortez ! sortez : je ne puis soutenir votre vue... Cet acte que je vais commettre j'en comprends toute l'horreur, mais la passion qui pousse l'homme aux plus grands crimes, la passion est plus forte que les conseils de ma raison. »

De quelles joies vraies se privent ceux qui ne veulent plus apprendre le grec, ne fût-ce qu'un peu, et qui ne pourront goûter ces belles choses dans la langue même où elles sont écrites !

Après Euripide, les Médées deviennent innombrables. Chez les Latins, c'est Ennius, puis Sénèque, puis Lucain. Sénèque revient un peu à la « magicienne » ; dès la première scène, il nous la montre se livrant à des incantations qui rappellent celles des sorcières de Macbeth. Si nous arrivons aux temps modernes, nous voyons que les Italiens, les Anglais et les Allemands tentent de se mesurer avec les anciens sur le même sujet. La Médée allemande de Grillparzer paraît être la meilleure. En France, nous avions jusqu'à présent cinq Médées ; auteurs : Jean de la Péruse (1553), Pierre Corneille (1635), Longepierre (1694), Hippolyte Lucas (1855), Ernest Legouvé (1856), sans parler des opéras de Thomas Corneille, musique de Charpentier, et de ceux de Salomon et Chérubini.

La *Médée* de Pierre Corneille est, à proprement parler, la première tragédie composée par le grand poète. C'est la pièce où son génie commence à se révéler ; les vers énergiques et concis, les vers « cornéliens » y sont déjà nombreux.

Dans la dédicace de son œuvre, nous trouvons ces lignes :

« Dans la portraiture il n'est pas question si un visage est beau, mais s'il ressemble, et dans la poésie il ne faut pas considérer si les mœurs sont vertueuses, mais si elles sont pareilles à celles de la personne qu'elle introduit. »

Que nous disait-on que les classiques sacrifiaient souvent la *vérité*, la *réalité*, à d'autres soucis artistiques ? La *Médée* de Longepierre, que personne ne connaît aujourd'hui, se maintint pendant tout le dix-huitième siècle au répertoire et fit complètement oublier celle de Corneille.

La *Médée* de M. Ernest Legouvé — la dernière — outre sa valeur littéraire et ses mérites dramatiques, se recommande à la mémoire de tous les historiographes de notre théâtre par un fait particulier. Ecrite pour la plus grande de nos tragédiennes, pour Rachel, elle fut reprise par celle-ci, et la pièce traduite en italien, fut créée à Paris par Mme Adélaïde Ristori. Il faut lire dans les *Souvenirs* de M. Ernest Legouvé, dans les *Souvenirs* de la Ristori, dans *Rachel et Samson*, le livre de la veuve de Samson, le récit complet de cette curieuse histoire.

M. Legouvé raconte que la première fois qu'il apporta son œuvre à Rachel, il lui vit froncer le sourcil, dès le titre. Il ne s'émut pas ; après avoir lu la pièce, il lui dit : « Eh bien ! — Eh bien ! je m'attendais à quelque chose de plus nouveau. J'ai déjà joué tant de rôles grecs ! — Médée n'est pas une Grecque dans mon ouvrage, c'est une barbare. — Je n'ai jamais joué de personnage de mère. — Raison de plus pour commencer. — Qui me prouve que j'aurai l'accent maternel au théâtre ? » Cependant Rachel accepta le rôle. Elle se mit à l'étudier. Les répétitions avançaient lorsque tout à coup, on apprit le départ subit de Rachel pour la Russie. M. Legouvé justement irrité, fit un procès qu'il gagna. Rachel dut payer 6,000 francs de dommages-intérêts, que l'auteur partagea entre les Sociétés des auteurs dramatiques et des gens de lettres. La pièce fut publiée l'année suivante, la Ristori obtenait dans *Médée*, à la salle Ventadour, un succès triomphal. Mme Ristori a expliqué dans ses mémoires comment elle avait composé le rôle ; c'est une page à lire pour nos tragédiennes.

Si nous en croyons Mme Vve Samson, le triomphe de la Ristori dans *Médée* hâta peut-être la triste fin de Rachel :

« En apprenant l'immense succès de la Ristori, Rachel comprit la grande sottise qu'elle avait faite en refusant de jouer un rôle qui aurait pu, en ajoutant à ses succès, empêcher ceux de cette redoutable rivale. Elle quitta la France pour l'Amérique, afin d'être seule à y régner. L'état de sa santé, déjà si mauvaise, ne fit qu'empirer. Et quand elle revint en France, quelque temps après, ce fut pour y mourir. »

M. Ernest Legouvé, toujours à propos de *Médée*, nous écrivait ces détails inédits :

Mon cher Confrère,

...Il y a quelque vingt-cinq ans, une jeune artiste américaine, miss Mathilda Néron, qui était à la fois comédienne et poète, entreprit une longue tournée dans les villes d'Amérique, emportant pour seul répertoire deux pièces françaises, traduites par elle, la *Dame aux Camélias* et *Médée*. La tournée dura plusieurs années, elle joua chacune de ces deux pièces plus de trois cents fois, et elle en rapporta beaucoup d'argent. C'est d'elle que je tiens ces détails. Elle me les a racontés en venant m'offrir, avec toute sa reconnaissance, un exemplaire de sa traduction. C'est le seul droit d'auteur que j'aie touché : Sardou a rendu grand service aux auteurs en leur apprenant comment on se crée des droits à l'étranger.

Ernest LEGOUVÉ.

Dans quelques jours, Mme Sarah Bernhardt va représenter le personnage dont Rachel ne voulut pas. Nous savons, par les indiscrétions de coulisses qu'une belle soirée littéraire se prépare. Il y a lieu de s'y attendre avec le poète qu'est M. Catulle Mendès.

(25 octobre 1898.)

SAINTE-THÉRÈSE

— Voulez-vous connaître toute l'histoire ? nous dit M. Catulle Mendès. Je vais vous la dire. Ce sera le moins long possible.

D'abord je tiens à répéter quelle est ma véritable désolation d'avoir été réduit à retirer mon drame du théâtre de Sarah Bernhardt, à ne pas être interprété par Sarah elle-même, qui se montrait incomparablement admirable dans le rôle de *Sainte-Thérèse*, et par d'autres grands artistes qui la secondaient avec le plus dévoué talent. A qui fera-t-on croire que j'ai renoncé à de tels avantages sans de très sérieuses raisons ?

Ces raisons, les voici :

Il y a un an environ j'étais sur le point d'achever *Sainte-Thérèse;* je ne la destinais pas à Sarah. Non pas qu'elle n'en fût l'interprète idéale, mais parce que j'avais cru avoir à me plaindre d'elle à propos de représentations de *Médée*, qui n'avaient pas eu lieu au théâtre d'Orange. Or, justement parce qu'elle n'avait pas *Thérèse*, Sarah en avait envie. Après avoir chargé mon cher et illustre ami Edmond Rostand de me parler à ce sujet, elle m'envoya de Londres la dépêche suivante :

Cher et aimé poète,

Je voudrais avant d'arrêter ma saison, savoir si j'ai une chance d'avoir le drame auquel vous travaillez.

Etre joué par Sarah, c'est si tentant ! Je répondis télégraphiquement :

Despotique souveraine,

Voici la situation. J'ai demandé une lecture à la Comédie-Française aussitôt la pièce finie. Cependant si vous me faites incomparables joie et bonheur de vouloir *Thérèse* pour saison prochaine ordonnez télégraphiquement en fixant date. *Thérèse* vous appartiendra. Mais Comédie-Française désormais fermée pour moi. Décidez. Adorations fidèles.

Catulle MENDÈS.

Sarah répondit par télégramme dans la même journée :

Ami chéri,

Je vous remercie à plein cœur tendre et reconnaissant. Voici situation. Je rentre avec *Aiglon*, 1er octobre. Je joue après *Théodora* et votre *Thérèse* après *Théodora*. Cela nous mettra, je pense 1er mars, un superbe moment. Qu'en pensez-vous ? Mille joies.

A mon tour, je répondis :

Tout est donc convenu, chère Thérèse. La pièce et l'auteur sont tout à vous.

Catulle MENDÈS.

D'autres dépêches, non moins cordiales, non moins affirmatives, furent échangées de part et d'autre. Et j'étais bien tranquille : *Sainte-Thérèse* serait sur l'affiche du théâtre Sarah-Bernhardt le 1er mars, ou les premiers jours de mars.

Or, un jour, sur le boulevard, je rencontre M. Willy Schutz, le frère, comme vous savez, de l'admirable chanteuse tragique Litvine. Il m'annonça qu'il organisait des représentations wagnériennes à Paris et que ces représentations avec, cela va sans dire, des décors énormes et encombrants, auraient lieu au théâtre Sarah-Bernhardt, vers Pâques, ou tout au commencement d'avril. Et M. Willy Schutz me montra le traité en bonne forme que lui avait consenti Mme Sarah Bernhardt, laquelle avait déjà reçu à l'avance sur la location de son théâtre une somme assez considérable, si j'ai bonne mémoire. Vous jugez de ma stupéfaction ! Sarah Bernhardt devait me jouer au commencement de mars (commencement qui serait bien allé jusqu'à la moitié du mois), et, au moment où elle prenait son engagement avec moi elle avait déjà loué son théâtre à l'entreprise wagnérienne.

Par télégramme encore, je témoignai ma surprise pour ne rien dire de plus, à Mme Sarah Bernhardt, qui était alors à Belle-Isle. Elle ne nia pas ; elle me répondit :

Ami,

Cette convention était faite avant que j'aie la joie d'avoir votre pièce ; je n'avais rien devant moi après *Théodora*. Je vous jure en toute loyauté, que je n'ai pas songé une minute à ce traité en vous demandant votre chef-d'œuvre.

Vous n'en souffrirez en aucune façon, je vous le jure. Soyez calme et charmant. Vous aurez un triomphe, moi un grand succès.

SARAH.

A quelle époque aurait eu lieu le succès de Sarah et le triomphe qu'elle voulait bien me prédire ? Entre le milieu de mars et le 1er avril ? C'eût été pour nous deux une gloire peu durable, et je dus déclarer tout net à Mme Sarah Bernhardt que je ne pouvais dans ces conditions lui laisser mon drame. Elle me répondit que c'était fort mal de ma part et que j'étais dans mon tort.

Mais maintenant qu'allais-je faire de ma pauvre *Sainte-Thérèse*, que parmi ces aventures, j'avais enfin achevée ? Je n'osai guère retourner à la Comédie-Française.

Il m'arriva une grande chance. M. Jules Claretie, récemment devenu souverain unique à la Comédie, voulut bien me demander de lire mon drame. Peu de temps après, je lui envoyai mon manuscrit. L'œuvre lui plut et il la reçut avec une gracieuseté dont je lui serai toujours reconnaissant et avec une estime dont fit preuve une lettre de lui qui fut publiée dans le *Temps*. Me voilà de nouveau tranquille. Ma pièce serait jouée à la Comédie. Mais j'avais compté sans Sarah.

A l'occasion d'un avis que je lui avais fait tenir pour son drame l'*Aveu*, Sarah m'écrivit, me donnant à entendre qu'elle n'avait pas perdu toute espérance de jouer *Sainte-Thérèse*, malgré la réception de celle-ci à la Comédie-Française.

Et enfin, peu à peu, d'entrevues en entrevues, de lettres en lettres, Sarah m'offrit tout net de venir jouer *Sainte-Thérèse* à la Comédie-Française ou de la jouer sur son théâtre quand il me plairait. Une fois encore, je me laissai tenter. Je mis seulement pour condition que Sarah, *qui ne connaissait pas encore ma pièce*, l'entendrait *enfin* de manière à ne s'engager qu'à bon escient, c'est-à-dire d'une façon, cette fois, irrévocable.

L'effet de la lecture, si j'ose le dire, fut assez grand. Et le lendemain, c'était en janvier — le 20 exactement — Sarah m'écrivait (lettre signée, pas télégramme) :

« Il faut cinquante jours pour répéter la pièce : cela nous mettrait du 1er au 15 mars. Je dois aller à Londres le 10 juin, mais si la pièce a le succès que nous espérons, je n'irai pas à Londres. Voilà ce que je voulais vous dire. Et puis encore ceci, que je suis à vous pieds et poings liés, soit à la Comédie, soit chez moi, soit tout de suite, soit tout à l'heure. »

Immédiatement les répétitions commencèrent. Après quelques jours de mise en train difficile, à cause de l'influenza dont j'étais accablé, les répétitions marchaient à merveille. Nul désaccord entre Sarah et moi, et son amour pour son rôle augmentait chaque jour. Cependant les répétitions étaient assez lentes : les décors, dont je n'ai encore vu que les maquettes et les aquarelles, ne furent pas commandés, me sembla-t-il, dès le temps où cela eût été possible. On ne s'inquiétait pas encore de certains accessoires compliqués, etc. Et, peu à peu, j'en vins à renoncer à la joie d'être joué entre le 1ᵉʳ et le 15 mars. Mais j'étais si heureux de voir mon rôle répété par Sarah que je prenais patience. J'insistai néanmoins, et vigoureusement, pour passer avant les fêtes de Pâques. Sarah m'écrivit qu'elle ferait l'impossible. Le certain c'est que la représentation était encore éloignée et je voyais arriver ce résultat fâcheux que je ne serais pas joué avant le 10 ou le 15 avril. Eh bien, quoique j'aie réclamé contre cette date, je m'y serais peut-être résigné, lorsqu'une information d'Italie fit savoir que M. Novelli serait à partir du 27 mai à Paris et donnerait des représentations au théâtre Sarah-Bernhardt. Or, cette nouvelle était vraie. Sarah, à qui j'avais demandé par téléphone de la démentir et qui m'avait promis de le faire, la confirma, au contraire, par une lettre publiée hier matin. Au lieu de dire le 27 mai, elle disait les premiers jours de juin, en ajoutant : « après mon départ pour Londres ». Donc, elle partait pour Londres, dès les premiers jours de juin, bien qu'elle m'eût promis de n'y point aller et cela dans un temps où je devais passer du 1ᵉʳ au 15 mars ! Et de même que ma pièce avait dû naguère être interrompue par les représentations wagnériennes, elle était menacée d'être interrompue par les représentations italiennes. J'avoue que je ressentis quelque colère ; il m'était assez pénible d'être bafoué une seconde fois. Cependant, je gardai toute mesure, et, après avoir retiré mes manuscrits du théâtre et de chez le copiste, j'écrivis à Sarah une lettre qui, tout en affirmant mon étonnement et ma volonté, reste absolument affectueuse et pleine de dévouée admiration.

Et voilà toute l'histoire ! Je crois qu'il m'était impossible d'agir autrement que je n'ai fait. Sarah se plaint de quelques décors entrepris, de quelques costumes commencés ? Est-ce que je n'aurais pas le droit de me plaindre un peu, moi, de mon labeur de quatre ans rendu inutile ? Mon pauvre drame, que je ne peux pourtant pas — Sarah me comprendra — offrir de nouveau à la Comédie-Française, va entrer dans un tiroir, y dormira très longtemps. Ce tiroir sera un petit cercueil où je mettrai parfois quelques fleurs ; ce seront les roses rouges de mon admiration pour Sarah et les violettes de mon regret de ses caprices.

P.-S. — Ajoutons que M. Mendès a témoigné jusqu'au dernier moment de son sincère désir de conciliation. Il a envoyé dans la journée d'hier à Mme Sarah Bernhardt le télégramme ci-joint:

Madame Sarah Bernhardt,

Théâtre Sarah-Bernhardt, Paris

Je vois, ma chère amie, une seule ressource pour éviter une cruelle rupture ; je vous propose de soumettre le cas à Cheramy que je demande et accepte pour arbitre ; je m'engage à accepter sa décision. Si vous voulez, je serai chez Cheramy aujourd'hui, à six heures, si vous acceptez cet arbitrage, le manuscrit est dès à présent à votre disposition.

Toute l'admiration et tout le dévouement.

Catulle MENDÈS,
6, rue Boccador.

Me Chéramy est l'avoué de Mme Sarah Bernhardt.

Au moment où nous allons mettre sous presse M. Catulle Mendès nous communique une dépêche qu'il vient de recevoir du grand acteur italien Ermete Novelli :

Ma première représentation aura lieu le 26 mai.

Ermete NOVELLI.

Ainsi ce n'est pas dans les premiers jours de juin, comme l'a écrit Mme Sarah Bernhardt, ce n'est pas le 27, comme un journal l'avait dit, c'est le 26 mai qu'auraient été interrompues, *forcément*, les représentations de *Sainte-Thérèse*.

(12 mars 1902.)

RÉPONSE DE Mme SARAH BERNHARDT

Nous avons donné, hier, les explications de M. Catulle Mendès au sujet de *Sainte-Thérèse*. Voici la réponse que nous communique Mme Sarah Bernhardt :

— J'espère, monsieur, que vous voudrez bien ouvrir votre journal à ces quelques lignes, écrites pour répondre à Catulle Mendès.
Quand j'ai reçu *Sainte-Thérèse* pour la première fois, j'avais, en effet, contracté un traité avec Willy Schutz pour des représentations wagnériennes ; mais ce traité était fait sous telles et telles réserves: Me Cheramy se fit verser caution de 12,0000 francs qui furent rendus à Willy Schutz, le traité ne pouvant avoir son exécution.
Catulle Mendès avait donc eu tort une première fois.
Nous reprîmes les négociations au mois de janvier dernier, et Catulle me lut, non sa pièce, mais

une *partie de sa pièce*, surtout ce qui regardait le rôle de Thérèse, et quelques scènes en dehors. Je restai sous le charme et dans l'admiration la plus sincère pour les parties entendues. La lecture aux artistes fut commencée le 24 janvier et terminée le 3 février. Je me rendis compte alors que l'importance de l'œuvre était considérable et nous nous mîmes au travail sans désemparer : répétant le matin quand les exigences du répertoire nous forçaient à livrer la scène aux machinistes. Nous avions tous foi dans la beauté de l'œuvre. Quelle ne fut pas ma surprise quand, le 16 février, je reçus une lettre me mettant en demeure de passer avant Pâques...

...M. Mendès, selon son droit évident, exige donc que sa pièce soit représentée avant Pâques, et voici les motifs de son exigence : étant donné, les matinées des jours saints et les matinées et soirées des jours de Pâques, si *Sainte-Thérèse* n'était pas encore sur l'affiche, il y aurait forcément à ce moment interruption de tout travail, etc., etc. ; il n'y a donc plus lieu à promesse d'effort, à affirmation de bonne volonté, à serment de faire l'impossible ; M. Mendès demande à la direction du théâtre Sarah-Bernhardt si, oui ou non, sa pièce sera représentée avant les fêtes de Pâques. Il attend aujourd'hui même, car, pour plusieurs raisons, il y a urgence, une réponse catégorique.

Catulle MENDÈS.

Paris, 16 février 1902.

Je ne répondis pas à cette lettre. Je continuai les répétitions. Mendès me fit demander, à plusieurs reprises, une réponse : je refusai de donner aucune réponse. Je passai outre. Pendant quatre jours, Mendès ne vint pas. Nous répétions avec ardeur. Mendès vint le lundi suivant. J'avais rongé mon frein, calmé ma colère par le travail, sans lui, et apaisé ma rancœur dans la poésie de son œuvre. Il ne fut donc question ni de la lettre ni de la mise en demeure de rien.

Samedi dernier 8, après la répétition nous nous quittâmes en pleine communion d'idées. Le lundi matin, Catulle Mendès arrivait au théâtre vers dix heures et demie : « Je viens, dit-il à M. Rebel, régisseur général, chercher le manuscrit pour quelques petits changements. » Celui-ci, sans méfiance, lui remit le manuscrit. « Du reste, répliqua Mendès, vous en avez un autre ? — Non, monsieur, l'autre est chez Compère, le copiste, qui nous en fait un nouveau pour la censure. — Ah ! bien bien, » et se tournant vers Mlle Seylor : « Remettez cette lettre à Sarah. C'est à une heure la répétition ? — Oui, monsieur ! — Bien, bien ! » Et il file chez Compère, le copiste. « Vous avez le manuscrit du théâtre ? — Oui, monsieur. — Bien, donnez-le moi, je le porterai moi-même à la répétition ». Et Compère, sans défiance, le lui donne. C'est ce que ce dernier est venu me raconter en s'excusant d'avoir livré une chose qui lui avait été confiée.

J'arrivai au théâtre, appelée par le téléphone, et je lus la lettre dont voici les passages les plus marquants :

Voici les seules conditions auxquelles les répétitions pourraient continuer : un engagement formel écrit que *Sainte-Thérèse* sera jouée avant Pâques ; un engagement formel, écrit, que *Sainte-Thérèse* sera jouée *matinées* et soirées *sans interruption* jusqu'au 20 juin (c'est vous qui m'avez fixé cette date.) Si la moyenne des recettes d'une semaine, etc., etc., j'engage ici ma parole qu'aucune considération ne modifiera ma résolution. Mon chagrin est grand, mais ma volonté plus forte.

Catulle MENDÈS.

— C'était l'effondrement ! Les manuscrits enlevés, je ne pouvais continuer les répétitions comme la première fois.

Je priai M. Ullmann, administrateur général, d'aller en conciliation chez Mendès. Il revint au bout d'une heure. Tout était inutile. Néanmoins, je priai les artistes d'attendre. Mendès allait revenir, il allait renvoyer les manuscrits ! Les artistes attendaient. Enfin, vers quatre heures, M. Rebel recevait la dépêche suivante : « Le manuscrit de *Sainte-Thérèse* est à la disposition du théâtre Sarah Bernhardt ; veuillez le faire prendre. »

Tout heureux, Rebel m'apporta la dépêche. « Je cours le chercher ! » me dit-il. Je l'arrêtai. Non ! on perdrait du temps ; téléphonez : « Allô ! Allô ! Monsieur Mendès ? — Oui ! — Mme Sarah Bernhardt remercie pour la dépêche envoyée à M. Rebel ; mais elle prie M. Mendès de remettre le manuscrit à un cocher, en ayant soin de prendre son numéro ; la répétition pourra reprendre plus vite. » Réponse : « Allô ! allô ! M. Mendès ne peut remettre le manuscrit que contre les contrats demandés à Mme Sarah Bernhardt. » Je tenais l'autre récepteur ; les deux furent accrochés à l'appareil. A cinq heures, je fis chercher Me Brissaud, huissier. Je fis constater que les artistes, moi comprise, avaient attendu depuis une heure jusqu'à cinq heures ; que les manuscrits m'avaient été enlevés. Mes forces étaient à bout.

Quelle considération a fait ainsi agir M. Mendès ? Je ne puis, ou plutôt je ne veux la dévoiler. Il dit que c'est à cause de Novelli ; mais ce n'est pas vrai, puisque le 16 février il me mettait en demeure de passer avant Pâques et qu'il n'était pas question de Novelli. Je lui ai promis cinquante jours de répétitions. Eh bien ! du 3 février, jour où il acheva la lecture de sa pièce, au 10 avril jour que j'avais fixé pour la première, il restait quarante-six jours, car il faut déduire les abonnements de huit jeudis, les matinées de neuf dimanches, le vendredi et le samedi saints. Je tenais donc ma parole donnée, bien au delà.

Quant à Novelli, voici ce que je relève dans le copie-lettres. A la date du 12 février 1902 M. Victor Ullmann écrivait à Novelli :

« Votre première représentation aurait lieu, par exemple, du 26 mai au 5 juin ; mais la date précise ne peut être fixée qu'un mois à l'avance. »

Donc la date ne devait être fixée qu'après dix-huit représentations de *Sainte-Thérèse*, compris les matinées ; alors que je pouvais conclure sur le sort de la pièce. — M. Mendès me reproche d'écrire dans le *Figaro* que je dois partir pour Londres, après lui avoir promis de continuer sa pièce si elle était un grand succès ; — mais je ne pouvais, en conscience refuser les 100,000 fr., que je gagne dans ma saison de Londres avant de savoir le sort de la pièce, laquelle aurait eu, alors 72 à 74 représentations. J'avais le plus grand espoir dans la pièce, la plus grande admiration pour l'œuvre, l'amour de mon rôle ; mais c'est mon droit et mon devoir de me mettre à même de parer à un jugement injuste du public. Tout ce qu'a fait Catulle Mendès reste incompréhensible. Le travail était très avancé, j'ai 54 costumes espagnols seizième siècle, faits complètement ; 5 décors bâtis, 3 peints, finis ; des meubles, des accessoires; des engagements spéciaux de de Max et Darmont, du temps perdu.

...Enfin, c'est dans une crise terrible de désespoir et de larmes que j'ai noyé mes illusions, mes espérances, mon admiration, mon amitié pour cet homme ; je suis sortie de cette crise le corps brisé le cerveau écartelé, mais la volonté saine et sauve. De ma vie je ne reverrai Catulle Mendès.

Sarah Bernhardt.

Ce 12 mars 1902.

J'ai reçu de M. Catulle Mendès, la lettre suivante :

A Monsieur Aderer, rédacteur au Temps, *président de l'Association de la critique.*

Jeudi, 11 heures du matin.

Mon cher Président,

Je viens d'adresser ce télégramme à Mme Sarah Bernhardt :

« Sarah, n'est-ce pas absurde de se quereller ainsi quand on s'aime de bon cœur ? Tenez, ce matin, dites-moi par le téléphone que vous n'irez à Londres et ne donnerez votre théâtre à Novelli que lorsque *Thérèse* ne fera plus le sou, et je ne réponds pas même à votre réponse du *Temps*, et nous répétons, de belle humeur, après déjeuner. »

Mme Sarah Bernhardt consentira-t-elle ? Si elle consent, je vous ferai tenir l'heureuse nouvelle, et tout sera pour le mieux ; si elle refuse je vous demanderai de publier, en réponse à la lettre de Mme Sarah Bernardt, parue, hier, dans le *Temps*, la lettre que je commence ici ; et j'aurai parlé pour la dernière fois de cette ennuyeuse affaire.

Mon adversaire — hélas ! est-ce possible ? — a tenté de jeter quelque confusion sur les faits par des phrases brillantes et passionnées, par des citations tronquées. Je maintiens absolument, dans les moindres détails, tout ce que j'ai dit. Je serai bref et net.

Mme Sarah Bernhardt dit que le traité avec M. Schutz pour les représentations wagnériennes n'a pas été exécuté et qu'elle a remboursé les 12,000 francs. Cela est parfaitement exact. Et c'est même pour cela que j'ai pu donner mon drame à Mme Sarah Bernhardt, une seconde fois. Mais quand elle s'engageait avec moi pour la première fois elle n'était pas dégagée de son engagement avec M. Schutz et il demeure établi, *incontestablement*, du propre aveu de Mme Sarah Bernhardt, qu'*au moment où elle me promettait de me jouer vers le 1er mars, son théâtre était loué à M. Schutz pour Pâques ou les premiers jours d'avril*.

Mme Sarah Bernhardt s'étonne que le 16 février j'aie demandé que ma pièce fût représentée avant Pâques. Et pourquoi n'aurais-je pas demandé, n'aurais-je pas même exigé cela, puisque, dans sa lettre du 20 janvier, Mme Sarah Bernhardt, de son propre mouvement, sans être sollicitée, m'avait fixé l'époque du 1er au 15 mars ?

Mme Sarah Bernhardt donne pour raison des retards que je ne lui avais pas lu ma pièce tout entière, que, par conséquent, elle en ignorait l'importance. Mme Sarah Bernhardt fait erreur. Je lui avais lu toute la pièce, hormis quelques scènes de foule, que ma voix, brisée par la grippe ne pouvait dire, et hormis quelques parties qui, mon drame étant matériellement trop long, devaient être supprimées et qui le sont en effet. D'ailleurs Mme Sarah Bernhardt ne pouvait avoir aucun doute sur l'importance de mon ouvrage, puisque, huit mois auparavant je lui avais télégraphié : « Vous êtes Thérèse rêvée. Il y a un grand second rôle femme. Quatre grands rôles hommes, capitaux. Grand nombre autres rôles hommes et femmes. Neuf décors presque tous considérables avec des changements à vue. Costumes pittoresques, très nombreux ». Ainsi Mme Sarah Bernhardt, non seulement avait entendu la pièce, mais était prévenue, dès longtemps, de son importance considérable, sinon exceptionnelle. Qu'est-ce donc qui empêcherait de passer à la date promise ? Le trop grand nombre de pièces qu'on répétait à la fois, l'excès de travail divers, où, non seulement Mme Sarah Bernhardt, mais tout le théâtre était obligé ; le trop peu de hâte quant aux décors (je le répète, je n'ai encore vu que des maquettes et des aquarelles), quant aux accessoires, quant à la musique (demandée à un musicien, exquis sans doute, mais qui est en voyage), etc., etc. Dans une adorable lettre où elle m'appelle gentiment « ami, poète et bourreau ! » Mme Sarah Bernhardt me disait : « Je ferai donc l'impossible, je vous le jure en toute foi ». Je ne suis pas bien sûr qu'elle ait fait le possible.

Mme Sarah Bernhardt m'accuse d'avoir usé de malice pour reprendre mes manuscrits. Elle se trompe, je n'ai usé d'aucune malice, j'ai tout simplement demandé au régisseur général, au copiste, sans prétexte, les copies qu'ils avaient entre les mains, et qui m'appartenaient. D'ailleurs, le fait de reprendre mes manuscrits, s'il *signifiait* quant à mon désir de retirer ma pièce au cas où mes justes réclamations ne seraient pas admises, n'avait aucune importance *matérielle*, puisque Mme Sarah Bernhardt et tous les autres artistes avaient tous *leurs rôles copiés* et *connaissaient toutes les indications de mise en scène;* rien ne s'opposait donc à la répétition; il n'aurait manqué que le manuscrit du souffleur.

Mme Sarah Bernhardt dit que je n'ai pas voulu

m'accorder avec M. Ullmann, administrateur général ; que je n'ai pas voulu remettre les manuscrits promis. Elle se trompe. J'ai toujours tenu les manuscrits à sa disposition à la seule condition qu'on me donnerait l'assurance formelle que — selon la lettre d'engagement de Mme Sarah Bernhardt — ma pièce, *si elle réussissait*, ne serait pas interrompue prématurément par les représentations de M. Novelli.

Mme Sarah Bernhardt cite une lettre de moi, du 11 mars, où je demande d'être joué jusqu'au 20 juin. Cette lettre est tronquée. Mme Sarah Bernhardt d'un mouvement de plume étourdi supprime, remplace par des « etc., etc., » la fin très importante, d'une longue phrase.

Voici, dans son sens précis, la phrase raturée : « *Si la moyenne des recettes d'une semaine (ici, dans la version de Mme Sarah Bernhardt, se placent les etc., etc...), tombe au-dessous d'un chiffre que nous fixerons ensemble d'un commun accord, les représentations de ma pièce pourraient être immédiatement interrompues.* Voilà ce que Mme Sarah Bernhardt omet de citer. Et qui peut donc trouver que mes exigences étaient excessives et onéreuses pour le théâtre ?

Que d'autres choses j'aurais à dire ! Mais le public doit en avoir assez, et même trop, de tant de bruit autour d'une pièce qui ne sera pas même jouée. Il faut pourtant que je demande à Mme Sarah Bernhardt pourquoi, si certaine d'avoir raison, après l'avoir accepté à trois heures de l'après-midi, elle a refusé à cinq heures du soir l'arbitrage de Me Cheramy, son propre avoué ; et surtout je voudrais savoir ce que Mme Sarah Bernhardt entend par cette phrase : « Quelle considération a fait agir ainsi Mendès ? je ne puis ou plutôt je ne veux la révéler ». Peste ! c'est donc bien grave. De quel sombre complot puis-je bien m'être rendu coupable ? Il faut que Mme Sarah Bernhardt dise toute la vérité, si affreuse qu'elle soit. Ai-je prémédité de faire jouer ma pièce à Londres (moi aussi !) par les marionnettes de Thomas Holden, ou au théâtre Gémier par Mme Sada-Yacco, revenue tout exprès du Japon.

J'essaye de rire, je ne peux pas. Le temps passe. Sarah n'a pas répondu à mon télégramme, n'y répondra pas sans doute. Je vais être obligé de publier la page ci-dessus. Je ne suis pas comme le rossignol de la chanson, qui a le cœur gai. Non seulement je perds la plus admirable des interprètes, mais je perds une amie chérie avec tant de ferveur. Ceux qui n'ont pas vécu dans le rayonnement proche, dans l'intimité de Mme Sarah Bernhardt, ne peuvent pas se faire une idée du charme si aimable, si pénétrant de son amitié — cette amitié si affectueusement souriante, caressante. Et Sarah, dit-elle, ne me reverra jamais ! C'est la situation d'Horace et de Curiace. Sarah ne me « connaît plus »; moi, « je la connais encore, et c'est ce qui me tue ». Du moins, si elle ne veut pas me voir, elle ne pourra pas m'empêcher de la voir. Chaque fois qu'elle jouera une pièce nouvelle, ou qu'elle fera quelque reprise, je serai dans un coin de la salle, et elle ne pourra pas faire que je ne sois ébloui de sa beauté, de sa grâce, de sa toute-puissance tragique, de son génie ! Et, le lendemain dans mon article, je dirai sa louange avec un juste excès d'enthousiasme. Et qui sait si, quelque jour, l'obstination de mon culte, l'acharné entêtement de ma ferveur n'éveillera pas un commencement de repentir dans son cher cœur royal et cruel.

A vous bien cordialement, mon cher Aderer.

Catulle MENDÈS.

(14 mars 1902.)

Le président de l'Association de la critique dramatique a adressé à Mme Sarah Bernhardt la lettre suivante :

Madame,

Je ne suis chargé d'aucune démarche, d'aucune mission par qui que ce soit.

Si je me permets d'intervenir, c'est que, sans doute, le président de l'Association de la critique dramatique ne doit pas se désintéresser d'un débat où se trouve engagé l'un de ses membres les plus justement réputés.

Je ne veux pas entrer dans les détails d'une discussion qui fait songer moins aux querelles littéraires qu'au « maquis de la procédure ».

Je vois ceci : une belle œuvre et une grande artiste. Ce sont choses, il me semble, qui — plus que jamais en nos temps médiocres — doivent non pas *se fuir*, mais *se chercher*.

Je me permets de me dire, Madame, votre ami dévoué.

Adolphe ADERER.

L'auteur de cette lettre a reçu de Mme Sarah Bernhardt une lettre personnelle, que l'éminente artiste le prie de ne pas publier, « s'étant promis de ne rien faire, dire, ni écrire dans les journaux à propos de cette affaire ». Il ne peut que s'incliner devant ce désir, en exprimant le regret que la tentative de conciliation qu'il avait essayée n'ait pas obtenu un meilleur résultat.

(16 mars 1902.)

SCARRON

Le mariage de Scarron

Vers le mois de mai 1652, Scarron, qui avait alors quarante-deux ans, perclus de douleurs, atteint de mille maux, « cul-de-jatte » comme il se disait lui-même, épousait Françoise d'Aubigné, âgée de seize ans.

M. Catulle Mendès, dans la pièce qu'il va faire représenter au théâtre de la Gaîté, nous dira — dans de très beaux vers — quelle fut l'existence des nouveaux mariés, que séparait une différence d'âge de vingt-six ans.

On sait dans quel état se trouvait le poète burlesque Scarron quand il se maria : on le sait à peu près, car ni la nature du mal dont il souffrait, ni ses causes n'ont jamais été bien élucidées. C'est au Mans où, jeune chanoine, il menait une vie joyeuse, qu'il en ressentit les premières atteintes. A la suite de quoi ? La Beaumelle, dans un récit plus souvent contesté que réfuté, nous le dit :

Au Mans, comme dans la plupart des villes de province, le carnaval finit par des mascarades politiques. L'abbé Scarron voulut en être. Mais sous quel déguisement s'envelopper ? Il avait à sauver à la fois la singularité de son caractère et la décence de son état, l'Église et le burlesque. Il s'enduit de miel toutes les parties du corps, ouvre un lit de plume, s'y jette et s'y retourne jusqu'à ce que le sauvage soit bien empenné. Il va courir à la foire et en attire toute l'attention. Les femmes l'entourent, les unes s'enfuient, les autres le déplument; tout se réunit contre lui, et bientôt le beau masque a plus l'air d'un chanoine que d'un Américain. A ce spectacle, le peuple s'attroupe, est indigné, crie au scandale. Scarron se dégage de la foule. Poursuivi, dégouttant de miel et d'eau, partout relancé aux abois, il trouve un pont, le saute héroïquement et va se cacher dans les roseaux. Ses feux s'amortissent. Un froid glacial pénètre ses veines et met dans son sang le principe des maux qui l'accablèrent depuis.

Quelle que soit l'authenticité de ce récit, il est certain que, vers l'année 1638, une étrange maladie fondit sur Scarron. Quelle fut la nature de ce mal? On ne l'a jamais su bien exactement. Cyrano de Bergerac, qui poursuivit de sa haine le poète du *Roman comique*, voyait en lui un « avarié », comme aurait dit M. Brieux. C'est une hypothèse que divers témoignages permettent d'écarter, aussi bien que les suppositions de Gilles Boileau et de Tallemant des Réaux, cette mauvaise gale. Le mal s'assoupit quelque temps. Repris par lui, Scarron se livra à un charlatan qui le traita de telle façon que le poète fut bientôt perclus de tous ses membres; les bains de tripes qu'il alla prendre à l'hôpital de la Charité ne lui apportèrent aucun soulagement.

Survenait en même temps, pour Scarron, un long procès avec ses cohéritiers, à la suite de la mort de son père, Scarron dit l'Apôtre. Les complications qui en résultèrent pour lui, puis les événements de la Fronde, enfin toutes sortes de déboires avaient fini par décider le « cul-de-jatte » à partir pour les Antilles.

Il occupait alors, à la rue d'Enfer, près du Luxembourg, à l'hôtel de Troyes, un vaste apparment, dont il louait une partie. Un de ses amis, le chevalier de Méré, lui présenta un jour une toute jeune fille de quinze ans, avec l'air un peu gauche et embarrassé, la robe trop courte des fillettes qui ont grandi trop vite. C'était Françoise d'Aubigné, petite-fille du célèbre Agrippa d'Aubigné, et fille de Constant d'Aubigné, débauché, monnayeur, qui était allé mourir à la Martinique, y laissant dans la misère sa femme et sa fille. L'enfance de Françoise avait été malheureuse, tiraillée en sens divers. Pour le moment elle se voyait à charge à sa marraine Mme de Neuillant, dont la ladrerie égalait la richesse. « Quoique sa parente, dit Tallemant, elle la laissait toute nue. »

Françoise (ou Francine, comme on l'appelait souvent) en était restée timide et sérieuse pour son âge. « Ses beaux yeux, écrit M. Morillot, l'érudit biographe de Scarron, tant admirés de ceux qui la connurent, se voilaient d'un nuage de mélancolie... Elle entra dans la chambre de Scarron, et se mit à pleurer. Si le poète n'eut pas ce jour-là les récits d'Amérique sur lesquels il comptait, du moins il fut touché profondément par l'intelligence et la grâce de celle à laquelle il venait de lier, à son insu, sa malheureuse existence. »

Quelques mois après cette première entrevue, Françoise d'Aubigné, alors dans le Poitou, adressa à une de ses amies, Mlle de Saint-Hermant, une lettre qui contenait quelques mots élogieux à l'adresse de Scarron. Scarron la lut, en fut ravi, et écrivit à Mlle d'Aubigné la lettre fameuse :

Je m'étais toujours bien douté que cette petite fille que je vis entrer il y a dix mois dans ma chambre, avec une robe trop courte, et qui se mit à pleurer, je ne sais pas bien pourquoi, était aussi spirituelle qu'elle en avait la mine. La lettre que vous avez écrite à Mlle de Saint-Hermant est si pleine d'esprit que je suis mécontent du mien de ne pas m'avoir fait connaître assez tôt le mérite du vôtre. Pour vous dire vrai, je n'aurais jamais cru que dans les îles d'Amérique ou chez les religieuses de Niort, on apprît à faire de belles lettres et je ne puis m'imaginer pour quelle raison vous avez apporté autant de soin à cacher votre esprit que chacun en a de montrer le sien. A cette heure que vous êtes découverte, vous ne devez point faire difficulté de m'écrire aussi bien qu'à M^llo de Saint-Hermant ; je ferai tout ce que je pourrai pour faire une aussi bonne lettre que la vôtre, et vous aurez le plaisir de voir qu'il s'en faut beaucoup que j'aie autant d'esprit que vous ; tel que je suis, je serai toute ma vie...

Rentrée à Paris, Francine retourna chez son ami le poète. Scarron, ému des malheurs de la « jeune Indienne », comme on l'appelait, voulut lui venir en aide. Il lui offrit une somme assez considérable qui lui permît de se marier honorablement ou d'entrer dans un couvent. Françoise d'Aubigné déclina cette offre généreuse. Cependant, elle n'avait pas à compter sur sa mère, absolument sans ressources. D'autre part, les maris ne se présentaient pas. Ni le duc de Chevreuse, qui l'avait remarquée, ni le chevalier de Méré ne songeaient à épouser cette petite fille, qui avait de beaux yeux, mais pas un sou vaillant. Quant à entrer dans un couvent, Françoise avait été trop malheureuse, étant petite, chez les religieuses de Niort, pour penser à y retourner.

Scarron offrit sa main. Françoise l'accepta.

Elle l'accepta par reconnaissance d'abord, puis par entraînement de l'imagination, par une sorte d'exaltation du devoir. « Ce pauvre cul-de-jatte, écrit M. Morillot, si misérable et si martyrisé par le mal, et en même temps si spirituel et si bon, a pu devenir, en dépit de sa triste mine, le héros de roman qui a séduit cette jeune fille à l'esprit ardent et aux sens froids. » Celui qui a été témoin de leurs fiançailles, le chevalier de Méré, dit, en parlant de l'hôtel de Troyes, où habitaient Scarron et

Francine : « C'est là où commencèrent *leurs amours.* » Le mot semble paradoxal : il est peut-être juste. Françoise d'Aubigné a bien pu, après tout, aimer Scarron au point de l'épouser.

Une fois le mariage décidé en principe, le projet resta secret. La célébration, d'un commun accord avec Mme d'Aubigné et Mme de Neuillant, fut ajournée à deux ans, délai qui fut bientôt abrégé d'une année. Pendant que Françoise continuait de vivre dans la retraite, et quelque temps peut-être «·en religion », Scarron revenant à ses idées de voyage faisait annoncer qu'il allait partir pour l'Amérique. Puis, quand tout parut prêt pour son départ, tout à coup, à la stupéfaction générale, Scarron se maria — probablement au mois de mai de l'année 1652.

On n'a trouvé aucune mention du mariage sur les registres paroissiaux des églises de Paris. Jal en a conclu qu'il avait eu lieu dans une église de campagne, aux environs de Paris. Cela est peu probable. Mère dit qu'ils furent mariés à l'hôtel de Troyes : cela est fort possible. Dans le grand appartement qu'il occupait, Scarron avait un petit autel, où l'on disait la messe exprès pour lui. Un aumônier y officiait : c'est lui sans doute qui bénit l'union de Scarron avec Mlle d'Aubigné, à qui Mlle Pons avait prêté des habits de noce.

Il y eut certainement un contrat. « Quand on dressa le contrat, écrit La Beaumelle, Scarron dit qu'il reconnaissait à l'accordée quatre louis de rente, deux grands yeux fort mutins, un fort beau corsage, une paire de belles mains et beaucoup d'esprit. Le notaire demanda quel douaire il lui assurait : « L'immortalité, répondit Scarron ; le « nom des femmes des rois meurt avec elles, celui « de la femme de Scarron vivra éternellement. »

Le récit est piquant, mais peu vraisemblable. Ce qui est sûr, c'est qu'en se mariant Françoise d'Aubigné ne possédait rien du tout, et que Scarron n'était pas sans ressources.

Quoi qu'il en soit, voilà Françoise d'Aubigné et Scarron bien et dûment mariés. Il nous reste à examiner ce qu'il advint de cette union inattendue.

La vertu de Mme Scarron

Scarron resta marié huit ans, jusqu'à sa mort, qui survint en 1660.

Pendant ces huit ans, la jolie Mme Scarron, la jeune Françoise, qui écrivait plus tard : « Je n'ai jamais été mariée », au sens physique du mot, fut-elle fidèle, vertueuse, honnête femme ? C'est une question que les contemporains de Mme Scarron ont souvent posée et à laquelle ils ont répondu suivant leurs sentiments d'amitié ou d'antipathie. M. Catulle Mendès nous donnera son avis.

La Beaumelle entr'ouvre hardiment les rideaux de l'alcôve et prétend nous raconter, avec des circonlocutions trop spirituelles pour être vraiment chastes, ce qui resta toujours le secret des époux. Quelques jours avant son mariage, il dit à un de ses amis : « Je ne lui ferai point de sottises, mais je lui en apprendrai beaucoup. » Il n'avait alors de mouvement libre que celui des yeux, de la langue et de la main. Mlle d'Aubigné fut plutôt la compagne que l'épouse de Scarron, et ne perdit que le nom de Mlle d'Aubigné. » Tallemant des Réaux, dans une phrase difficile à citer, se montre plus généreux envers Scarron.

L'opinion de la plupart des contemporains fut

donnée par Loret, l'auteur de la *Muse historique*.

> C'étaient deux beaux Esprits ensemble
> Mais pour la grâce et les appas,
> Le reste ne se ressemblait pas :
> L'Epouse avait grand avantage,
> Et je croy que leur mariage
> S'entretenait par les acords
> Bien mieux de l'Esprit que du corps.

Scarron put être le prédécesseur du grand roi : il ne fut probablement pas son précurseur.

Quoi qu'il en soit, Scarron, ayant gagné un peu d'argent, renonça à tout voyage en Amérique. Il continua tout d'abord à demeurer dans l'hôtel de Troyes, où il s'était marié ; mais bientôt le couple eut une installation définitive à la rue Neuve-Saint-Louis, au coin de la rue des Douze-Portes. Du jour où Françoise d'Aubigné habita avec Scarron, on peut dire qu'une autre vie commença pour lui. Sa célébrité s'accrut encore, et son salon, que l'échec de la Fronde avait dépeuplé, redevint fort à la mode.

« Ce qui fait, écrit M. Morillot, l'originalité de la « chambre » de Scarron, c'est qu'elle n'est fermée à personne, sinon aux importuns et aux fâcheux ; la bonne humeur et l'esprit y donnent seuls entrée. Pour la première fois on voit un simple poète recevoir chez lui les grands seigneurs. Ce n'est plus la marquise de Rambouillet, Catherine de Vivonne, qui daigne accueillir Pierre Corneille: c'est le petit Scarron qui reçoit les marquis et les ducs ; ces derniers en sont fort aises et réclament la faveur d'être admis. Les grandes dames y vont aussi, même les petites dames, quand elles ont de l'esprit comme Ninon; les membres du Parlement, les avocats, les artistes, les hommes de lettres, poètes de cour comme Benserade ou chantres bachiques comme Beys ; les désœuvrés, les jeunes gens à la mode : en un mot, le Tout-Paris d'alors, avec ses vices aimables et ses vertus équivoques, ses talents apparents ou réels, et surtout cet air spirituel qui ressemble d'une façon frappante à de l'esprit. Voilà le monde qui vint chez Scarron. »

Monde aimable et galant; et la galanterie n'était pas sans danger dans un ménage où le mari était cul-de-jatte, où la femme était belle et avait vingt ans. Le problème de la fidélité d'une femme est sans doute, quand il se pose, toujours assez difficile à résoudre. A celui qui apporterait des conclusions trop précises sur un pareil sujet, on serait tenté de demander, comme faisait Mme de Lassay à son mari : « Comment faites-vous, monsieur, pour être si sûr de ces choses-là ? »

La plupart se sont mis à absoudre ou à condamner Mme Scarron, suivant qu'ils aimaient ou détestaient Mme de Maintenon. Les uns suivent la tradition catholique de Saint-Cyr et voient en elle le modèle de toutes les vertus ; les autres, suivant la tradition de la duchesse d'Orléans, qui traitait couramment Mme de Maintenon de « vieille guenippe », acceptent comme arguments les calomnies stupides qui traînent dans les pamphlets protestants d'outre-Rhin.

Quelle est l'opinion de ceux qui ont vraiment connu Mme Scarron ou qui, sans l'avoir approchée, ont connu ses contemporains et peuvent en rapporter des témoignages sérieux?

Scarron, lui, le principal intéressé, semble n'avoir jamais douté de la vertu de sa femme. Il la savait aimée de Villarceaux, mais n'en prenait aucun ombrage. Complaisance coupable? Non. Il aurait été, se sachant trompé, le premier à faire une épigramme contre sa femme. Il n'est ni défiant ni jaloux : il est sans crainte, en confiance. Plus d'une fois, Scarron a montré combien il aimait celle qui consolait sa vie et dont il disait :

Celle par qui le ciel soulage mon malheur,
Digne d'un autre époux comme d'un sort meilleur.

Il n'eût pas pris parti pour sa femme contre Gilles Boileau, comme il l'a fait, s'il l'eût soupçonnée d'infidélité.

La Mesnardière adresse à la belle Indienne une « galanterie » où il se plaint des « rigueurs » de la dame. Sorbière, d'ordinaire assez malveillant, rend hommage à sa vertu. Le chevalier de Méré, qui était amoureux d'elle, écrit à son sujet à la duchesse de Lesdiguières: « Ce que j'admire d'une si noble personne, c'est que tous les galants ne sont bien reçus auprès d'elle qu'autant qu'ils sont honnêtes gens et, suivant cette règle, il me semble qu'elle n'est pas en grand danger ; cependant, les mieux faits de la cour et les plus puissants dans les finances l'attaquent de tous les côtés. Mais comme je la connais, elle soutiendra bien des assauts avant de se rendre. »

Tallemant, après avoir donné un brevet de vertu à Mme Scarron, dit ensuite : « Villarceaux s'y attache », et aussi : « Elle fut ce printemps avec Ninon et Villarceaux dans le Vexin, à une lieue de la maison de Mme de Villarceaux, *femme de leur galant* ». Voilà qui est plus grave.

Au reste, cette liaison de Mme Scarron avec Ninon, dont parle Tallemant et qui semble certaine, est peut-être ce qui contribue le plus à la compromettre. Ninon ne faisait pas mystère de sa conduite, elle n'était pas prude et Mme Scarron en allant chez elle savait fort bien où elle allait. L'intimité fut grande, puisqu'on a pu dire que Mme Scarron partagea parfois le lit de Ninon (cela est tout au moins bizarre), et puisque, devenue veuve, elle alla au Vexin avec elle.

Ninon d'ailleurs, dans sa vieillesse, écrivait à Saint-Evremond : « Scarron estait mon amy ; sa fame m'a donné mille plaisirs par sa conversation et, dans le tems, je l'ai *trouvée trop gauche* pour l'amour. Quant aux détails, ie ne scay rien, ie n'ay rien veu, mais ie lui ay souvent *presté ma chambre jaune* à elle et à Villarseaux ». Avouons que ce témoignage, qui est authentique, n'est pas sans gravité. Il est vrai que les défenseurs de Mme de Maintenon n'en sont pas troublés. « Mme Scarron, dit Feuillet de Conches, était femme à ne pas fuir le tête en tête, parce qu'il y avait pour sa gloire une satisfaction de haut goût à l'avoir bravé ». Voilà pour toutes les femmes, dit M. Morillot, une excuse vraiment commode. M. Catulle Mendès nous montrera la chambre jaune, quand il nous dira ce qui, selon lui, s'y passait.

Il semble donc certain que Françoise d'Aubigné, mariée à un paralytique, forcée de fréquenter une société assez corrompue, exposée à beaucoup d'attaques, a eu au moins une intrigue avec Villarceaux. Elle l'accueillit d'abord assez froidement. Mais elle continua, par la suite, à le recevoir. Et c'est vers cette époque que Villarceaux fit exécuter ce fameux tableau qui existe encore, paraît-il, au château de Villarceaux et qui représente Mme Scarron nue, sortant du bain, assise sur son lit de repos; à sa droite, un petit amour agenouillé, dans l'attitude de l'admiration ; un épagneul pose au pied du lit. Reconnaissance ou dépit? Mme Scarron connut-elle ou ignora-t-elle le tableau. De toute façon, il semble bien difficile d'admettre qu'elle ne fut pas au moins coupable de quelque légèreté avec ce Villarceaux qu'elle cherchait des yeux lors de l'entrée triomphale de Louis XIV et de Marie-Thérèse, le 26 avril 1660, et dont elle admirait alors « la tête brune ».

Il plane donc « une ombre un peu douteuse » sur trois ou quatre années de la vie de Mme Scarron. Il faut pourtant reconnaître que, de son vivant, elle a joui généralement d'une bonne renommée et qu'elle a été honorée d'une façon singulière, alors qu'elle était simplement la femme du cul-de-jatte Scarron. Mme Fouquet l'appelait à Vaux ; Marie Mancini la désirait à Bocage ; la reine Christine de Suède, l'ayant vue, dit à Scarron qu'elle n'était pas surprise qu'avec la plus aimable femme de Paris il fût, malgré ses maux, l'homme de Paris le plus gai.

Cependant, malgré la vogue dont jouissait leur société, Scarron et sa femme menaient une existence peu heureuse. La maladie et aussi la gêne — ce qui serait une preuve de plus de l'honnêteté de sa femme — habitaient toujours le logis du poète. Chez Scarron, la rime seule était riche, la bourse restait pauvre. Dans les dernières années de sa vie, le poète trouva dans Fouquet une vraie Providence qui l'aurait mis à l'abri du besoin s'il avait su vivre avec économie.

Le 7 octobre 1660, Mme Scarron devint veuve. Selon La Beaumelle, le moribond aurait dit à sa femme : « Je vous prie de vous souvenir quelquefois de moi ; je vous laisse sans biens, la vertu n'en donne pas ; cependant, soyez toujours vertueuse. »

On a raconté aussi qu'il adressa à ses domestiques éplorés ces mots : « Mes enfants, je ne vous ferai jamais autant pleurer que je vous ai fait rire »; qu'il dicta un testament burlesque : cinq cent livres de patience aux deux Corneille, du fromage à Saint-Amant, la gangrène à Boileau, à sa femme la permission de se remarier, à ses gens des pensions sur ses bons mots ; et qu'il mourut en prononçant cette phrase : « Je n'aurais jamais cru qu'il fût si aisé de se moquer de la mort ». Ce sont là des inventions pures. On n'a de témoignage précis sur la mort de Scarron que celui de sa sœur, qui a écrit que son frère avait fait « la plus belle fin du monde ».

« Sa veuve le pleura », dit La Beaumelle. La sœur de Scarron, Françoise, écrit: « Ma belle-sœur s'est mise à la Petite-Charité, fort affligée de la mort de son mari. »

L'affliction fut courte. On sait ce que devint la veuve Scarron. Pendant soixante ans, ou à peu près, cette femme, qui a tant écrit, n'a jamais parlé des huit années, si brillantes et si fécondes, où elle vécut avec Scarron ; ou plutôt elle n'a guère laissé que deux ou trois courtes allusions à son premier mariage. C'est en vain qu'on chercherait dans ses œuvres un seul mot de reconnaissance pour l'être bon et généreux qui l'avait aimée et secourue quand elle n'était qu'une petite orpheline. « Lacune regrettable », dit justement l'historiographie de Scarron, M. Morillot.

Françoise d'Aubigné combla à l'excès le vœu du disparu, qui avait composé pour lui-même cette épitaphe douloureuse:

> Celui qui cy maintenant dort
> Fit plus de pitié que d'envie,
> Et souffrit mille fois la mort
> Avant que de perdre la vie.
>
> Passants, ne faites pas de bruit,
> Et gardez-vous qu'il ne s'éveille :
> Car voici la première nuit
> Que le pauvre Scarron sommeille.

Quelques Lettres

Nos articles sur le poète Scarron et sur Madame Scarron nous ont valu quelques lettres intéressantes.

Tout d'abord, le docteur Brissaud, l'éminent médecin de l'Hôtel-Dieu, nous a communiqué un travail qu'il a publié en 1884 dans la *Gazette de Médecine* sur la maladie de Scarron.

Le docteur Brissaud a cherché l'énigme de l'infirmité pitoyable dont souffrit, dans la seconde partie de sa vie, le poète burlesque. Toutes les observations recueillies, examinées et contrôlées, M. Brissaud conclut que Scarron fut atteint d'un « rhumatisme chronique généralisé progressif ».

D'autre part, M. Morillot, professeur à la faculté des lettres de Grenoble, le biographe de Scarron, m'écrit:

Monsieur,

Je lis dans le *Temps* l'article si intéressant que vous consacrez au mariage de Scarron.

Voulez-vous me permettre, puisque vous avez eu l'amabilité de recourir à mon témoignage en la matière, de vous signaler une très légère erreur, qui s'est glissée sous votre plume et dont je m'accuse humblement d'être le premier auteur responsable ?

Ce n'est pas le chevalier de Méré, qui maria Scarron lorsqu'il résidait à l'hôtel de Troyes et lui présenta Françoise d'Aubigné. Je l'ai cru, ou du moins je l'ai supposé, et je me figurais avoir toutes sortes de bonnes raisons pour ne pas me tromper. Mais M. de Boislisle a démontré qu'il s'agissait d'un autre personnage, d'un certain Cabart de Villermont, ami de Scarron et également ami de la famille d'Aubigné.

En vous remerciant encore et en vous confirmant tout le plaisir que m'a procuré le lecture de votre petite étude, je vous prie, etc.

Paul Morillot.

Efin, mon excellent ami Armand Ephraïm m'écrit au sujet des portraits de Françoise d'Aubigné :

Mon cher ami,

J'ignore si le portrait de Mme Scarron que fit peindre l'indiscret Villarceaux était ressemblant de la tête aux pieds : nous manquons à cet égard de termes de comparaison. Mais il existe un autre portrait d'elle plus convenable et très séduisant : il fut peint par Mignard en 1659, et Scarron nous en garantit la ressemblance en des vers qui datent des derniers temps de sa vie. Ce portrait appartient aujourd'hui à un savant professeur de l'université de Lille, M. Penjon. A voir la façon galante dont le peintre a déshabillé les épaules de son modèle, on imagine volontiers qu'il en fut amoureux. En tout cas si, avec ces yeux et cette bouche Françoise d'Aubigné fut fidèle à son cul-de-jatte de mari, elle eut bien du mérite.

Cordialement.

Armand Ephraim.

(19 mars 1905.)

Nous n'en regretterons que davantage que le fameux portrait commandé par Villarceaux et qui, paraît-il, existe encore, ne soit pas reproduit par la gravure.

TABLE DES MATIÈRES

	Pages
Préface, par M. Victorien Sardou	5
Shakespeare et Scribe........	9
Hamlet en pantomime...........	11
Balzac...............	15
Mercadet...............	17
Les lectures de Mercadet..........	21
Victor Hugo.............	27
Les Burgraves.............	29
Les Barbus Graves...........	34
Un prologue inédit des Burgraves......	40
Hernani...............	46
Angelo................	47
Alexandre Dumas père..........	53
Caligula...............	55
Henri III et sa cour...........	60
Alfred de Musset............	63
Lorenzaccio..............	65

TABLE DES MATIÈRES

	Pages
Ponsard	77
Ponsard et Auguste Vacquerie	79
Paul Meurice	81
Fanfan la Tulipe	83
Struensée	88
Auguste Vacquerie	93
Antigone	95
Emile Augier	97
Le Mariage d'Olympe	99
Maître Guérin	100
Octave Feuillet	101
Montjoye	103
Henry Mürger	107
La Vie de Bohême	109
Alexandre Dumas fils	117
La Princesse de Bagdad	119
Denise	125
Le Demi-Monde	126
Diane de Lys	127
La Route de Thèbes	133
La Route de Thèbes et la Troublante	134
Henri de Bornier	137
Mahomet	139
Victorien Sardou	141
L'Odyssée, drame lyrique	143
La Tosca	145
Antoine et Cléopâtre	147
Le Bossu	148
Madame Sans-Gêne	149
Nos Bons Villageois	153

TABLE DES MATIÈRES

Victorien Sardou *(Suite).*   Pages

    Thermidor 158
    La Duchesse d'Athènes. 212
    Gismonda. 215
    Don Quichotte. 220
    Spiritisme 226
    Les enquêtes sur le Spiritisme. 229
    Les livres sur le Spiritisme. 233
    Louis XVII. 235
    L'évasion de Louis XVII. 236
    Une polémique sur Paméla. 241
    Les origines de Patrie. 248

Édouard Pailleron 257
    Cabotins 259

Meilhac et Halévy 267
    Froufrou 269

Armand Sylvestre 271
    La Harpe d'Or. 273

Emile Zola 279
    Une Page d'Amour. 281
    Emile Zola et la musique. 284

François Coppée 289
    Pour la Couronne. 291

Catulle Mendès 297
    Médée. 299
    Sainte-Thérèse. 304
    Scarron. 322

Beauvais. — Imprimerie Avonde et Bachelier.

www.ingramcontent.com/pod-product-compliance
Lightning Source LLC
Chambersburg PA
CBHW052240220526
45471CB00001B/119